# 女子大生のための
# キャリアデザイン

齊藤 豊／内野 好郎 著

日本教育訓練センター

## まえがき

　近年、学生は就職活動において企業、産業、職業、社会に対する理解不足から遠まわりをして就職先にたどり着く事が多い。本書は、女子大学生や20代女性に大学卒業後の就職を含めた一生のキャリアに関する知識を解説し、より良い一生を送る一助となるためのキャリアデザインを身につけてもらうことを目標としている。本書ではキャリアデザインに対して主に経済学・経営学からの論理的および実践的アプローチを採っている。就職活動において最短距離を走る力を養う事もできる。

　大卒女性はそのキャリアの中で、おそらく大卒男性にとってはさほど問題にならない結婚・出産が大きな問題として立ちはだかる可能性が高い。本書では一般的な「男女兼用」のキャリアデザイン書籍ではあまり触れられない女性特有の問題を中心においている。これらは男性にもぜひとも理解していただきたいと考えている。男女格差が無くならない一因は男性の不理解にある。共働きの若い夫婦がそれぞれ残業をして夜9時に帰宅した場合、現状では妻が台所に立って夕食を作り、夫はテレビを見たり、お風呂に入ったりすることが多い。この一見、当たり前にみえる光景が男女格差の原風景である。1985年に男女雇用機会均等法が制定されて約30年で女性の管理職が少ないながらも存在するようになった。これからの30年で女性管理職比率が50％に達することはもちろん、家事も夫婦で50対50になるように変化して欲しい。

　第1章「女子大生の就活とキャリア」では、就職活動に始まり、定年退職に終わる女性のキャリアデザインに関しての考え方、人生のイベントへの女性視点での対処方法などを説明し、多種多様なキャリアを形成していく上で必要な知識を学び、自分自身のキャリアデザインができるようになる事を目標とする。本章では、就職活動を中心にその準備から始まり、就職活動、内定獲得後、入社に至るまでの解説を行う。読者がよき企業人生を営むための出発点となるキャリア・マインドを涵養することを目的にしている。

　第2章では、まず、大学においてキャリア教育が盛んになった背景につい

## まえがき

て述べる。キャリア教育はアメリカでは100年以上の歴史を持つが、日本では、近年、大学側のニーズのなかから生まれたものなので、その内容はさまざまであるため、一般的に行われているキャリア教育に対する批判や混乱を招いている。そこで、本章ではキャリア教育全体としての体系づけを行おうと試みる。就職までだけでなく、就職後のキャリアデザインができるようになるためのプログラムを考える。自分を知る、社会・経済を知る、企業を知るという側面は、学生にとって大切なことである。自分を知るという面では、心理学の知識を使い、社会・経済、企業を知るという面では経済学、経営学、社会学といった社会科学の要点を抑えることが必要である。学生にも、それぞれの分野の知識とキャリア教育との接点を理解し、大学におけるキャリア教育を学ぶ意義と、その体系をよく理解してもらいたい。

　第3章は、学生の実際の職業と社会についての知識は限られているので、これを補う目的で書かれている。経済学部や経営学部、社会学部以外の学生の場合、社会や経済の発展に伴い産業や職業がどのように変化し、それがどのような影響をわれわれの生活に与えてきたのかを考え、議論する機会は少ない。また企業の組織や株式会社の仕組についての知識も限られている。グローバル化が進展する中で、社会や産業構造は大きく変化しており、こうした中で、職業と現代社会に関わる問題を取り上げながら、それらがわれわれにどういう影響を及ぼしているのか、そしてわれわれはいかに対処したらよいのかを考える。

　第4章「企業と産業」では、各種産業についての解説とそれらの産業に属する多種多様な企業について解説し、企業と産業を中心とした日本経済および世界経済が俯瞰できる知識を身に付けることを目標とする。本来、企業は利益をあげるための組織である。資本家や株主が企業に投資し、企業を設立して、資本家や株主に選ばれた経営者が、従業員、物資、資金を用いて企業を経営し、利益を追求するのが企業である。その利益は、資本家、株主、経営者、従業員などに分配され、これらの人々の生活の糧となる。経済学の基本的な知識を身に付けることで労働者としての自分の役割を把握し、経済社会を俯瞰できるようになることを目的にしている。

　第5章「多国籍企業における人事施策と企業行動」では、日本における労働事情、人事に関する企業行動から始め、多国籍企業論の系譜をたどり、貿易

## まえがき

から直接投資への変化について論じ、サービスを商う多国籍企業における組織と人材のモジュール化について見ていく。事例としてインド系ソフトウェア多国籍企業内部での頭脳循環を取り上げ、企業と労働者の関係をモジュール化によって読み解く。グローバル社会における先進国多国籍企業と新興国多国籍企業が知識産業においてどのような企業行動をとっているかを考察することを目的にしている。

本書は、大妻女子大学多摩キャンパスで行われる講義「キャリアデザイン」「企業と産業」「職業と現代社会」の教科書として執筆したが、ぜひとも老若男女にかかわらず多くの人に読んでいただき、男女格差のない社会の実現を願うばかりである。

2015年3月　著者

まえがき……………………………………………………………………………03

## 第1章　20代女性のキャリアデザイン

第1節　働くことの意味……………………………………………………… 1
　(1)　専業主婦希望のあなたへ………*1*
　(2)　働くことの意義………*4*
第2節　キャリアを考える…………………………………………………… 6
　(1)　ライフデザイン………*6*
　(2)　キャリアデザイン………*9*
第3節　キャリア開発………………………………………………………… 13
　(1)　キャリア・アンカー………*13*
　(2)　職業興味………*14*
　(3)　リーダーシップとは………*15*
第4節　能力と企業の経営…………………………………………………… 17
　(1)　日本企業の経営―人事・雇用制度と女性の労働………*17*
　(2)　多様な働き方………*20*
　(3)　ワークライフ・バランス………*24*
　(4)　働くことのリスク………*25*
　(5)　フリーター………*26*
第5節　就職活動……………………………………………………………… 29
　(1)　概　要………*29*
　(2)　自己分析………*31*
　(3)　業界研究………*32*
　(4)　企業研究………*32*
　(5)　会社説明会………*33*
　(6)　エントリーシート………*34*
　(7)　テスト………*35*
　(8)　面　接………*36*
　(9)　内々定・内定………*37*
第6節　まとめ………………………………………………………………… 39
・参考文献………*40*

もくじ

## 第2章　キャリア教育と就職

第1節　キャリアとは何か、キャリア教育とは何か………………………………41
　(1)　キャリア教育が大学で盛んになった背景………41
　(2)　キャリアとは何か………42
　(3)　キャリア教育とは何か………44
第2節　体系としてのキャリア教育……………………………………………………48
　(1)　キャリア教育の多面性………48
　(2)　心理学的な側面………49
第3節　キャリア教育の基本命題………………………………………………………56
　(1)　人はなぜ働くのか………56
　(2)　働きたくても働けない、失業の問題………58
　(3)　人はなぜ大学に行くのか………59
第4節　キャリアの第一歩——就職前に知っておきたいこと……………………60
　(1)　現代企業が期待する学生像と学生が期待する企業像………60
　(2)　日本企業の人事雇用制度の特色——諸外国との比較も含め………65
・引用・参考文献………70
・翻訳書………71
・英語文献………71
・注………71

## 第3章　職業と現代社会

第1節　経済学から見た職業と現代社会の問題……………………………………73
　(1)　経済循環の中の家計と労働………73
　(2)　社会の変化、産業構造の変化と職業………79
　(3)　職業とは何か、所得の分配の問題とは何か………82
　(4)　皆が望む社会とは——福祉社会と競争社会………86
　(5)　就職難への対応策——サーチの理論の概要………89
第2節　経営学から見た職業と現代社会の問題……………………………………93
　(1)　経営組織と市場………93
　(2)　なぜドラッカーが見直されるのか——X理論とY理論………99
　(3)　経済のグローバル化と職業——必要な基礎力とは………103
　(4)　企業文化と企業内の人間関係………107
　(5)　企業における人事考課とは………110
第3節　多様な働き方…………………………………………………………………112
　(1)　フリーターとは………112
　(2)　正規雇用と非正規雇用の問題………115
　(3)　女性労働について………116

もくじ

　⑷　派遣労働について………*117*
第4節　労働基準法—労働時間、就業と出産・育児の両立………………………*118*
　⑴　労働法とは………*118*
　⑵　内定について………*120*
　⑶　男女雇用機会均等法の背景………*120*
・Appendix………*122*
・引用・参考文献………*123*
・翻訳書………*124*
・注………*124*

## 第4章　企業と産業

第1節　企業とは …………………………………………………………………*125*
　⑴　概　　要………*125*
　⑵　法　　人………*126*
　⑶　組　　織………*128*
　⑷　分　　業………*129*
　⑸　役　　職………*130*
　⑹　資　　格………*132*
　⑺　部署における座席………*133*
　⑻　外資系企業………*133*
第2節　マネジメント ……………………………………………………………*137*
　⑴　総論：利益を追求する組織運営………*137*
　⑵　ヒ　　ト………*138*
　⑶　モ　　ノ………*138*
　⑷　カ　　ネ………*139*
　⑸　情　　報………*144*
第3節　企業倫理 …………………………………………………………………*148*
　⑴　社会との共存を考える………*148*
　⑵　CSRって何？………*149*
　⑶　環境経営………*150*
　⑷　社会貢献活動………*151*
第4節　産　業 ……………………………………………………………………*152*
　⑴　概　　要………*152*
　⑵　農林水産鉱業………*155*
　⑶　製造業………*156*
　⑷　卸売業、小売業………*158*
　⑸　飲食・生活関連サービス業………*159*
　⑹　金融：銀行・証券・保険、その他金融………*160*
　⑺　情報通信業、ITサービス、IT活用サービスなどのデジタル関連ビジネス………*161*
　⑻　医療・福祉………*162*

(9)　社会起業……… *163*
第 5 節　まとめ………………………………………………………………………………*163*
・参考文献……… *165*

## 第 5 章　多国籍企業における人事施策と企業行動

第 1 節　人事に関する企業行動………………………………………………………*167*
　(1)　労働事情……… *167*
　(2)　人事政策の変遷……… *170*
第 2 節　多国籍企業………………………………………………………………………*173*
　(1)　多国籍企業論の流れ……… *173*
　(2)　貿易と比較優位……… *180*
　(3)　サービス貿易……… *183*
第 3 節　組織と人材のモジュール化…………………………………………………*184*
　(1)　組織のモジュール化……… *184*
　(2)　人材のモジュール化……… *187*
第 4 節　インド系ソフトウェア多国籍企業内部での頭脳循環……………………*191*
　(1)　モジュール化された従業員の頭脳循環……… *191*
　(2)　インド系ソフトウェア多国籍企業の人事管理……… *195*
　(3)　インド 4 大ソフトウェア企業の人材戦略……… *196*
第 5 節　まとめ………………………………………………………………………………*202*
・参考文献……… *203*
・注……… *207*

あとがき……………………………………………………………………………………………*209*

索　引………………………………………………………………………………………………*210*

# 第1章 20代女性のキャリアデザイン

## 第1節 働くことの意味

### (1) 専業主婦希望のあなたへ

みなさんは、自分のこれからの人生をどう考えているのだろうか。小中高の12年を終え、大学に入ったみなさんの胸中は希望に燃えているか、絶望しているか、漠然とした未来に目標を決めかねているか、のいずれかではないだろうか。

昨今の女子大生に将来の希望を聞くと「専業主婦」という答えが多く返ってくる。やりたい勉強がある訳でもなく、なりたい職業がある訳でもなく、かといって、高卒で就職することもせずに、なんとなく大学に入学してきた女子大生の中には「専門学校に行こうと思ったのですけど、親に反対されて女子大にきました」とか「高校の先生に進路を聞かれて、わからないって答えたら、社会学を専攻してそこで将来を見つけなさいっていわれました」と答える学生がいる。

確かに高校生の時点で自分の将来を決めるのは難しい。特に女性の場合、小さいときから親や親戚に「素敵なお嫁さんになりなさい」や「そんなことじゃ、良い家庭を築けないよ」などと常に結婚を意識させられてきた経験があるため、高校の先生に進路を決めろと言われてもピンとこないことが男子よりも多いのだろう。

大学を卒業するときに就職して、20代のうちに結婚して仕事を辞めて専業主婦になり、子供を2〜3人産む、という未来予想図を描く学生が多い。その理由はさまざまである。例えば「子供の時、両親が共働きで鍵っ子になり、寂しい思いをしたので、自分の子供には寂しい思いをさせたくない」や「母親が常に家にいて安心して家に帰ることができたので、自分の子供も同じように育てたい」など両極端な経験から同じ専業主婦を望む声がでる。

○ 1

# 第1章・20代女性のキャリアデザイン

　キャリアデザインという授業は、女子学生の専業主婦願望を打ち砕くためにあるのかもしれない。生まれてから今まで周囲の大人たちに「良いお嫁さんになれ」と言われ、結婚して家庭におさまることに希望を抱いてきた学生には申し訳ないが、もはや専業主婦は少数派であり、親御さん世代のように誰もが専業主婦となれた時代は終わってしまったのである。

　図1-1は内閣府による共働き世帯数の推移であるが、昭和55年以降、共働き世帯は年々増加し、平成9年以降は共働き世帯数が専業主婦世帯数を上回っている。平成24年には雇用者の共働き世帯が1,054万世帯、専業主婦世帯が787万世帯となっている（平成22、23年は大震災の影響により岩手県、宮城県、福島県の実数を除いた数値となっている）。

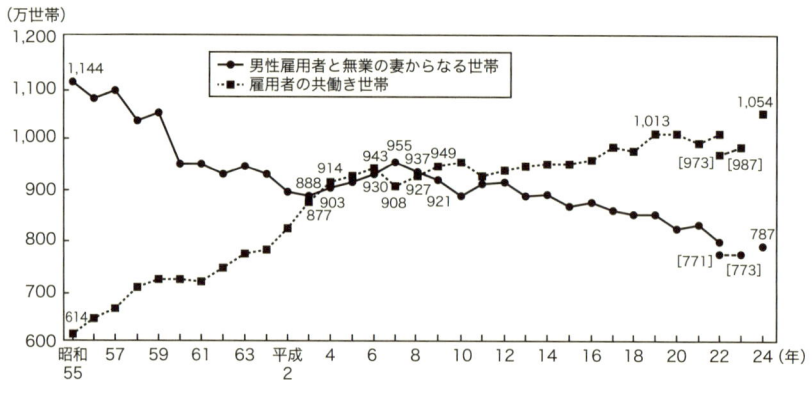

図1-1：共働き世帯数の推移
（出典：内閣府『平成25年版男女共同参画白書』参照日：2014/8/31　参照URL：http://www.gender.go.jp/about_danjo/whitepaper/h25/zentai/）

　厚生労働省による『平成24年版働く女性の実情』によれば、女性雇用者数は前年より10万人増加して2,357万人となり、男性雇用者数は前年より13万人減少して3,148万人となり、雇用者総数に占める女性の割合は42.8%（前年差0.1ポイント上昇）となっている。働いている者の割合でみれば、もはや半数近くが女性になっている。同年の女性の労働力人口は2,766万人であり、女性の労働力率（15歳以上人口に占める労働力人口の割合）は、48.2%と前年と同率であった。女性の労働力率を年齢階級別にみると、「25～29歳」

第1節　働くことの意味

（77.6％）と「45〜49歳」（75.7％）を左右のピークとし、「35〜39歳」を底とするM字型カーブを描いているが、M字型の底の値は0.7ポイント上昇して67.7％となった。M字カーブは結婚・出産が主な理由であるが、底が浅くなることは結婚・出産時に仕事を辞める女性が減ったことを表している。女性の25〜54歳の就業率を他の先進国（OECD諸国）と比較すると日本は30か国中22位であり、女性労働力率のM字カーブは欧米諸国では既に見られない。

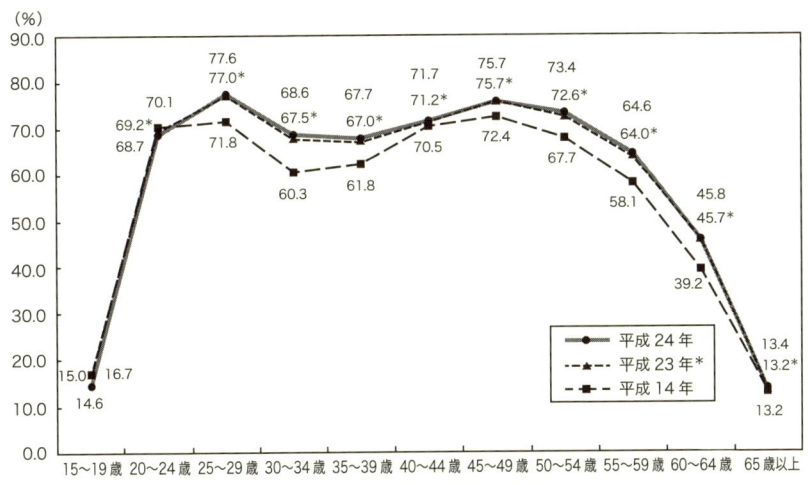

図1-2：女性の年齢階級別労働力率
（出典：厚生労働省『平成24年度版働く女性の実情』参照日：2014/8/31　参照URL：http://www.mhlw.go.jp/bunya/koyoukintou/josei-jitsujo/12.html）

また、10年前と比べ多くの年齢階級で労働力率は上昇しているが、上昇幅が最も大きいのは「30〜34歳」であった（平成14年から8.3ポイント上昇）。

同著によれば、平成24年の10人以上の常用労働者を雇用する民営事業所における女性一般労働者の正社員月給は27万500円（前年比1.1％増）、うち残業代を除いた所定内給与額は25万2,200円（前年比1.4％増）となった。また非正規社員の月給は18万6,100円（同2.3％増）、所定内給与額は17万4,800円（同1.5％増）である。

内閣府の『男女共同参画白書平成25年度版』によれば、男女別・年齢階級

別に非正規雇用者の割合の推移を見てみると、女性の25～34歳を除く全ての層で50%を超えていること、男女の若年層（15～24歳、25～34歳）や男女の高年層（55～64歳）で上昇傾向となっていることが特徴となっており、女性が正社員で働くことが難しい状況が表れている。

(2) 働くことの意義

さて、ここで働くことの意義を考えてみよう。人はなぜ働くのか。最も大きな理由は生活していくのにお金が掛かるから、というものになる。大学卒業時点でサラリーマンの生涯年収（2～3億円）が手元にある、もしくは毎月生活するのに困らないだけのお金が入ってくるなら働かなくても良いかもしれない。実際に、家賃や株式配当などで不労所得を得ている日本人が少なくない数いることは事実である。

しかし、多くの日本人は働かなくては食べていけない。衣食住を賄うだけの収入を得るために月曜日から金曜日の朝から夕方まで働く人が多い。職業によっては、3交代勤務や土日祝日関係なく働く人もいる。

同じ時間働いても正社員、契約社員、パート、アルバイトでは収入が違う。正社員の部長クラスの月収が50万円だとして、それを時給に直せば約3千円程度になるが、契約社員では時給1,500円位、アルバイトでは時給900円程度しか得られない。時給の差は仕事の内容の違いになる。多くの収入を得るには特殊な才能や資金が無い限り、正社員になるしかない。

最近は多様性を認める社会に変わりつつあるので、他人の目を気にせずにやりたいことをやって、稼ぎたいだけ稼ぐことができるようになってきた。東京での生活に必要な最低限の金額を稼ぐのであれば、時給900円のアルバイトを1日8時間、月20日間働けば約14万円の収入になってカツカツながらも暮らしていける。暮らしていけなければ生活保護法に頼ることもできる。しかし、正社員になり、月収20万円と年2回のボーナスを稼げるようになれば、年1回の海外旅行なども可能になる。

若い、もしくは若い女性ということを利用した仕事に就くことはよく考えてからにして欲しい。人は誰しも歳をとる。歳をとって後悔をしないようにすべきである。

第1節　働くことの意味

　専業主婦になることのリスクを考えてみよう。日本では、男女雇用機会均等法によって大学新卒社員における男女の収入差は少なくなっている。女子学生は20代で結婚することを夢見ることが多いが、結婚相手は若干歳上だとして30代前半までの男性になるだろう。多くの30代前半男性の年収は300万円代もしくは400万円台前半になる。東京などの都市圏における年収400万円での夫婦2人の生活を考えれば、それは裕福なものではないことは容易に想像がつく。反対に夫婦共稼ぎであれば、世帯年収700〜800万円になる。年に1回海外旅行にいっても将来に備えた預金ができる金額である。昨今の経済状況から、企業倒産やリストラは日常茶飯事であり、専業主婦世帯の夫が失業したときに家計が維持できなくなる可能性があるが、夫婦共稼ぎならリスクを半減できる。また、結婚したときには思いもよらないことだが、結婚生活においては離婚の危機がやってくることもある。専業主婦は離婚すれば収入が途絶える。今の日本社会では専業主婦になることは大きなリスクがあることを認識すべきである。
　もしかしたら、自分の母親が専業主婦をできて、自分ができないことに疑問を持つかもしれないので、社会構造の変革について述べておこう。みなさんの親御さんの世代は、日本が第二次世界大戦で敗退し、何も無いところから始まり、1960〜70年位の高度成長を迎えた日本で結婚した人が多いと思う。高度成長期は中央省庁による企業の監督が強く、銀行を中心として株式持ち合いによる企業グループが形成され、その企業は終身雇用制度による年功序列賃金制度を採用していた。これは、中卒、高卒もしくは大卒で採用した社員を60歳定年まで雇用する制度を前提とした若いときの給料は低いが歳をとってくるに従って給料を高くするという制度になる。概ね40歳位までの年収は低く抑えられ、40歳以降に管理職なることで高い給料を得られるようになっていた。若いときに転職したくても損をしている状態なので転職を思いとどまり、35歳を過ぎると転職先が見つからなくなるので一度就職した企業にずっと留まることを望む。退職金の金額も勤続年数によって大きな差がつくので、退職金のことを考えて辞めない選択をする者も多かった。
　この制度の利点は将来設計がしやすいことで、それぞれの世帯は、子供を何人もって、いつ家を買う、などの計画を立ててそれを実行していった。高度成長期はインフレ基調であった。インフレは借金の金利を減らす効果をもってい

る。例えば、年利5%で借金をして家を買ったとしてもその家がインフレによって年5%以上値上がっていけば、実質的な金利負担は0%になり、売却益が出る可能性もある。このような社会状況においては、夫が働きやすい環境を作る妻という存在が求められ、専業主婦世帯が増えた。夫1人で充分な収入を得ることができ、大型企業倒産や離婚も今よりは低かった。

　過去を良かったと羨（うらや）んでも仕方ないので、前を向いて働くことの意義を見つけて進んでいこう。

　さて、働く女性にとって重要なことのひとつに出産がある。まずは、産むのか、産まないのかという問題。これは、選択できない可能性もある。「できちゃった婚」や「不妊症」の問題である。次に、産むとして、いつ産むのか。10〜40代と30年くらいの間、妊娠の可能性があるわけだが、高齢出産リスクと若年出産による生活苦（さまざまな制約による専業主婦の強制）の天秤がある。産むために会社を辞めるのか、という問題も大きい。現在、4人に1人しか正社員として再就職できない現実がある中、辞めると言う選択は得策ではない。出産・育児休暇制度は充実してきているが、職場の雰囲気がそれを許さない場合がある。自分の育児休暇期間は職場の他の人に多大な迷惑をかけることを忘れてはいけない。企業内での自分のポジションを考慮にいれて考えよう。入社から3年間は新人、3〜9年は中堅、10年以上はベテランもしくは管理職としたときにいつ産むのがよいのか。企業側の本音としては、a)新人は代替可能、b) 中堅はできない社員には辞めてもらいたい、c) ベテランは少数精鋭なので残って欲しい、いや、もう辞めていただいて結構など、暗に退職を迫る場合が多い。ずっと働き続ける上で重要なのは、出産・育児休暇取得時までに職場で信頼を醸成できるかどうかになる。しかし、妊娠・出産の計画は往々にして狂う。計画通りにいかないのが人生ということもある。

## 第2節　キャリアを考える

(1) ライフデザイン

　ライフ（人生）をデザイン（設計）することで、有意義な一生を送ろうという考え方がある。自分自身の過去（生まれてから大学生としてこの授業に出席

## 第2節　キャリアを考える

しているこの瞬間までの人生）を振り返ってみよう。a）あなたの好きなこと、苦手なこと、自分の性格、やりたいこと、やりたくないこと、失敗経験などを書き出してまとめる作業を行おう。次に、これからのライフデザインを行う。b）就職、結婚、出産、退職など人生の大きなイベントを計画する、c）毎年の年収を予測する（25歳で年収3百万円など）、d）経常的な支出と大きな支出を予測する（毎月の生活費に18万円、結婚式で2百万円、出産で80万円など）。

ここまでできたら、a）を元にして、職業として自分にできること、できないこと、やりたいこと、やりたくないことを考える。例えば、料理が好きで飲食業のアルバイトをしていてこの仕事ならできると考え、35歳で独立してイタリアンのお店を経営すると考えるのであれば、大卒から35歳までに何をやるのか（資金集め、料理の修業など）を考え、ライフデザインに組み込んでいく。最後に、その他、予想できるイベントを含めて、自分の人生を設計する（85歳に逝去する、など）。

以上のライフデザインを参考にして図1-3のフォーマットを用いて自分年

| 自分年表 | | 10代 | 20代 | 30代 | 40代 | 50代 | 60代 | 70代 | 80代 |
|---|---|---|---|---|---|---|---|---|---|
| 年収 | 1500万 | | | | | | | | |
| | 1200万 | | | | | | | | |
| | 900万 | | | | | | | | |
| | 600万 | | | | | | | | |
| | 300万 | | | | | | | | |
| | 0 | | | | | | | | |
| イベント | | | | | | | | | |
| 費用 | 変動費 | | | | | | | | |
| | 固定費 | | | | | | | | |

図1-3：自分年表（出典：筆者作成）

表を作成しなさい。なお、年収は自分のなりたい職業の年齢別の年収を調べなさい（無い場合は会社員の平均年収）。費用の変動費とは一生のうちに何度も起きない費用である出産費用や子供の入学金など一時的に必要になる大きなお金を指し、固定費とはそれ以外の家賃、食費、光熱費、衣服代、海外旅行代金などの毎年定例的、固定的に支出する生活費を書く。固定費は生活水準を表し、固定費の多寡によって収入を求めなくてはならず、その収入を得るためには夢を諦める必要が生じるかもしれない。

経済面から人の一生を見れば、自分が使いたいお金を如何に稼ぐか、ということになり、支出に応じた収入を求める、もしくは、収入に応じた支出に抑える、のいずれかになる。収入に応じた支出に抑える場合は、自分の夢や希望を諦めることになりやすい。夢や希望を実現するためにはどれ位のお金が必要で、そのお金を得るためには何をしなくてはいけないか、という考え方をすることで、夢や希望を実現に近づけることができる。

職業別の年収は、インターネットで「○○（職業名）　年収」で検索するこ

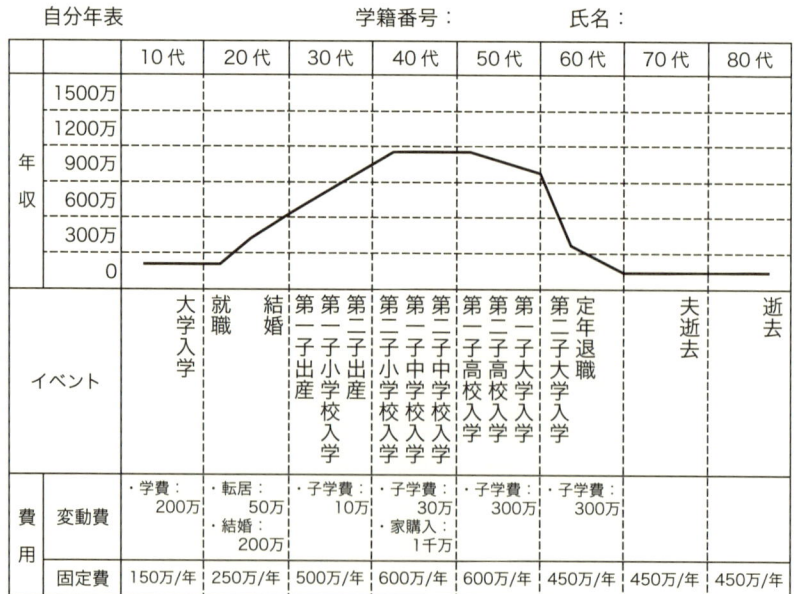

図1-4：自分年表の記入例（出典：筆者作成）

## 第2節 キャリアを考える

とで調べられる。もしくは『会社四季報』や『就職四季報』などにも記載があるので、図書館などで調べると良い。

### (2) キャリアデザイン

　キャリアデザインは、大学卒業後から年金支給開始の65歳までの暮らしを支える職業を設計することになる。専業主婦を選ぶ場合は夫の収入や費用も考える。現在、就職活動は多くの企業では、大学3年の3月から解禁されることになっている。しかし、外資系企業や中小企業はこの限りではない。

　以下にいくつか、格言じみたことを述べる。まず、社会人として要領よく生きるための2つの要素は、優先順位と習慣化。a) 優先順位は、やらなければいけないこと（Things to do）をリスト化し、優先順位を付ける、という作業になり、b) 習慣化は、優先順位が上位のものから順番に結果が出るまで実施することを習慣化する、ことを指す。努力が必ず報われる、などということはなく、結果がすべてなのが企業社会である。

　業務（仕事）の3要素とは、インプット、プロセス、アウトプットになる。a) インプットは、業務を行うには上司の指示、必要なデータなどの必要な情報を入力することであり、b) プロセスは、入力した情報を変化させる（指示通りにデータを加工する）ことであり、c) アウトプットは、変化した情報（成果物）を出力することになる。企業内の業務はこの3要素が連なって行われている。

　ビジネススキルを伸ばす4つの要素とは、a) 仕事への取り組み姿勢や価値観を表したマインド・スタンス、b) 考え方や動き方など、知識を獲得するための活動を表したスキル、c) 結果を出すために必要な知識であるナレッジ、d) 結果や成果物であるアウトプットを指す。ビジネスでは結果を出さなくては評価されない。

　最後に、出世に必要な3つの要素とは、a) コミュニケーションであり、上司に報告・相談・連絡（ほうれんそう）を欠かさないこと、b)「飲みにゅけーしょん」という飲食の誘いを断らず、参加することで上司の信頼を得る行為、c) ポジショニング、自分の立場を常に考え、行動すること。KYな（場の空気の読めない）行動をとらない、不必要に前にでない、などがあげられる。

　これらは、日本のサラリーマンの経験則であり、時代によって変化があるが、

9

## 第1章・20代女性のキャリアデザイン

就活生や社会人1年生は参考にしてほしい。

自分の一生の仕事、というと大げさに聞こえるかもしれないが、大卒時の職業選択が人生に大きな影響を与えることは否めない。充分な準備で臨まなくてはいけない。

世の中には数千種類の職業がある。最も簡単な分類は資本家になるか、労働者になるか、の選択になる。国民に対してサービスを行う公務員も労働者である。自営業者は資本家の部類に入る。自営業者は労働者を保護するための法律が適用されないことが多い。資本家になるには資本（投資資金）が必要であり、多くの新卒学生は資本を持っていないので労働者になる（詳しくは第5章を参照）。

職業を分類する大きな分け方として産業がある。第1次産業の農林水産業、鉱業など、第2次産業の製造業、第3次産業のサービス業などの分け方になる。さらに細かく分類すると業種になる。製造業は、家電製造業、産業機械製造業などの業種に分かれ、サービス業は飲食業、交通運輸業、情報サービス業などに分かれる。

専門職的な考え方をすれば、税理士、弁護士など法的な資格によって成立する職種や経理担当者、営業マン、販売職、研究職、システムエンジニアなどの企業内での専門職種に分かれる。あまり勧めないが、必要最小限のお金を稼ぐことを目的とするなら、フリーターという選択肢もある。

大学4年生は、これらの職業的な区分けに従って自分の就職先を見つけることなる。このとき、行き当たりばったりではなく、きちんと職種を決め、どのような成長をしていくかを考えるのが、キャリアデザインである。例えば、総合職で商社に入社し、社内外のさまざまな資格を取りながら、25歳で主任、30歳で係長、38歳で課長、45歳で部長と出世をしていくことを考えるのか、企業に一般職で入社して転勤や昇給・昇進と無縁の生活を定年まで送るのか、といったことになる。結婚や出産によって自分の一生に影響を与えられる女性にとっては、仕事とプライベートをどのような割合で組み合わせるのかというワークライフ・バランスを考えることも重要である。

キャリアプランに社会状況を勘案することも忘れてはいけない。昨今、グローバリゼーションの動きが加速し、どこに住んでいようとグローバリゼーション

第 2 節　キャリアを考える

の影響を受けない訳にはいかなくなった。例えば、東日本大震災が起きたことで、アメリカやヨーロッパの工場が操業停止になり、日本に製品が輸入されなくなることが多数起きた（筆者の乗っているシトロエン C3 というフランス車はボッティチェリという水色をしているが、この水色は日本の東北地方にある塗料工場が作った色で、大震災によりこの塗料の供給が途絶えて車の色が変更され、もう購入することができなくなった）。

　景気循環も考慮しなくてはいけない。好況期は、財やサービスの値段（物価）が上昇するインフレ状態になり、それに応じて給料も上昇するので、借金の金利負担感が減少する。不況期は物価が下がる。不況期が長引くと、人々が財やサービスの購入を先延ばしにする傾向が現れ、財やサービスがさらに売れなくなるデフレ状態に陥り、企業倒産が増えたり、整理解雇という人員整理が起きたりする。このように好況・不況の波がその時代を生きる人に影響を与える。

　インターネット社会の発展も大きな影響を与える。在宅勤務、ネット通販、ネット銀行などで家から出ないで生活できる環境が実現している。アメリカではハウスワイフ2.0という専業主婦の起業が流行している。これは、大企業組織に馴染まない優秀な女性が自宅をオフィスにして起業する傾向を指している。

　自分自身のキャリアをデザインするのはそう簡単なことではない。特に大学在籍中の学生は社会人経験がほとんどないので、企業に勤めることがどういうことかを理解していない。多くの企業は、朝9時には始まって、12時から1時間程度昼休みをとり、午後6時くらいに定時退社時刻を迎える。しかし、定時退社することは少なく、7時、8時、9時と残業することも少なくない。通勤時間と合わせれば、1日あたり12時間程度を会社のために使うことになる。家族と過ごす時間より長い時間を会社の同僚や上司と過ごすことになる。学生時代にはバラ色のキャリアデザインを描きがちになる。しかし、社会人を1年、3年、5年、7年と経験していくに従って自分の将来が徐々に見えてくる。3年目には転職したくなるかもしれないし、5年目には結婚したくなるかもしれない。社会人7年目には先輩たちの中に自分の将来を見ているような人が現れ、夢ではなく現実が見えてくるかもしれない。結婚を考えたときには、プライベートと仕事の両立をどう考えるか、という判断を迫られる。キャリアデ

ザインとは、1回描いたらおしまいではなく、毎年のように修正していくものである。

　企業の中は通常、分業体制になっている。営業部門、製品部門、経理部門、人事部門などに分かれている。弁護士や公認会計士、税理士、行政書士など資格の必要な士業を職業に選ばなくとも、企業の中で専門職としての経験を積み、その経験で仕事をしていくことができる。例えば、営業職で入社し、3〜5年営業経験を積んだところで、そのまま営業を極める道を選ぶ人、営業の経験を活かしてマーケティング職に移る人などがいるが、営業を辞めて全く経験のない財務や経理職を望む人は多くない。通信教育などで取れる資格は自分の携わっている業務に関係のあるものなら良いのだが、職種転換のために業務と全く関わりのない勉強をして資格を取ったとしても職種転換に活かすことができない場合が多いので気をつけなくてはいけない。○○2級という資格は企業では全く役に立たないことが多い。最難関の司法試験に合格しても弁護士で食べていけない人が出始めているのであるから、生半可な資格は取るだけ時間の無駄になりかねないことを肝に命じよう。40歳からの社会人大学院を経て大学教員になった筆者が言うのもなんだが、職種転換は新卒で就職するよりも難しい。

　自分のキャリアをデザインする上では、以下の働くことの5つの理由をまず認識しよう。a) 生活の糧を得る、b) 居場所がほしい、c) 成長したい、d) 働くことで満足したい（やりがいを求める）、e) 仕事が楽しい、これら5つの理由のうち、最も自分の考えに近いものはどれか、その考えはこれからしばらくの間は変わらないのか、などを考えていくと仕事に対するスタンスを明確にすることができる。

　職種ごとにメリットとデメリットがある。自分の働き方のスタンスとその職種が合うかどうかの検討も必要である。例えば、役員秘書という職種のメリットは、a) 社内外で役員レベルの人物と交流することができる、b) 役員の成功が自分の業績になる、c) 一般的な社員では経験できないことが体験できる（パーティの参加や社用車・ハイヤーの使用）、d) 社会的ステータスが高く、社内外のエリート社員と知り合える機会が多い、e) 役員の名を使って社内で（多少の）権力をふるうことも可能（社員からは疎まれるけどね）、f) その他、

「おいしいこと」が色々と起きる、反対にデメリットは、a) 企業にとって主役は役員。秘書は忠実な僕（しもべ）、b) 滅私奉公の精神がないと務まらない、c) 自分のペースで仕事ができずに早朝出勤や深夜残業が発生することがある、d) 仕事は成功して当たり前、失敗すれば窓際に異動させられることもある、e) 給料は同期社員と同一なことが多い（年収２千５百万円の役員の仕事をほとんど秘書の私がやっているのに自分の年収は４百万円だと思うと悲しくなるかもしれない）、f) 社内の他の部署の女子社員との交流が少なくなる（孤立しやすい）傾向がある、g) 役員から理不尽な作業依頼が来ることがある。長期の休みが取れなかったり、予定を変更させられたりすることも起きる。

## 第３節　キャリア開発

⑴　キャリア・アンカー

組織心理学者エドガー・H・シャイン（Edgar H. Schein）は、組織と個人の関係からキャリアを考え、キャリア・アンカーという考え方を提唱した。キャリア・アンカーとは、その著書によれば、自己イメージのa) できること（能力）、b) やりたいこと（欲求）、c) やるべきこと（価値観）という３つの側面からの分析である。これら３側面は、大学を出てキャリアをスタートさせた段階ではあいまいであるが、経験を積むことによって醸成される。キャリア・アンカーは８つのタイプに分類されている。a) 専門・職能別コンピタンスは、特定の仕事に対する高い才能と意欲を持ち、専門家として能力を発揮することに満足と喜びを覚えるタイプ、b) 全般管理コンピタンスは、企業経営に価値を見いだす経営者を目指すタイプ、c) 自立・独立は、仕事全般に自分のやり方やペースを守るタイプ、d) 保証・安定は、安心安全な道を歩むことを好むタイプ、e) 起業家的独創性は、新しい製品、サービスの提供、資金調達や起業、起業買収など野心的な行動を好むタイプ、f) 奉仕・社会貢献は、滅私奉公的、あるいは他人の幸福を演出することに価値観を見いだすタイプ、g) 純粋な挑戦は、困難な問題に挑戦することに喜びを見いだすタイプ、h) 生活様式（全体性と調和）は、公的な仕事の時間と私的な個人の時間のどちらも大切にしたいと願い、両者の適切なバランスを考えているタイプ、になる。

## 第1章・20代女性のキャリアデザイン

著作権の関係から詳しくはここで述べることができないが、キャリア・アンカーによる自己診断は非常に参考になるので、以下の著書を参照されたし。

エドガー・H. シャイン（著）、金井 寿宏（訳）『キャリア・アンカー──自分のほんとうの価値を発見しよう（Career Anchors and Career Survival）』白桃書房、2003年

### (2) 職業興味

社会人経験のない学生がどのような職業に就きたいかを考えるのは無理がある。アルバイトなど限られた社会の接点から探し出す職業は偏っており、一生をかけるに値しない場合が多いのではないか、とも考えられる。すでになりたい職業があり、大人を説得できるだけの理由と揺るがない自信があるなら良いのだが、多くの学生はそうではない。社会人からちょっと突かれただけで、その職業を嫌になってしまう。例えば、銀行員になりたい学生がいた場合に「銀行で借金や債権の回収をやることになったらどうする」という質問を投げかけて、どういった仕事かを調べさせると、途端に銀行員への興味を失う。多くの職業には光と闇が混在しているが、就活生は光しか見ていないことが多い。就活生はさまざまな職業を知るべきであり、そのためには、職業興味チェックを行うと良い。自分がどのような性格で、どのようなことに興味があり、どのような能力を持ち、どのような価値観で、今までに何を経験したか、などを明らかにするべきである。大阪府のWebサイトで、簡単な検査ができるので、試してみると良いだろう。

参考URL：
- MIO 職業興味チェックリスト：http://sogorodo.ou.e-osaka.ne.jp/mio/mio.cgi
- Prep–Y 職業興味検査：http://www.pref.osaka.jp/sogorodo/counseling/

これらの検査は万全ではないが、自分の傾向を知るきっかけとして役に立つ。結果に表れた職業を検討し、自分に合っているかどうかを確かめよう。

第3節　キャリア開発

　キャリア・アンカーや職業興味で自分を知るきっかけを掴んだら、自分を表現するために以下の項目を全て含んだ自己紹介文を書こう。a) 氏名、b) 将来の夢、c) 生き方（信念）、d) 価値観、e) 長所・短所、f) 得意なこと・不得意なこと、g) 過去の経験、h) 小中高大学で学んだこと、i) 趣味、を初対面の人物に説明する感じで書き出してみよう。
　自己紹介ができあがったら、家族や友人に読んでもらい、批判を受けよう。自分の知らない自分を把握し、自己紹介を修正しよう。

⑶　リーダーシップとは
　大卒社員に求められるのはリーダーシップである。経営学の本を読むとさまざまなリーダーシップ論が載っている。組織を率いていく上でリーダーが振る舞うべき事柄について、成功の実体験をもつ経営者やリーダーシップを研究した学者がリーダーシップ論として論じている。
　みなさんも「もしドラ」って聞いたことがあると思う。これは「もし、ドラえもんがいたら」ではなく、「もし高校野球の女子マネージャーがドラッカーの『マネジメント』を読んだら」というリーダーシップ論になる。
　経営者というのは企業組織のリーダーである。経営者は、企業で働く従業員を指揮監督し、最大限の利潤をあげるために働く。大企業になると経営者がひとりでリーダーシップをとることが難しいので、役員、部長、課長、係長といったリーダーを任命して権限を委譲し、彼らが小集団のリーダーシップをとる体制を作る。
　人が2人以上集まったらリーダーが必要だ、と言われている。多くの人はリーダーになるより、指示される側になることを望むかもしれない。しかし、大学を卒業し、企業に就職すると総合職、一般職に関係なく、その場に応じたリーダーになる競争に巻き込まれる。この競争から脱落した者は企業に留まることができない。大学生のみなさんはリーダーシップについて学び、習得する必要がある。
　リーダーシップとは、与えられた状況の下で目標・課題に向かう人間の活動に対して影響を与える力の行使をどのようにするかということである。簡単に言えば「人をどう動かすか」ということであり、北風と太陽の話のように風（ム

チ）ばかりでは人は動かず、太陽（アメ）も必要だということになる。リーダーシップを発揮している人は、このアメとムチの使い分けがうまい。人をやる気にさせ、一定の成果を出させるのがリーダーであり、その方法がリーダーシップである。

　女子学生のみなさんは、女性がリーダーシップをとるということを考えなくてはいけない。女性ばかりの組織であればリーダーシップを発揮できる人でも、男性が入ると途端にリーダーとしての力を失う女性がいる。女子校出身者にとって男性はよく分からない存在である。みなさんが普段接している大学教員は、企業社会で生きるサラリーマン男性とは大きく異なっているかもしれない。組織に属し、上司、同僚、部下という人間関係を1日あたり8時間以上も体験している男性と接していない者にとって、彼らの行動は奇異に映る。上司と昼食に行ったら上司と同じものを頼む、という男性会社員の行動をどう考えるべきか。これは同じものなら同時に配膳される可能性が高いという配慮からきている。自分の頼んだものが上司より早く来ても遅く来ても気を遣ってしまうのが男性会社員である。

　企業で就業時間内に日常業務だけを行っているとフォーマルな指示しか受けることができない。ドライな人間関係である。しかし、日本人は同質性を好み、ウェットな人間関係を好む社会性を持っているので、インフォーマルな指示や会話が潤滑剤となり、業務を円滑にするために必要になる。就業時間外に一緒に飲みに行ったり、休憩時間に一緒にお茶を飲んだりして何気ない会話をすることで親近感が湧き、フォーマルな指示がスムーズに伝達されて仕事の効率が高まる。仕事の効率が高まれば上司から高評価を受けて出世が早くなる。会社員にはインフォーマルな会話も重要な業務である。例えば、煙草を良く吸う上司がいる場合、一緒に喫煙室にいって5分、10分と会話をする部下との間だけで業務が進むことがあり、煙草を吸わない部下は疎外感を味わうことがある。

　自分が女性の場合は注意が必要である。女性社員が男性上司や同僚、部下と1対1でインフォーマルな会話を行うと不都合なことが起きる場合がある。セクハラやパワハラという行為につながったり、ストーカー行為にあったりすることもある。性別の違いは厄介である。男性は年齢に関係なく勘違いしやすい存在である場合が多く、注意が必要である。

リーダーシップを発揮する女性は、ジェンダーを意識しない。いや、実はものすごく男女差を考えているのだが、それを表に出さない。みんなの前では男性も女性も同じように扱う。リーダーシップの第１原則は「公平性」である。指示される者にとって差別されることは大きな苦痛になり、それが不満を募らせる原因になる。グループ内に不満があるとそのグループは良い結果をあげることができない。

リーダーシップの第２原則は「理念」である。リーダーは明確な理念を持たなくてはいけない。理念とは「こうあるべきだ」という考えである。哲学者プラトンの「イデア」である。

自分の行動の根っこになる考え方が理念である。理念をコロコロ変えてはいけない。部下は、リーダーのゆるぎない理念を信じてついてくる。部下はリーダーの一挙手一投足を見ている。そして、リーダーはぶれていないか、を常に見ている。特に女性リーダーの場合は、厳しく見られる。女性リーダーは信頼を勝ち得るまでは、品行方正で完璧な女性を演じなくてはいけない。しかし、いったん、信頼を勝ち得た後は、砕けた姿を見せても良いだろう。

## 第４節　能力と企業の経営

(1)　日本企業の経営―人事・雇用制度と女性の労働

日本企業にとって、能力とは職務遂行力のことである。日本の経営者の団体である経団連の定義では、職務遂行力は「体力」、「適性」、「知識」、「経験」、「性格」、「意欲」から構成されている。これらを組み合わせて、集団的職務遂行に適した、仕事熱心で従順な人材を作りだしてきたのが日本企業である。しかし、高度成長が終わり、バブルが崩壊してしまい、集団的職務遂行に適した人材だけではうまく企業経営をすることができなくなった。

大久保幸夫『キャリアデザイン入門［１］基礎力編』によれば、能力は基礎力と専門力からできており、基礎力は処理力と思考力が重要であり、この２つは大学卒業までに身に付けておくべきものになる。処理力は、一定の時間にどれくらいの作業ができるか、ということで、１つひとつの作業のやり方（段取り）を覚え、段取り通りに作業を行い、失敗することなく完了することが求

められる。処理力が速い人は、新しい作業を行う場合でも、その作業内容を理解し、作業を身に付ける速度が速い。作業を身に付けるコツは、作業をインプット、プロセス、アウトプットの3点の処理過程に分け、インプットするものは何で、プロセスではインプットしたものをどう変化させ、アウトプットするか、という観点で考えることにある。

　思考力は、人間の知的精神作用のことである。物事を考える力が思考力。物事は、論理的に考えなくてはいけない。物事を考えるときの順番は、序論・本論・結論になる。序論では、物事の概要（問題提起）・目的・背景などを考える。本論では序論を受け、問題提起された内容を解決するための方策を考える。序論で考えた問題の範囲を逸脱しないようにしながら問題の本質をとらえ、その解決策を導き出す。本論の中では試行錯誤が発生するが失敗する方法、成功する方法をそれぞれ検討し、最も有効な解決策を見いだす。結論では、序論・本論で考えたこと（証拠や理論）を振り返り、自分の最終的な意見をまとめる。論理的な思考を身に付けることが重要であり、誰からも反論を受けない強固な理論を導き出す思考力があればなお良い。

　企業が市場で勝っていくための競争力には大きく分けて「作業効率の競争力」と「経営能力の競争力」の2つがある。作業効率の競争力は、同じ時間でより多くの作業を行えるかどうか、ということであり、現場の努力が重要になる。かつて、日本の製造業が世界一を誇った時代、現場の作業員は就業時間後にグループごとにミーティングをもち、自分たちの作業を改善していくにはどうすべきか、ということを考え、実際に現場作業を改善し、アメリカなどの諸外国の製造業に比べ、安いコストで高い品質の製品を作り上げた。これは、アメリカの辞書にKAIZENという単語が載るほど、諸外国の経営者や学者に驚かれ、彼らは日本的な経営を研究した。

　経営能力の競争力というのは、経営者が企業の隅々の出来事を把握し、管理運営することで、作業効率の競争力を活かして、より多くの利益を生み出すことである。企業活動は結果が全てである。大企業を中心にコンプライアンスやCSRの取り組み、インターネット上での評判管理などからフェアでない活動を行わないようになってきているが、どんなに頑張って働いても赤字を出し、倒産してしまったら、その経営者は無能呼ばわりされる。しかし、法律すれす

## 第4節　能力と企業の経営

れの行為を行ってでも多くの利益をあげていれば、有能な経営者と言われることがある。

　ひとりの有能な経営者が企業内のすべてを把握し、経営管理を行っていく限界は従業員数 400 人までだと言うのを複数のベンチャー経営者から聞いたことがある。これ以上、従業員が増えたら、経営者は適切な業務運営のために複数の経営幹部に経営権限の委譲を行う、ということである。経営幹部は、自分が管理する従業員を部や課などの単位に分け、自分の権限の一部をさらに部長や課長などの管理職に委譲する。管理職は自分に与えられた権限を使い、日々の業務を遂行する。

　企業において権限の委譲と共に重要なのが目標の設定になる。例えば、企業全体で「今年は百億円売って、20 億円の利益をあげるぞ！」と売り上げ目標と利益目標を立てたら、経営者から権限を委譲された経営幹部や管理職はそれぞれ売上目標や利益目標が与えられる。売上高 100 億円を目標とするこの企業には、1 つの営業本部に 5 つの営業部があり、それぞれ 4 つの課があるとすると、営業本部全体の売り上げ目標は 100 億円、それぞれの営業部には 20 億円ずつの売り上げ目標が立ち、それぞれの課には 5 億円の売り上げ目標が立つことになる。それぞれの課長は自分の部下を使って 1 年間で 5 億円の売り上げを達成しなくてはならず、部長は 4 つの課の合計の 20 億円を達成しなくてはならず、本部長は 5 つの部の合計の 100 億円を達成しなくてはならない。

　では、社内の営業本部以外の部署の目標は何になるのだろうか。売り上げをあげて直接お金を稼ぐことのできない部署は、作業効率化と費用削減が目標になる。企業の利益は、「売上－費用」で求められる。いくら売り上げをあげても費用が増えたら利益は減る。営業本部以外の人事、総務、経理などの部署（間接部門という）は毎年、費用削減を目標にして働くことになる。

　企業には、ヒト・モノ・カネ・情報という経営資源がある。組織が大きくなり、組織階層が増えると経営幹部だけでは経営資源を見落とす部分が多くなる。見落としにより経営資源の有効活用ができなくなり、いわゆる大企業病という病に倒れていく。例えば、トヨタ自動車には 7 万人の社員がいる。もしも、この 7 万人の 1 人ひとりが毎日 100 円分、ボールペンの使い捨てやコピーミスなどの会社の備品を無駄遣いすることで、トヨタ自動車は 1 日あたり 700

万円の費用が発生する。1か月20日間働くとその費用は1億4千万円になり、1年ではなんと1,680,000,000円になる。たった100円の無駄遣いが「じゅうろくおくはっせんまんえん」の損失になるのである。従業員のモチベーションを高め、無駄遣いをなくすことが重要になる。

(2) 多様な働き方

　第2次世界大戦後の日本は1960年代に高度成長を経験する。人材不足になり、人材を確保し、離さない人事施策として終身雇用制度が生まれ、年功序列賃金制度によって途中退職が不利になる仕組みが作られた。バブル崩壊、および、グローバル化の波が押し寄せる前の1990年代初頭まで人材の流動性は低かった。バブル崩壊によって日本的な経営が否定され、グローバル化によって株式持ち合いによるメインバンク制度、終身雇用制度、年功序列賃金制度などが崩壊し、大企業の倒産などもあり、人材の流動性が高くなった。少子化などによる大学進学率の上昇により、大卒者が増え、就職難の時代が続いた。正社員になれない新卒者が増えたことや夫婦共稼ぎが50％を超えたこと、年金支給が65歳になり、60歳定年では生活できない者が増えたことなどによって、多様な働き方を求める声が大きくなった。

　以前は若者のアルバイト先であったファストフード店に高齢者のアルバイトが増え、一般職女子社員が減り、代わりに派遣社員が増えるなど、多様な働き方が見られるようになった。

　厚生労働省「平成18年版労働経済の分析」によれば、近年の特徴はa) 産業構造や職業構造が変化する中で、就業形態についても多様化が進展している、b) 2005年の我が国の就業者の構成を総務省統計局「労働力調査」で見ると、就業者のうち85.2％を雇用者が占めており、自営業等は14.6％となっている、c) 正規雇用については、就業者の59.5％と近年の非正規雇用の増加によって6割を割り込んでおり、非正規雇用については、就業者の25.7％を占めるまでになっている、d) 派遣労働者や契約社員などが増加し、非正規雇用の中でも多様な働き方が増えてきている、になる。同著では、さらにe) 就業形態の多様化は、自営業主等の拡大ではなく、「パート・アルバイト」をはじめとする非正規雇用の増大により進展している、f) 就業形態の多様化の中長期的な

## 第4節　能力と企業の経営

動向を臨時・日雇比率で見ると、1970年代後半以降中長期的に進展している、g）男女ともに1990年代後半以降上昇テンポが速まっているが、特に女性で水準が高くなっている、と指摘している。

同著は「働き方の多様化」は、今後の経済社会の変化に沿ったいわば必然的な流れであり、働き方の多様化に対応した社会システムの整備が重要である。労働者が意欲と能力に応じて、就業形態にかかわらず自己の能力を十分に発揮できる状況は、企業にとっても生産性の向上につながるものであり、ひいては我が国経済の活性化に資するものである。今後の働き方の多様化のあるべき姿を実現するために、a) 雇用・就業機会が十分に確保されていること、b) 労働者の納得性のある処遇・評価が行われていること、c) 多様な働き方の選択肢が十分に確保されていること、d) 仕事と生活のバランスがとれた勤労者生活が実現されていること、e) 意欲のある労働者に能力開発機会が確保されていること、が取り組まれる必要がある、としている。

主婦のパート・アルバイトを助長している制度に103万円と130万円の壁がある。103万円の壁は配偶者控除の上限である。配偶者控除とは妻の年収がないか、低い場合（103万円以下）に夫の給与に掛かる所得税を少なくする仕組みになる。130万円の壁は社会保険料の支払い免除の上限である。妻の年収が130万円未満の場合、夫の扶養家族として保険料が免除される。この金額を超えると妻の年収と夫の年収の関係によって実質的な世帯年収（手取り額）が下がってしまう場合がある。近年、この2つの制度により専業主婦の就業意欲が削がれていると考えるようになってきて、政府によって見直しが検討されている。

多様な働き方に適した職業はあるのだろうか。実は職業にはたくさんの種類がある。450もの職業を紹介しているWebサイトもある。図書館やWebサイトで職業を調べてみよう。興味のある職業だけでなく、さまざまな職業について学ぼう。それらの職業の光と影をみよう。昨今、ブラック企業という呼び方が先行しており、ブラックでない企業もブラック企業と呼ばれていることがある。産業や業種や職種が異なっても、人が働く上では、なにかしらの嫌なことは必ずある。給料にはそういった嫌なことをしてもらうためのお金も入っていることを忘れてはいけない。成長著しい企業は往々にして人手不足であり、

## 第1章・20代女性のキャリアデザイン

残業が多い場合があるが、いくら残業が多くてもキチンと残業代を支払ってくれる、あるいは、代休を付与する企業は決してブラック企業ではない。

以下に掲げる参考Webサイトでさまざまな職業をみてみよう。

参考Webサイト　職業図鑑　http://www.aaaaaa.co.jp/job/

面白そうな職業が見つかったら、とことん調べよう。見学に行けるような職業であれば、実際に見学に行こう。アルバイトやインターンなどでその職業を体験してみるのも良い。見学できなくても会社のそばにいって雰囲気を感じるだけでも良い。

総務省による日本標準職業分類をみて、職業への考察を深めるのも良い方法である。

日本標準職業分類（平成9年12月改定）の一般原則（出典：総務省）
http://www.stat.go.jp/index/seido/shokgyou/4gensoku.htm

ここでは、グローバル企業で働くことを考えてみよう。日本的経営が否定され、日本企業の凋落が避けられない以上、日本に住む私たちはその影響を受けない訳にはいかない。ソニーや日産のように社長が外国人になってしまう日本企業が増えたり、中国などの新興国企業が日本に進出したり、と身近なところがグローバル化する。ご近所にガイジンさんが住むかもしれず、自分の子供のクラスメートに外国人がいるかもしれない。

日本がグローバル化することによって、外国人が増えたり、外国企業とのやり取りが増えたりする。日本人にとっても英語でのコミュニケーションが当たり前になっていく。少々、語弊があるが、今までの外資系企業であれば、英語さえできれば偉くなれたと言われたが、これからは自分の専門性にプラスして英語力が問われるようになる。これから先、英語でコミュニケーションができて当たり前、できなければ仕事はない、という時代が来る可能性がある。

英語ができないみなさんには憂鬱だろうが、そんなに悲観しなくても良い。学校の英語と仕事の英語は全く別物であり、人間、必要に迫られれば、何とか

## 第4節　能力と企業の経営

なるものである。

　日本は世界的にみても男女差別の少ない方ではあるが、女性が男性並みに働くなら差別（区別）しないで一緒に働きましょう、という社会である。特に従来からある日本企業では、女性従業員だけ制服が有ったり、昇給が遅かったり、と明らかに男性社員と区別していることが多くある。

　古くからの慣習として、女子社員が全員のお茶を入れなくてはいけない、とか、給湯室の掃除をしなくてはいけない、とか、暗黙のルールが存在する場合がある。

　そういう企業に就職した場合、それに反発するか、反発せずに従うか、従うふりをしてちょっと反発するか、というのはみなさんの自由である。嫌な課長のお茶碗を汚いスポンジで洗うなんていうストレス発散方法を実際に見たこともある。見つかったら、気まずいだけじゃなくて処分されるかもしれません。

　男性同士では起きにくい、セクシャル・ハラスメントも男女が働く職場では問題になる。あなたが企業に勤め始めたとき、男性上司から疎外感を感じることがあれば、その上司はあなたのことが嫌いなのではなく、セクハラと取られる行為をしないように一歩引いているのかもしれない。筆者も管理職だった時代には人事部のセクハラ講習会を何度も受けた。例えば、課の飲み会の二次会でカラオケに行ったときにその場の盛り上がりで女子社員とデュエットし、1年後にその女子社員の勤務態度が良くなかったので成績考課を悪くつけたところ、1年前のデュエットを持ち出され「私は歌いたくないのに課長が無理矢理歌わせた」と会社のセクハラ委員会に訴えられることがあるので気をつけなさい、ということがセクハラ講習会では解説される。こんなことを言われた課長は部下である女子社員との間に壁を作らないわけにはいかない。

　女性事務員にとって深刻な問題のひとつが、オフィスの冷房温度になる。最近はクールビスや電力不足による節電で冷房温度を上げる企業が多いが、男性社員は女性社員に比べて厚着をしていることが多く、暑がりも多いので事務所の冷房温度が女性事務員にとっては低すぎることが多くある。なお、お茶くみ、掃除、過冷房などは近年、急速に改善されている。破天荒な男性社員も減りつつあり、女性差別のない職場を目指した動きが進んでいることも事実である。

(3) ワークライフ・バランス

　ワークライフ・バランスとは、仕事とプライベートの割合をどうとるか、ということになる。内閣府によれば、ワークライフ・バランス＝仕事と生活の調和とは、仕事は、暮らしを支え、生きがいや喜びをもたらすものだが、同時に、家事・育児、近隣とのつきあいなどの生活も暮らしに欠かすことができないものであり、その充実があってこそ、人生の生きがい、喜びは倍増する。しかし、現実には、安定した仕事に就けず、経済的に自立することができない、仕事に追われ、心身の疲労から健康を害しかねない、仕事と子育てや老親の介護との両立に悩むなど、仕事と生活の間で問題を抱える人が多く見られるので、自らの仕事と生活の調和の在り方を考えてみることが重要である、としている。

　仕事を優先する理由は、a）お金を稼がなくてはいけないから、b）今、頑張らないと会社に残ること（出世）ができないから、c）やりがいのある仕事をやり続けたいから、d）家庭に居たくないから、などがあるが、これらの理由で家族が納得するかどうかが重要である。

　家庭を優先すると仕事を犠牲にすることになる。多くの場合、家庭優先で自分の好きな仕事をする、というのは難しいことである。特にお金の面で大きな差が付く。正社員で定年退職時まで働くと2〜3億円の生涯収入があるが、フリーターや契約社員など正社員以外の職位だと生涯賃金は1億円以下であることが多くなる。大学卒業時までは同じような暮らしをしていた同期の人たちに5年後、10年後、20年後、30年後に会うとキャリアの違いにより、まったく異なる暮らしをしているということが往々にして起きる。同じ「企業勤め」でも業種や企業規模により大きく異なる。

　みなさんが求人票を見ると、職種として総合職、一般職、という言葉が出てくる。総合職は社長になる道が開けていますよ、という職種で、原則、転勤や配置換えに逆らうことができず、熾烈な出世競争が待っていることが多い。営業職や企画職は総合職募集のことが多い。

　一般職は偉くても課長止まり、という職種で、転勤・昇給が控えめ、ということが多い。出世競争はなく、家庭を優先することができる。最近、多くなってきたエリア総合職は、例えば、東京・神奈川・埼玉・千葉の南関東エリアなど、勤務エリア限定の総合職で女子に人気がある。

第4節　能力と企業の経営

　大企業になると総合職、一般職の給与格差は10年、20年経ってくると大きくなる。総合職の女性も増えた。男女雇用機会均等法のお陰である。しかし、この法律は、女性が男性と同じくらい働くのなら一緒の土俵の上で競争していいですよ、という法律なので、総合職になると熾烈な出世競争に巻き込まれる。少なくない数の女性が結婚や出産のときに脱落する。頑張りやのみなさんにはやりがいがあるかもしれない。

　筆者の友人には大企業の一般職で働き続け、結婚や出産のときも嫌な顔をされずに休暇を取り、その企業に戻って、家庭生活を優先して、このまま定年退職するつもりだという女性もいる。彼女は給与の高い企業に勤めているので、一般職といえども彼女の生涯年収は2億円を軽く超える。一般職でも給与の高い大企業に就職すると中小企業の総合職以上の生涯年収になることがある。

⑷　働くことのリスク

　労働形態は、雇用者と事業主の二通りがあり、雇用者は正規雇用者と非正規雇用者の2通りがあるので、これらを組み合わせると、労働形態は、正規雇用、非正規雇用、事業主の3通りがあることになる。

　これらの労働形態はそれぞれにどのようなリスクを抱えているのだろうか。それぞれに見ていこう。正規雇用、いわゆる正社員として働いている場合は、労働基準法、労使で決めた従業員規則、労働組合などに守られている。しかし、日本企業の労働組合はアメリカのように企業と独立した産業別の組織ではなく、企業ごとに労働組合が組織されているため、企業の意向が反映しやすい。

　特に近年は、企業業績の悪化により、企業倒産を防ぐためのリストラに賛成する労働組合も出てきている。正社員として働いている場合、建前としては期間を定めない雇用＝終身雇用が一般的であり、企業から退職を迫られることはない。しかし、退職を迫られなくても企業倒産する場合がある。中小企業では従業員に通知せずに倒産する企業も多くある。懲戒解雇は従業員規則に著しく違反した場合に適用される。罪を犯して懲役刑に服すると大抵の場合は懲戒解雇となる。出勤状態が不良であり、無断欠勤を5日以上続けた場合も懲戒解雇になることがある。そればかりではなく、無届遅刻が多いという理由でも懲戒解雇になる場合がある。業務上の横領は例え10円であっても懲戒解雇にな

25

ることがある。鉄道会社や郵便局で窓口の係員が10円を盗んだことで懲戒解雇になったという新聞記事を年に一度は目にする。

　非正規雇用者の立場は弱い。後ろ盾となってくれる労働組合に属していることは稀であり、企業対自分自身（個人）という形で働くことのリスクを考えなくてはならない。最も大きいリスクは雇い止めになる。有期雇用の場合は、期限更新をしてもらえずに辞めることやアルバイトやパートなどの場合はもっと簡単に「馘首（くび・かくしゅ）」を言い渡されることがある。倒産は正規雇用の場合と同じようにやってくる可能性がある。正規雇用で病気やけが、出産をした場合は休業制度があるが、非正規雇用の場合はその制度が適用されないことが往々にして起きる。

　自分が事業主となって働く場合は、雇用者と大きく違う。原則として事業主には、労働基準法は適用されない。例えば、経理のスペシャリストが個人事業主となって企業と契約し、その企業の経理部で働いている場合、労働基準法にある残業の規定は適用されず、契約に基づいた条件で働くことになる。事業主にとってのリスクは倒産であるが、倒産に至る一番大きな問題は資金難である。事業を継続するための資金がなくては事業主を続けることはできない。自己資金が底をついた場合は、新たな事業資金は誰かに投資してもらうか、金融機関から借り入れるがその両方ができなくなったとき、倒産することになる。具体的には、6カ月以内に2回不渡り（支払いができないこと）を出すと自動的に2年間銀行取引が停止され、事実上の倒産となる。個人事業主や中小企業の経営者の場合、自分自身が病気や怪我を負い、仕事ができなくなることで倒産の危機がやってくることがある。また、同様に個人事業主や中小企業の経営者の場合は、風評被害で倒産に至る場合もある。「あそこの店で食べると食中毒を起こす」という噂だけで倒産した飲食店は多くある。出資を仰いだ場合は、経営権を乗っ取られるということも起きる可能性がある。

(5)　フリーター

　厚生労働省は、1991年にフリーターの実態調査のために以下のような定義を設けた。フリーター（フリーアルバイター）は、年齢15歳から34歳で、在学していない者のうち、以下の条件を満たす者で、現在就業している者につ

## 第４節　能力と企業の経営

いては、勤め先における呼称が「アルバイト・パート」である雇用者、もしくは、現在無業の者については、家事も通学もしておらず「アルバイト・パート」の仕事を希望する者。（出典：厚生労働省『平成３年版労働経済の分析』）

　フリーターは無職や失業者とは違う。アルバイト・パートと無就業状態を繰り返す就業形態をさす。フリーターはニートとも違う。ニートは働く意志がないがフリーターにはある。

　フリーターには就業意識があるので、正社員になることを望む者が多く存在している。しかし、正社員になるチャンスをつかめずにフリーターに甘んじている。フリーターと正規雇用者では年収に２倍から１０倍以上の差が出ることがある。時給千円のアルバイトを１日８時間やって８千円を稼ぎ、それを週６日間、月２５日間続けても２０万円にしかならず、それを１年間続けても年収は２４０万円。しかし、この例は正社員とほぼ同じ条件で働いた場合であり、多くのフリーターはこの１/３程度しか働いていない。家賃のかからない自宅に住むフリーターの場合、年収が１００万円に届かない者は多く存在する。

　大学卒業後、フリーターとして年収１００万円で３４歳までの１２年間を過ごすとするとその間の総収入は１,２００万円に届くか届かないか、になるが、正社員であれば、同期間で５,０００万円程度を稼ぎだす。フリーターでは約１/４しか稼げない、ということは、正社員の１/４しかお金を使うことができないのである。みなさんは自己責任で生きていくのだから筆者がとやかく言うことではないが、正社員になってお金を稼いで、そのお金を使ったほうが楽しいのではないか。

　働くことこそ最大のリスクヘッジである。学生という身分のときは保護者によって生活が保障されている人が多いと思う。大学を卒業した後も保護者の好意により、やはり、生活が保障されている人もいるかと思う。万が一、保護者が亡くなっても遺産相続などで生活ができる人もいると思う。しかし、これらの恵まれた人以外は大学卒業後に自分でお金を稼がないと生活することができない。やりがいを求めて「働く」ことよりも生活費を求めて働いている人が多いのは事実である。「結婚すればなんとかなる」というのは安易な考えである。結婚は純粋な経済行為ではないので生活費を稼ぐという純粋な経済行為のための手段として考えることができない。配偶者があなたの生活を保障してくれる

可能性は保護者のそれより低い。配偶者の親族との関係も生まれる。結婚しても働いている女性が多いという事実もある。

　若いうち＝35歳までは、フリーターでも日々の生活には困らないだろう。将来もらえるかどうかわからない国民年金だって「払わなくていいや」って思うかもしれない。「その日暮らし」も楽しいと感じるかもしれない。しかし、病気や怪我をして働けなくなったときに守ってくれるモノ（物・者）はあるのだろうか。フリーターで年収が低ければ貯蓄をすることが難しいだろう。貯蓄ができなければ働けなくなったときに生活ができなくなる。

　どうしても困ったときは生活保護制度を利用することになる。生活保護制度は、行政（日本国）が生活に困窮する人に対し、その困窮の程度に応じて必要な保護を行い、健康で文化的な最低限度の生活を保障するとともに、自立を助長することを目的としている。詳しくは市町村役場に相談すると良い。

　生活できなくなるというリスクに対してどのような対策を講じたらよいのであろうか。それは、「生活できない」の反対の状態である「安定した生活」を保つことを目指すになる。安定した生活は、働くことのリスクである「病気・怪我・出産」や「雇止め・リストラ」、「倒産」などを回避することで成り立つ。雇用者としてこれらのリスクに対処するには安定した業績（利益）を出している企業で正規雇用されることを実践すべきである。黒字企業であれば、あなたが「病気・怪我・出産」状態になったときに休業補償をしてくれるし、企業業績の悪化による「雇止め・リストラ」や「倒産」にあう確率も低くなる。

　「自分が正社員になれないのは社会が悪い」というのは簡単だが、あなたはその社会の構成員であり、社会を良くするのにも、悪くするのにも、加担している。グローバリゼーションは「自己責任」という切り捨て社会をもたらした。自分だけで悶々としていてはダメだ。自分の苦手な人ともコミュニケーションを図ることで事態が打開されることが多い。「伝える力」と「聞く力」を身に付けよう。

　自らの生活を守るためには「働くこと」が最大のリスクヘッジなのである。大学教育の中に「キャリア教育」が入ってきたのは、昨今の若者は、この「働くこと」が最大のリスクヘッジ、という考えを持っていないので「きちんと教えよう」ということの表れでもある。

# 第 5 節　就職活動

(1) 概　要

　就職活動はお見合いによる結婚に似ている。いくら入りたくても企業が認めてくれなければ入れないし、あなたが気に入らなければ入社する必要はない。約半年の期間を通してお互いを良く知り、無事、内定となる。

　企業は内定者を成績順に決める訳ではない。企業内のバランスを考え、さまざまな就活生に内定を出す。学内で自分より成績が悪い学生があなたの落ちた企業に入社することは珍しいことではない。この意味において、就職活動は企業によるメンバー獲得競争であり、入社してから一生懸命働くと認定された者に内定が出る。

　2015 年に大学 4 年生になる学生は 2015 年 3 月 1 日から会社説明会などの会社訪問が解禁される。しかし、これは法律で決まっている訳ではない。内閣府が 2013 年 6 月 14 日に提示した指針「日本再興戦略」に掲載された「学修時間の確保、留学等促進のための、2015 年度卒業・修了予定者（2016 年 3 月卒業・修了）からの就職・採用活動開始時期変更（広報活動は卒業・修了年度に入る直前の 3 月 1 日以降に開始し、その後の採用選考活動については、卒業・修了年度の 8 月 1 日以降に開始）について、中小企業の魅力発信等、円滑な実施に向けた取組を行う」（出典：http://www.kantei.go.jp/jp/singi/keizaisaisei/pdf/saikou_jpn.pdf）に基づいて、日本経済団体連合会（経団連）が 2013 年 9 月 13 日に改定した「採用選考に関する指針」（出典：http://www.keidanren.or.jp/policy/2013/081.html）において、会社訪問（広報活動）を卒業・修了年度に入る直前（学部生は 3 年生）の 3 月 1 日以降とし、選考活動（内々定）を卒業・修了年度（学部生は 4 年生）の 8 月 1 日以降とし、正式な内定日は、卒業・修了年度の 10 月 1 日以降とする旨が記述された。経団連は日本最大の経営者団体であり、多くの大企業・有名企業が加盟しており、それらの企業の子会社などの関係会社や取引のある企業など加盟していない企業もこの指針に準拠した就職活動を行うことが多い。しかし、一部の外資系企業やベンチャー企業はこれに従わずに独自の就職活動スケジュールをとる場合

がある。

　この経団連就職活動スケジュールに従うと3年生の3月までに自己分析、業界研究、企業研究を終えて、3月1日以降に会社説明会を受け、エントリーシートなど企業が求めるものを提出し、Webテストやグループ面接などを受け、8月1日以降に最終面接を受けて内々定をもらい、10月1日の内定式に出席して翌年の4月1日に入社式に出席し、社員となるのが一般的なスケジュールになる。

　これは2015年以前の就職活動に比べて非常にタイトな日程になっている。例えば、2014年度卒業生は、2013年12月1日から会社訪問を開始し、2014年4月1日以降に選考を受けて内々定を得て、10月1日に内定式を迎えるというスケジュールであった。

　また、これらのスケジュールは違反しても罰則がないため、しばしば前倒しなどの違反が発生する。よって常に最新の情報を得るようにしなくてはならない。

　就活生の犯しやすい誤解や間違いについて、いくつか指摘しておこう。a) 3月1日以前に企業が大学を訪問して企業説明会が開かれることがある。これは、大学の就職支援グループや学内の掲示を見逃さないようにしていれば情報を得られる、b) 企業によっては2年生や3年生の夏休みなどにインターンを募集し、職場体験をさせることがあるが、これが暗に就職につながっている場合がある。希望している企業がある場合は、就職活動前にも企業情報に常に目を通してインターンの実施情報を得るようにすべきである、c) 会社訪問が解禁されて以降、8月1日の選考解禁までの間に実質的な選考が行われており、8月1日以降は最終面接のみとなることが往々にして起きる。会社説明会に出席しないとそれ以降のスケジュールが把握できないので、まずは会社説明会に参加し、その後は企業からの連絡通りに作業を行う必要がある。

　残念ながら大学格差は存在する。大企業や有名企業には、数万通のエントリーが発生するので、会社説明会の申込段階で大学名などによって申込を制限することがある。もし、会社説明会の申込初日に満席などで申込ができない場合は申込制限に引っ掛かっている可能性がある。どうしても受けたい企業の場合は、その企業の人事部に直接電話をかけて説明会参加を申し出れば参加させてもら

## 第 5 節　就職活動

える場合もある。

　一般職の求人は年間を通して出てくるので、10月1日までに内定が取れなくても悲観することはない。地道に就職活動を継続しよう。

　内定を辞退することは法的にまったく問題がない。内定承諾書に署名し、捺印してもいつでも撤回できる。憲法第22条で職業選択の自由が認められている。しかし、就活生自身の社会人としての信用を考えるとやたらと内定辞退をするのは得策ではない。内々定をもらってから就職活動を続けることは問題ないが、新たに内々定をもらった企業のほうがそれ以前に内々定をもらった企業よりも優先順位が高いならば、優先順位の低い内々定先企業には早急に内々定辞退を伝えよう。手紙で内々定辞退を伝えるのが最良であるが、企業から事情聴取の呼び出しがあれば、企業に出向き、真摯に謝ろう。企業側は翌年の4月1日に入社する人間を必要数確保しなくてはいけないので、内定辞退が遅くなればなるほど困ってしまう。特に10月1日直前に内々定辞退を告げられると採用担当者は社内で立場が無くなってしまう。

### (2)　自己分析

　就職活動の最初に行うことは、自己分析である。これはいつでもできる。大学1年生から始めて、毎年、見直すのが良い。自己分析には色々な方法があり、それぞれに長所・短所がある。いくつかのやり方で自己分析を行うのが良いだろう。

　キャリア・アンカーや職業興味なども良いきっかけとなる。希望企業に向けた自己紹介書を書いて、保護者や教員に見てもらうのも良い。

　就活に使う自己分析は大学時代のエピソードを中心とすると良い。高校時代など大学入学以前のエピソードを中心にすると企業側から「この学生は大学時代に何もやっていない」と思われてしまう。

　自己分析は、6W1Hを忘れないように入れる。それぞれのエピソードに対して、いつ、どこで、誰が、誰と、何を、なぜ、どうした、という風にする。お金が掛かっているのであれば、How Muchを入れて、6W2Hにする。こうすると、説得力の高い文章になる。

　具体的な自己分析は、この章の第2節(1)ライフデザインを参考にして、好

きなこと、苦手なこと、自分の性格、やりたいこと、やりたくないこと、失敗経験などを書き出すところから始めよう。

(3) 業界研究

　企業は、学生が自社を志望する動機として、自社が属する業界を志望しており、その中から自社に応募してきた、と考える。エントリーシートや面接によって自社を志望した理由を聞かれたら、ある業界を志望し、その業界の中から社風や経営理念などに感銘して自社を選んだ、という回答を期待されているかもしれない。しかし、多くの学生は、業界を志望しているとは言えず、良さそうな企業を志望していることが多い。

　業界研究の本来の目的は、何十万社とあるさまざまな企業の中から自分が働く上で適した企業を見つけるときに、まずは業界を絞り込んで、対象の企業数を減らすことにある。業界は、建設・不動産関連、金融関連、機械製造関連、電気・精密機器関連、エネルギー・素材関連、レジャー・旅行関連、IT・通信関連、自動車・輸送機製造関連、物流・運輸関連、食品関連、商社・流通関連、飲食関連、美容・ファッション関連、メディア関連、サービス関連などに分かれる。就活生はまずこれらの業界の中から自分好みの業界を選んで研究を行う。就活本として業界研究の本などが出ているのでそれらを参考にすると良いだろう。なお、Web上には事実無根のデマもあるので、Web上の情報を鵜呑みにしてはいけない。

　就活生は社会で働いたことが無い場合が多いので、自分好みの業界だけでは充分ではない。身近な社会人から多くの情報を得ると良い。もし、身近に社会人がいない場合は、すべての業界について一通り研究すると良い。

　業界研究は企業研究の基礎になるものなので、自分が志望する企業の業界の特徴は頭に叩き込む必要がある。面接の質問で他の応募企業を聞かれるが、その会社と同じ業界の企業をあげることが面接通過の近道である。

(4) 企業研究

　就職活動時期になると、リクナビやマイナビといった就活サイトの広告を見たり、コンタクトしたりする。企業説明会へのエントリーなどはこういった就

第5節　就職活動

活サイトから入力する必要がある場合が多いので、これらのWebサイトへの登録が必要になる。しかし、これらのサイトを100％信じて就活を行うと入社後に失敗したと感じてしまうかもしれない。これらのサイトは、企業から広告費用をもらっている場合が多く、その企業の良い面しか掲載しない。

　就活は学生が企業に選ばれるだけではなく、学生が企業を選ぶ側面があることも忘れてはいけない。『就職四季報（女子版）』などの就活のための企業紹介本は中立な立場で書かれている。『会社四季報』や『日経会社情報』は投資のための本なので、企業の良い面、悪い面が網羅されている。これらの本を購入して熟読することで、自分に合った良い企業が見つかるかもしれない。

　企業自身が法律に基づいて投資家のために発行する有価証券報告書を読みこなすことができたら、その企業の詳細な情報を得ることができる。有価証券報告書は上場企業であれば、Webサイトから入手できることが多い。目的の企業の会社情報や投資家向けのWebページにいけばダウンロードできる。なお、有価証券報告書を読みこなすには簿記3級程度の経理の知識と初歩的な経営学の知識が必要になる。

　一通りの企業研究は3月1日までに終わらせておくべきである。

(5)　**会社説明会**

　実質的な就職活動は、会社説明会にエントリーすることで始まる。これ以降の過程は会社説明会に出席していないと参加することができない場合が多い。なるべく多くの会社説明会に出席すべきである。その理由は、a) 就活では落とされることが当たり前であるので、まずは会社説明会に多く出て持ち駒を増やす、b) 同じ業界で別々の企業の会社説明会に出席することで業界の傾向と個別企業の違いを認識できる、c) さまざまな企業の人間とコンタクトすることで社会人とのスムーズなコミュニケーションを習得する、などになる。

　会社説明会の申込は、企業のWebサイト、リクナビやマイナビなどの就活サイトなどから申し込む。申し込み時に満席になっていて申し込みができない場合はその企業の人事部の新卒採用担当者に電話をかけて出席を懇願する。多くの企業は代表電話を公開しているので、そこに電話して大学名と氏名を名乗り「新卒採用担当者」を呼び出してもらう。熱意をみせると申し込みを受諾し

てくれる場合がある。会社説明会は欠席者が多いので申し込み時に満席でも当日は空席ができる場合が多い。

　しかし、会社説明会の参加者には企業側が大学名で制限をかけていることもある。大学入学時の偏差値の高い大学や過去に入社したことのある大学の学生しか受け付けないことがあることを就活生は認識しなくてはいけない。ひとつの目安としては、大学に求人票が来ている企業であれば会社説明会の参加を断られることはない。

　会社説明会出席時の服装であるが、服装自由といわれてもスーツを着ていくことが望ましい。特に金融機関など従業員の統率に厳しい企業ではわざと服装自由と言って、スーツ以外の服装で来た学生をチェックしていることがある。また、クリエイティブ系の企業では、スーツ不可という場合もある。このときは、ビジネスカジュアルの洋服を着ていこう。ビジネスカジュアルは、男性であれば、ネクタイを締めず、襟付きのシャツとジーンズや短パン以外のスラックスなどのズボンに靴下と靴、と分かりやすいのであるが、女性の場合は難しいかもしれない。ビジネス上で恥ずかしくない服装とは、デコルテが広く開いていない襟付きのシャツ、華美でない上着、派手でない膝丈のスカート、スラックス、ヒールの高すぎない靴（厚底は不可）などになる。

　会社説明会では、講師の話しに適度な頷きを入れ、ペンを持って、メモをとろう。質疑応答時間には積極的に質問しよう。例えば「先程説明された御社の経営理念が難しかったのですが、もう一度説明して頂けませんか」や「御社の○○という制度に感銘しました。このような制度は御社以外でも採用されているのでしょうか」など、講師が説明したことに関連する質問になる。

　会社説明会の内容をよそでぺらぺら喋ってはいけない。適度な守秘義務があると考えるべきだろう。会社の話しをすぐに他人に話すような社員は必要ない、と多くの企業は考えるだろう。

⑹　エントリーシート

　エントリーシートは、履歴書的な内容だけではなく、さまざまな質問に字数制限付きで答えることが求められる。志望動機を聞かれた場合は、自分の思い込みだけを述べてはいけない。また、業界の特徴だけだと他の企業でも良いの

第5節　就職活動

では、という気持ちを相手に与えてしまうので、業界＋その企業の経営理念を志望動機とすると良いだろう。経営理念は社風を作っているので、経営理念に感銘して社員になりたいと考えた、という理由は他の企業ではなく貴社に入りたい、とアピールすることができる。

エントリーシートでは、将来の自分に対する質問もされることが多い。3年目、5年目、10年目の自分の成長を書かされるかもしれない。

必ずされる質問のひとつに学生時代に最も力をいれたこと、という質問がある。この質問では、大学時代のエピソードを書かなくてはいけない。高校時代に全国大会で優勝していたとしてもそのことをメインにしたら、企業は「この学生は大学時代に何もしていない」という印象を持つ。高校時代の全国大会優勝を入れたいのなら「高校時代に全国大会で優勝し、大学時代は後輩を指導して、全国大会に導いた（導きたかったが一歩力及ばずであった）などと書くべきだろう。また、この質問では、アルバイトでの経験、サークルのリーダーとしての活動、ボランティア活動などは、多くの学生が書くので、他の就活生との差別化が難しくなることも頭に入れておくべきである。

エントリーシートに貼付する写真は、インスタント写真ではなく、写真館にいって撮影したものを使うべきである。写真は本物のあなたに代わって企業にあなたをアピールするものになるので、少しでも見栄えの良いものにすべきである。

エントリーシート全体を通して、企業がこのエントリーシートを書いた学生に会いたい、と考えてもらえるようにすることが肝要である。

(7) テスト

エントリーシート通過後、もしくは、同時並行で、SPIやWebテストといった一般常識などのテストを受けるように言われることが多い。これらのテストはその企業、テストセンターなどに出向いて受けることが多いが、Web上で受けることができるものもある。テストの代理受験を頼んではいけない。採用人事においては候補者が虚偽の申し出をした場合にはいつでも解雇することができる決まりがある。もし、あなたがWebテストに代役を頼み、無事入社できたとしても、何年経っても代役の事実が発覚した時点であなたを解雇できる

のである。

　テストの内容は、言語系、非言語系と分かれていることが多く、言語系は国語や社会に関する一般常識の問題が多く、非言語系は算数・数学の問題が出される。企業における業務では難しい数学を使うことはほとんどないが四則演算や簡単な確率・統計処理は必須になる。次の式を解くことができるか、試して欲しい。$7 + 2 \times 6 \div 3$ の答えはいくつになるか。答えは 11 である。18 と間違える学生がいるかもしれない。四則演算の法則では、式の左から順に計算するのではなく、式の中の掛ける、割る、を足す、引くよりも先に計算して、次に足す、引く、を計算するのである。よって、$2 \times 6 = 12$ を 3 で割って 4 を出し、7 と足して、11 という答えを出す。

　多くの文系学生は高校 1 年か 2 年で数学の勉強を止め、その後就職活動までに数式に触れることがほとんどない。分数の割り算など忘れてしまっていることだろう。就活生は企業研究と並行してテスト対策をすべきである。エントリーシートや面接と違い、テストだけはあなたの魅力で乗り越えることはできない。

　なお、相手企業のことを書き言葉（エントリーシートなど）では貴社として、話し言葉（面接など）では御社とするのを忘れてはいけない。

(8)　面　接

　就職活動における面接にはグループ面接と個人面接があり、個人面接では段階を経るごとに面接官の役職があがる、という特徴がある。グループ面接では、リーダーになって目立てば良い訳ではない。グループ面接では協調性を観られていることが多い。企業では会議が頻繁に行われ、ある問題に対して複数の人間が議論をしてひとつの答えを決める、という作業が延々と行われる。グループ面接ではこういった業務への適性を見られていることが多い。他人の意見を聞き、その意見を尊重した上で、自己の意見を述べる、ということが求められる。誰かを攻撃してはいけない、論戦に勝っていい気になっていても落とされることが多い。面接が終わった時に満足感を感じているのに落とされる経験が続いたなら、それは面接で饒舌過ぎたのかもしれない。

　個人面接では、面接者の役職に応じた見方をされる。人事担当者であるなら、自社の社員として必要な資質があるかどうかを見られ、現場の課長クラスであ

第 5 節　就職活動

れば、机を並べて一緒に働けるかどうかを見られ、役員クラスであれば、自社の将来を託すことができるかどうか、といった視点で見られる。

　面接では平均点の答えを出しているようであれば合格は難しいかもしれない。面接官の印象に残る回答が重要である。奇をてらう必要はないが、論理的な受け答えができるかどうか、笑顔を絶やさないでいられるかどうか、などが重要である。よく、美人が面接に受かる、という話しを聞くが、美しいから受かる訳ではない。美人は自分に自信があり、面接官の目を見て、笑顔を交えながら会話することができるので、面接官の印象に残ることができるのである。己の醜美よりも自信が重要である。質問者の意図を汲み、論理的に的確な回答をしながら嫌みにならない笑顔を添えることができれば面接は怖くない。余裕を持つことができれば、面接に勝利することは難しくない。余裕を持つには場数を踏むしかない。普段の生活でも20〜50代までの幅広い年代のサラリーマンと会話をする機会を持つと良い。自分の家族や親戚とのコミュニケーションを増やすだけでも相当違う。アルバイト先の上司やお客様、自分がよく行くお店の人など、さまざまな人と会話しよう。

　面接ではメモが取れないことがあるが、相手の話しを聞きながら、適度な頷きをいれ、個人面接であるなら、時折、質問をしよう。面接官に充分話させることとそれに答えることで面接官を満足させる会話ができ、良い点数をもらうことができるだろう。

　自分が練習してきた内容を話すことに夢中になってはいけない。面接官は会話のキャッチボールをしたいのであるから、質問と違う答えは望んでいない。相手の求めている答えを返すことが肝要である。

(9)　内々定・内定
　最終面接は役員もしくは社長との面接になることが多い。これに合格すれば内々定が出る。10月1日以前に企業が出すのは内々定である。企業側は内定という言葉を使うかもしれないが、一般的には、内定とは内定式で内定書を交付することを指すので、それ以前にだされたものは企業が内定という言葉を使っても社会常識では内々定ということになる。

　企業は、内々定を出すとその学生の就職活動を止めさせようとする。内定承

諾書や入社誓約書なる書類に署名・捺印を求めるかもしれない。しかし、10月1日以前に発行されたこれらの書類には法的な拘束力は一切ない。いつでも反故(ほご)にできる。そもそも憲法で職業の自由が保障されているので、学生はいつだって辞めることができる。

しかし、企業の採用活動には多額の費用が掛かっており、翌年4月に入社する社員を必要なだけ集められなければ、採用担当者は左遷させられるかもしれない。こういった企業側の事情を学生も踏まえなくてはいけない。

学生に損害賠償を求めることはしないとは思うが、学生の誠意ある態度がないとあっさりと内定辞退を受け入れることはないかもしれない。内々定、内定を辞退するのであれば、極力早くするべきである。例えば、何処かの企業に内々定をもらった上で、就職活動を続けて、より優先順位の高い企業から内々定をもらった場合は、最初の企業にすぐに内々定辞退を伝えよう。トラブルの起きない方法としては、手紙を郵送することが良いだろう。手紙を出した後に企業に呼ばれるかもしれないが、その時は企業に出向き、きちんと説明し、謝罪と感謝をしよう。文句を言われたり、罵倒されたりするかもしれないが、1時間程度で終わるだろう。内定辞退は社会人の第一歩としての洗礼だと考えよう。

不採用の場合、通称、お祈りメールという不採用通知書が送付される場合とサイレント（お祈り）と言われる何も連絡のない場合がある。お祈りメールというのは、例えば、「誠に遺憾ながら今回は不採用とさせて頂きます。今後のご検討をお祈りします」のように文末が「お祈りします」で終わっている手紙もしくは、メールのことである。お祈りメールでへこたれてはいけない。何十通と溜まっていくお祈りメールは就職活動をしているという証しであり、就職活動を辞めてしまった者のところには届かない。不採用時に全く連絡をしない企業も多いことも肝に命じて欲しい。

内々定や内定がなかなか出ないことも往々にして起きる。企業に採用されるのは運任せなところも大いにある。へこたれて就職活動を辞めてはいけない。チャンスの順番は動き続けた者にしかやってこない。

一般職の募集は年間を通してあり、卒業式後に内定をもらうこともある。継続は力なり。

## 第6節　まとめ

　人生は予定通りにはいかない。机上の計画は現場に出るたびに修正を余儀なくされる。しかし、行動しなくては結果が出ない。だからといって、無計画に行動しても成果は残せない。自分の人生をデザインするというのは、己を知り、最大限の努力をすることで幸福な人生を切り開くことに他ならない。自分は何者でどこから来て、どこに行くのか、ということを考えよう。好きなこと、嫌いなこと、できること、できないことなどを見つけ、それらを組み合わせて自分の人生をデザインしよう。特にどのような職業に就くか、結婚や出産などはどうするのか、を中心にして自分のキャリアをデザインしよう。百聞は一見に如かず、である。あなたが学生時代に行ったキャリアデザインは、社会人の最初の3ヶ月で否定されるかもしれない。しかし、キャリアデザインは修正可能であり、失敗したって命を落とすことはほとんどない。何度でもやり直しが利くのが人生であり、ある職場で否定されても同じ会社の別の職場では天職のように感じることができるかもしれない。日本では終身雇用制度が崩れ、労働力の流動性が高まっているので、転職先を見つけることはそう難しいことではない。ただし、転職先が見つかるまでは、今の会社を辞めてはいけない。新しい会社は活躍しているあなたを求めているのである。いったん、会社を辞めたあなたは転職者ではなく、無職の失業者である。失業者になると再就職は途端に難しくなる。このことは肝に命じて欲しい。

　就職活動は楽な戦いではない。保護者に代わってもらうことはできない。しっかりとキャリアデザインをして望むべきである。小手先のテクニックや自己満足なキャリアデザインでは役に立たないので、作成したキャリアデザインは家族に見せて意見をもらおう。家族ではなく、社会経験が豊富な知人や大学教授、就職支援グループ職員などの第三者にも意見をもらおう。それも、ひとりやふたりではなく、なるべく多くの人に意見をもらおう。人生は人それぞれに違うのであるから、ひとりの意見に惑わされてはいけない。人から意見をもらう行為はキャリアデザインをブラッシュアップするだけでなく、あなたのコミュニケーション能力を高めることにもつながる。

## 第 1 章・20 代女性のキャリアデザイン

さあ、人生の扉を開けよう。

<参考文献>
* エドガー・H. シャイン著、金井 寿宏訳『キャリア・アンカー――自分のほんとうの価値を発見しよう（Career Anchors and Career Survival）』白桃書房、2003 年
* 大久保幸夫『キャリアデザイン入門』[1] 基礎力編　日本経済新聞社、2006 年
* 大阪府「MIO 職業興味チェックリスト」（参照日：2014/8/31　参照 URL：http://sogorodo.ou.e-osaka.ne.jp/mio/mio.cgi）
* ―――――「Prep-Y 職業興味検査」（参照日：2014/8/31　参照 URL：http://www.pref.osaka.jp/sogorodo/counseling/）
* 厚生労働省『平成 3 年版労働経済の分析』（参照日：2014/8/31　参照 URL：http://www.mhlw.go.jp/toukei_hakusho/hakusho/roudou/1991/）
* ―――――『平成 24 年度版働く女性の実情』（参照日：2014/8/31　参照 URL：http://www.mhlw.go.jp/bunya/koyoukintou/josei-jitsujo/12.html）
* 職業図鑑 Web サイト（参照日：2014/8/31　参照 URL：http://www.aaaaaa.co.jp/job/）
* 総務省「日本標準職業分類（平成 9 年 12 月改定）の一般原則」（参照日：2014/8/31　参照 URL：http://www.stat.go.jp/index/seido/shokgyou/4gensoku.htm）
* 東洋経済新報社『就職四季報（女子版）』2015 年版、2013 年
* 内閣府『男女共同参画白書』平成 25 年度版（参照日：2014/8/31　参照 URL：http://www.gender.go.jp/about_danjo/whitepaper/h25/zentai/）
* ―――――『日本再興戦略』（参照日：2014/8/31　参照 URL：http://www.kantei.go.jp/jp/singi/keizaisaisei/pdf/saikou_jpn.pdf）
* 日本経済団体連合会「採用選考に関する指針」（参照日：2014/8/31　参照 URL：http://www.keidanren.or.jp/policy/2013/081.html）

# 第2章 キャリア教育と就職

## 第1節　キャリアとは何か、キャリア教育とは何か

(1) キャリア教育が大学で盛んになった背景

　キャリア教育が大学で盛んになった背景としては、18歳人口の減少により、大学間の学生獲得の競争が激しくなったことがあげられる。受験生や保護者にとって大学を魅力的なものにするには、卒業後の就職状態がどうであるかが重要なポイントになる。すなわち、就職率がどのくらいか、どのような企業に就職しているかといった、いわゆる「出口保証」がなされているかどうかが、保護者や学生にとっての大学選びのひとつの決定要素になっている。加えて、バブル崩壊後の日本では、ニートやフリーターの問題が顕在化し、正規雇用に就くことの重要性が再認識されるようになり、学生に入学後早い段階から、就業意識を持たせることが重要だと考えられるようになったからである。

　一方で、政府、文部科学省としても、大学を卒業しても就職できず、アルバイトや派遣で生活する者が増えてきたこと、また、せっかく就職しても、3年以内に約3割が退職してしまうという状況を前にして、こうしたことが続くと、やがて、社会、経済の基盤が崩れてしまうのではないかという懸念が強まり、大学にキャリア教育を推進するように働きかけたのである。インセンティブとして、大学のキャリア教育推進事業に国からの補助金が使われることもあった。

　大学生の内定率や就職率が発表されるが、その数値は90数パーセントであり、全員ではないが、かなりの者が就職できたのだという認識を持つかもしれない。しかし、これは就職率の算出の仕方が、就職しようという意思がある者のうち、何人が実際に就職できたかというものであり、初めから、就職する意思のない者を含まないからである。実際には大学を卒業する者のうち、就職も

第2章・キャリア教育と就職

進学もしない者の人数は増えており（森岡 2011）、卒業生のうち何人が就職したかという比率は、60％台と低くなる。2014 年の春に大学を卒業した者の人数は 56 万人で、うち 39 万人が就職し、この比率は、69.9％と景気の回復もあり、前年よりも 2.5 ポイント改善している。

　一方で、18 歳人口が減少する中、大学数と大学定員数は増え、大学を選ばなければ、どこかの大学に入学できるようになった。大学への進学率が 50％を超え、誰でもが入学できることにより、学力の低下が起きている。そこで文部科学省と大学にとって、いかに学士課程の質を向上させるかが課題となるとともに、学生に就業に対する意識と能力をつけさせる努力が不可欠になった。

⑵　キャリアとは何か

　キャリアは、なぜ日本語に翻訳した言葉がないのだろうか。日本語に翻訳されない理由は、キャリアという言葉の持つ多義性にある。大久保（2006）によると、キャリアには 2 つの側面があるとしている。1 つは経験してきた職業（職務）の連続を意味する使われ方であり、キャリアの客観的側面と呼ばれる。すなわち、職業履歴書を書く際の 1 行 1 行のことであり、経験といってもよいとしている。もう 1 つは、仕事上の自己のイメージやアイデンティティーを意味する使われ方で、これを「キャリアの主観的側面」と呼んでいる。

　日本語でよく使われるのは、キャリアウーマン、官僚のキャリア組、キャリアアップする、といったものである。キャリアウーマンとは、企業や官庁のなかで、仕事を続けて、経験を積み上げていく女性といったイメージであろう。官僚のキャリア組とは、上級職の公務員試験（現在の総合職試験）に合格し、早いスピードで昇進していく公務員をイメージしている。キャリアは 19 世紀中ごろから欧米では、職業上の前進を意味し、その典型例が高級官僚とか専門職に就いた人の生活であった。こうした背景を持って日本に入ってきた言葉なので、日本語での使われ方も似たようなものになったのであろう（渡辺 2007）。キャリアは日本語では職業（Occupation）、職務（Job）の意味で使われる場合もある。

　キャリアはラテン語の Carrus（車輪のついた車）を語源としており、その後、イタリア語では Carrera、フランス語では Carriera となり、レースコースを意味することになったという説もある（渡辺 2007）。キャリアを英語では

## 第1節　キャリアとは何か、キャリア教育とは何か

　Career と書き、辞書を引くと経歴、履歴、職業などの訳が出てくる。ちなみに Curriculum vitae は履歴書のことである。
　心理学の分野では、キャリアカウンセリングやキャリア形成という言葉があるように、「キャリアの概念を人間行動の理解に取り入れたのは、カウンセリング心理学者および組織心理学者であった」（渡辺 2007）。特に彼らがキャリアに興味を持つことになったのは、人間を取り巻く社会・経済的変化と産業構造の変革が個人の心理的・精神的健康に影響するという事実があったからであり、その根底には「生涯発達心理学」と「人と環境の相互作用」の視点があったとしている。
　ところで職業とキャリアはどのように異なるのであろうか。Super と Bohn は Occupational Psychology の第6章で Occupation Versus Careers を取り上げ、両者の違いについて説明している（Super 1970）。職業とキャリアの用語はあたかも同義語のように使われるが、実際には違う意味である。職業は人々が従事している仕事の活動形態であり、さまざまな企業や組織などで、既成の同じ方法で組織化された一連の同様の仕事（タスク）である。そしてそれらは市場価値があるので、従事することによって、支払い─所得を受けることができる。一方キャリアは対照的に、ある人が生涯を通じて従事し、あるいは就いていた職業や仕事、ポジションの連続である。心理学の視点からキャリアを定義すると、キャリアは1人の人によって行われた一連の役割であり、それらはある部分、その人の適性、興味、価値、ニーズ、従前の経験、そして期待によって決定される選択と成功である（Super1970）。
　順序としては、職業心理学に見られるように、まず職業があり、その後キャリアという言葉と使い分けされるようになってキャリア心理学が誕生し、その後も両方が併存していたのではないかと思われる。例えば、Super と Bohn 著の前出の本のタイトルが "Occupational Psychology" であり、一方 1957 年に書かれたスーパーの著書のタイトルは "The Psychology of Careers"（翻訳本のタイトルは『職業生活の心理学』）となっている。
　現在の日本では、キャリアにデザインをつけたキャリアデザインという言葉が、一番しっくりくるのではないかと思われる。不確実な時代に、自分の信念を持って人生でやりたい職業を考えること。そのためには、心理学の力を借りて、自分というものを客観的に見つめ、一方で来るべき社会を予想し、生きて

いくことになるのかもしれない。

キャリアの客観的な側面は理解しやすいが、主観的な側面、自己概念は理解しにくい面がある。(岡田 2007) は Super の自己概念の定義を次のように要約している。

自己概念とは、個人が自分自身をどのように感じ考えているのか、自分の価値、興味、能力がどういうものかということについて、「個人が主観的に形成してきた自己の概念」ということ、すなわち主観的自己と、「他者からの客観的なフィードバックに基づき自己によって形成された自己についての概念」(客観的自己) の両者が、個人の経験を統合して構築される概念である。

キャリア教育を行う背景には、社会、経済、そして産業構造、家庭の構造の変化があり、これらに対応するために、自身のキャリアをどのように描けばよいか考える必要性に迫られたのである。したがって、日本では、主観的な自分を知ることとその客観的な対象である職業を知るほかに、職業と現代社会の抱える諸問題を知ることまで、キャリア教育の中に含ませる必要性が出てきたのである。

⑶　キャリア教育とは何か

キャリアの概念が多様なように、キャリア教育とは何かを一言で定義することは難しい。就職までの準備をすることがキャリア教育ではない。大学卒業後、社会人として、家庭人として生きていくための心構えと、必要な能力を身に付けていくことが、キャリアプラン、キャリアデザインであり、ライフプランである。得てして、学生も大学も第1節⑴で述べたような背景から、キャリア教育において就職のためのテクニカルな面のみを強調する傾向はあるが、それだけでは、真の意味で学生のためにはならないであろう。また、就職のための王道を教えてもらえる授業であると信じて疑わない学生にとっては、なぜ、経済の仕組みや、社会の仕組みまで理解する必要があるのかと疑問に思うかもしれないし、それらは、自分の興味の対象外かもしれない。それ故に、最初に学生にキャリア教育とはどういうものなのか、その多面性について説明しておかないと学生にとって興味が湧かない授業になってしまうであろう。またキャリア教育を教える側も、自身の専門が教育学なのか、心理学なのか、経済学なのか、あるいは、社会人経験者なのかによって取り組み方法が異なる。それを統合的に教えること

## 第1節　キャリアとは何か、キャリア教育とは何か

は難しいが、少なくとも、自分のキャリア教育の範疇と目的を明確化し、それは、キャリア学習のごく一部であることを学生に対し、明確にしなくてはならない。

　キャリア教育の範囲は広い。大きく4つに分類すると、第1に就職活動の行動計画や、面接での対応などテクニカルな面を教えること。第2に自分はどういう企業に就職したいのか、どういう環境で働きたいのか、そのためには、どういったスキルや能力が必要なのかといったことを考えさせ、自分を発見させるためのもの。第3に、就職先を考える中で、そもそも、世の中にはどのような産業や仕事があるのか、どのような企業があるのかを考えることである。第4に現代社会と職業の問題は何かを考え、それが自分の人生にどのように関わってくるのかを考えることである。基本的に人間は、生きていくためには働かなければならないということを再認識し、現在われわれが暮らしている資本主義社会というのはマクロ的に見て、どういう制度なのか、それが企業や人の行動にどのように影響しているのか、多くの学生が就職する株式会社の仕組みとはどのようなものなのか等を考えることである。このように、キャリア教育と一言で言っても、その意味するところの範囲は広い。

　せっかく正社員として採用されても、3年後の離職率が3割に上る昨今の傾向を考えると、主観的なキャリアと職業のミスマッチを防ぐためには、その産業や職種、そして企業自体について就職前によく知っておく必要が出てくる。また、授業で産業や業種について聞くのと実際に経験するのとでは、大きな差がある。体験するという意味では、インターン制度は、問題点はあるものの、その意義は大きい。

　産業を知ったからといってそれだけでは十分ではない。同様に重要なのは、職種である。授業では航空業界の事例として、ANAの活動のビデオを見ることがあるが、ANAでの仕事といっても、グランドアテンダントからキャビンアテンダント、パイロット、整備士、総務や営業と、その仕事の内容は千差万別である。そもそも、パイロットや整備士になろうと思えば、大学選びの段階から、考えておかなければならない。それ以外の職種であれば、それほど専門性を問わないので、どの学部からも就職は可能であろう。

　ある産業が好きだということは、どの職種に就くにしろ、大切なことである。自分が好きな航空会社で、どこかの部門に属するということは、意味がある。

自分が自分の好きな業界のある企業で、その一翼を担っていると思うことにより、得られる満足感は大きいからである。

　最近、大学で行われているキャリア教育を批判する本が書かれている。例えば、その本の著者は、自分のやりたい仕事を考えさせ、書かせることを「やりたいこと重視」のキャリア教育であると批判する。その理由として、そもそも、学生は社会や産業のことを知らないし、その実現可能性や社会的な意味を理解する視点が弱いといった点をあげている。しかし、だからこそ、産業のことや企業のことを知り、自分のやりたいことは何かを知ることは大切であろう。詳しく知らなくても、漠然と興味を持つ産業、自分が好きな産業についての知識を持つということは、意味があると思う。また産業や業種についても、変化の激しい時代にその産業や業種すらなくなっているかもしれない点を指摘しているが、ある意味でそれは真実かもしれない。しかし、あらゆる産業が突然誕生するのではない。既存の産業の中から、生まれるものもあるし、既存の知識と技術の中から、生まれるものもある。ドラッカーはイノベーションとは、新しい技術や発見ばかりではないと指摘しているが、そのとおりである。

　何をやりたいかは、年齢とともに変わるが、大学に入学する段階、あるいは、入学した早い段階で、自分は何をやりたいのかを考え、また考えるための基礎知識を持つことは、大切であり、自分の将来の夢を語らせることは、重要であろう。それと同時に、自分がやりたい仕事に、必ずしも就けるわけではないこと、与えられた仕事をこなすうちに、これが自分の天職だと分かることもあることを知っておくことも大切であろう。

　現行の大学のキャリア教育に批判的な本に書かれていて共感できる部分もある。例えば、社会的標準となるような生き方が成立し得なくなっているという点を指摘しているが、これは事実であろう。すべての人が正規社員として雇用されることは、今後もないであろうし、男性が働き、女性が家事をするというスタイルは、もはや一般的ではなくなっている。そうした中で、従来の生き方のみを求めるのでは、不十分だということは言えるであろう。しかし、それは、正社員型の就職を求めることを否定するわけではないことも認めなければならない。また、今後どのような雇用形態が新しい環境の中で必要なのか、そのために政治は何を必要とするか、企業はどのような努力をすればよいか、1人ひ

## 第1節　キャリアとは何か、キャリア教育とは何か

とりがどのような努力をすればよいかを考えなければならない。

　産業界や企業が望んでいる能力としては、グローバル化に対応できる能力等、いろいろな能力があげられている。就職や仕事をするうえで、大切なのは、コミュニケーション能力であり、これは社会人としても必要な能力である。しかし人間の個性はさまざまで、社交的な人もいれば、社交的でない人もいる。それを一律、社交的になれというのも、無理な注文かもしれない。それぞれの持ち味を出せばよいことであり、企業も実際は多様な人材を求めているのである。

　そもそも、キャリアの成功を、何をもって判定するのか単純に決めることは、難しい。大企業に就職し、その組織の中で、高い地位までいったことをキャリアの成功というのであろうか。自分のやりたいことを究めたことをもって、成功というのであろうか。やりがいのある仕事に就いて、生き生きとしているのが、キャリアの成功であろうか。人によってキャリアの成功の解釈に差があるのは、「その捉え方が個々人の価値観と密接に関わっており、おのおのがさまざまな形で定着していることに由来する」からである[1]。こうした多様性を見つめつつ、自分の目指すキャリアを歩む準備をすればよいのであろう。

　iPS細胞の発見でノーベル生理学・医学賞を受賞した京都大学iPS研究所の山中伸弥教授は、講演や取材[2]で、自分の好きな言葉として、「人間万事塞翁が馬」をあげている。これは塞翁という人の馬が逃げたことから始まる中国の故事で、馬に逃げられるのは不幸だが、それが幸いに転じたり、幸いだと思ったことが不幸に転じたりすることもある、ということを言い表している。山中教授は神戸大学医学部に入学して、勉強ばかりでなく柔道にも力を入れていた。柔道でよく骨折するので、整形外科医を目指すが、手先が不器用なので指導教授から「ジャマナカ」などと呼ばれ、限界を感じて、基礎医学の研究の道に進み、難病の患者を救いたいという一心で研究を進め、ついにはiPS細胞をつくることに成功した。ダメなことから、良いことが生まれたわけである。ここから山中教授は、失敗は成功の前触れ、9回の失敗が1回の成功を生み出すので、やらないで後悔するよりもやって後悔した方が良いと述べている。

　またノーベル化学賞を受賞した、根岸英一教授は、2012年10月7日付け日本経済新聞の「私の履歴書」に、自身の体験を書いている。東大に人より1年早く17歳で入学したが、遠距離通学の影響もあり、健康を損ない、結局1

47

年留年してしまった。しかし、その年は授業がなくなり、哲学書や人生訓の本を読んで、生きることの目的は何か、真剣に悩み考えた。そのことがその後人生に大いに役立ったと。それを契機に幸福の4条件を思いつく。第1は健康で、第2が家庭、第3にプロフェッション（職業）が登場する。好きな仕事をし、かつ給料を上回る大きな社会還元ができることが望ましい。1人ひとりがそれを実践できれば素晴らしい社会になるはずだと。第4には趣味をあげ、趣味を持てば人生は豊かになると述べている。

　成功体験ばかりの人は、いざ挫折を味わうと脆い。山あり、谷ありのキャリアが人を熟成させるのかもしれない。キャリアとは、そうしたことの連続した線上にあるし、そのようにキャリアデザインを捉えないといけないということを2人のノーベル賞受賞者の言葉から学べるのである。

　このように、キャリア学習では人物研究を行うことがある。（笹川2014）によれば、人は誰しも挫折を経験するが、それから立ち直ることにより、一回り逞しくなる。この過程の分析は、「人物研究」の最も重要な部分のひとつである、としている。

## 第2節　体系としてのキャリア教育

### (1)　キャリア教育の多面性

　第1節の内容を通して、キャリア教育の多面性が理解できたと思う。キャリア教育は大学における、教養教育、専門教育のすべてだという考え方もある。キャリア教育というのは、オムニバス（乗り合い自動車）である。しかし従来の大学での教育や研究は、最近では学際の研究が重視され始めたとはいえ、1つの分野を深く突き詰めることであり、アカデミズムというのは、そうしたものだと理解されてきた。したがって、教員もキャリア教育を多面的に捉えることを得意とせず、一方、社会人経験者は、こうした科学的な研究の基礎を学ぶ必要がある場合も多い。広範なキャリア教育を1人で行える者は数少ないかもしれない。自分がどこの部分を担当するかは別として、キャリア教育の全体像を理解する必要があると思われる。それには、自己分析、職業理解、社会理解，キャリアプランといった側面とそれを支える科学との関連性を理解するこ

## 第2節　体系としてのキャリア教育

とが重要である。学術的には、以下４つの側面がある。

(i)心理学的側面、(ii)経済学的な側面、(iii)経営学的な側面、(iv)社会学的な側面（他にも教育学や哲学の側面もあるだろうが、ここでは省略する）である。

法政大学にはキャリアデザイン学部があるが、この学部の教員の専門分野を見ると、こうした学問の専門家が揃っている。

キャリア教育はまず己を知って、職業や産業を知って、自己の職業適性を考えることも重要であろう。自分を知る、自己分析を行うという面や、職業の適合性や職業興味検査という面では心理学の恩恵を受けている。

社会を知り、世の中の仕組みを知り、経済の仕組みを知り、企業経営の仕組みを知るといった面では、経済学的な側面、経営学的な側面の知識が必要となるであろう。経済学や経営学が専門ではない学生に対して、広範囲に深く掘り下げた議論をする余地は少ないが、キャリアデザインにとって必要最低限の知識を身に付け、自分の頭で考えることは重要である。こうした知識をもとに、一般的な「現代社会と職業」の問題は何か、自分にとっての「現代社会と職業の問題」は何かといったことを考えるうちに、就職への心構えや、その後、社会、家庭生活を送る上でも、役に立つ知識を身に付けることができると考える。

経済学や経営学の視点から見た、職業と現代社会の問題は、この章の第4節および第3章で学ぶことができるので、この節では心理学的な側面から、キャリア教育について簡単に見ておこう。

### (2) 心理学的な側面

キャリア行動を理解しようとする際に何に注目するのか。（渡辺2007）は、研究アプローチとして、次の4つを取り上げている。

・特性論からのアプローチ

個人特性と仕事特性の適合（マッチング）によって職業選択を説明しようとするものである。この両者の適合度が高ければ、成功の可能性や満足度が高まると考える。しかし、ミスマッチングがあっても、希望を変化させて自分の職業的環境に適合させるという行動も考えられる。

・精神力学からのアプローチ

特性論からのアプローチ同様に個人差を扱うが、個人差の中でも直接観察で

きない欲求や動因、無意識に注目する。幼少期の経験を重視し、それが職業選択に影響を及ぼすと考える因果論的な説明である。

・学習理論からのアプローチ

「学習」とは、ある経験によって新しい行動を獲得したり、今までとは異なる行動ができたりするようになることである。このアプローチでは、キャリアにおける意思決定の要因として、遺伝的な環境に加えて、学習経験の影響が重視される。

・発達論からのアプローチ

職業選択の一時点にとどまらず、生涯にわたるキャリア発達の解明に焦点を当てる。職業選択も人生における一度の出来事ではなく、生涯にわたるプロセスであるととらえる。

心理学者のスーパー（Super）は、人と職業とのマッチングは完全には達成できず、断念と統合の過程であると考える。（岡田 2007）はスーパーのキャリア発達の理論的な命題として、14 紹介しているが、キャリア教育上大切と思われるもの6つを選んでみよう。

1. 人はパーソナリティの側面（欲求、価値、興味、特性、自己概念）および能力において違いがある。
2. これらの特性から見て、人はおのおの多くの種類の職業に対して適合性を示す。
3. それぞれの職業には、必要とされる能力やパーソナリティ特性の独自のパターンがある。職業に就いている人に多様性が見られるように、個人にも多様な職業に就く許容性を有している。
4. 職業に対する好みやコンピテンシー、生活や仕事をする状況は、時間や経験とともに変化し、それぞれの自己概念も変化していく。このような社会学習としての成果としての自己概念は、選択と適応において連続性を提供しながら青年後期から晩年にかけて安定を増していく。
5. 自己概念が変化していくこのプロセスは、成長、探索、確立、維持、解放の連続とみなされた一連のワークステージ（「マキシサイクル」）に集約され、また発達課題によって特徴づけられた期間へ細分されうる。
6. キャリアパターンとは、到達した職業レベルである。また試したものであれ、

## 第2節　体系としてのキャリア教育

安定したものであれ、経験した職務に従事した順序、頻度、期間を意味する。キャリアパターンの性質は、各個人の親の社会経済的レベル、本人の知的能力、教育レベル、スキル、パーソナリティの特徴（欲求、価値、興味、自己概念）、キャリア成熟および個人に与えられた機会によって決定される。

2.、3. の個々人は職業に対する適合性と許容性も有しているという点は、自分の就きたい仕事に就けなかった者や、自分のやりたい仕事が何か分からずに仕事に就いた者には、救いである。

6. のキャリアパターンの性質が、各個人の親の社会経済レベルによるということは、例えば医者の子どもは医者になることが多いことにも現れている。経済的にも能力的にも条件が整う場合が多いからであろう。最近、経済格差が広がり、親の経済的な状況が、進学や就職にも影響を及ぼすことが問題になっており、機会の平等をいかに保つかが課題となっている。

発達論のアプローチは、職業選択を一時点のものにとどまらず、生涯にわたるキャリア発達の解明に焦点を当てている。したがって、大学におけるキャリア教育も、就職のためのものにとどまらず、人生（ライフスパーン）のためのものであり、社会や身近な環境の変化に対応する能力を生涯にわたって身に付けるためのものでなければならない。

アメリカにおけるキャリア教育の歴史は古く、しかも手法や考え方はかなり固まっている。アメリカでは、キャリア教育は生徒や学生の職業選択のために必要な教育であると考えられてきた。自分のやりたいこと、職業興味、価値観、能力を知るステップと職業そのものを知るステップをマッチングさせることにより、より良い職業選択をさせようという意図があったといえる。自己を知ることに関しては、上記のうち「特性・要因理論」や「発達理論」のような心理学の貢献が大きいと言われている（ゴア2007）。

ここで、キャリア心理学の基礎となった差異心理学と発達心理学について見ておこう。

スーパーによれば、職業心理学は20世紀の初頭から半ばまで、本質的にはキャリアの心理学というよりは、むしろ職業の心理学であった。職業心理学は、職業に従事している人々が、その仕事における成功と満足に貢献する適性、興味、

そしてパーソナリティの特性を持っていると考えた。職業心理学は、職業の差異心理学であったし、差異心理学は職業心理学の基礎であった。1940年に、職業テストの可能性が現実のものとなり、人と職務のマッチングは人気のある概念だった。人と職務のマッチングがうまくいけば、幸福感も成功する確率も高くなると考えられた（Super 1970）。

（渡辺 2001）では、特性因子論的アプローチと呼んでいるが、これは、個人間の相違をもたらす要因を見つけだし、それらの要因が学習や職務遂行にあたって、どの程度重要であるか明確にすることに焦点を当てるのであって、キャリア行動の発達そのものに関与していない。このアプローチは「個人のワークパーソナリティは、特性、適性能力、興味、価値観、精神運動能力、気質などの、外部から観察でき、測定可能な要因の集まりである」という論理に立っている（渡辺 2001）。

他方で、スーパーは生涯にわたるキャリアの発達の解明にも焦点を当てる。スーパーはキャリア発達理論をキャリア行動に関する発達心理学と呼んでいる（渡辺 2001）。スーパー自身は、キャリアは辞書にある通りポジションの連続であり、人の一生における連続した進歩の道筋であるから、明確に発達の概念を含んでいるとしている。したがって、キャリアは就職の前から始まっており、仕事と教育の機会に直面し決定することを通して、両親の背景や、適性や興味、教育の達成度合いによって形づけられる、としている。さらに、キャリアは、役割の準備、役割を演じること、役割を放棄することからなっているとしている（Super1970）。スーパーはキャリアの発達を職業選択行動のある一時点に限定するのではなく、幼児期に始まり、生涯にわたり繰り返される「選択と適応の連鎖の過程」であると考えた。こうしてスーパーは、生涯発達心理学の考え方を導入し、子供の時代から退職後までのタイムスパンに応じて、職業だけでなく、それぞれの役割、ライフスペースがあるという理論を展開した。

このように、スーパーのキャリア心理学の理論的な立場は、差異心理学から発達心理学へ、さらに社会心理学、現象学的心理学へと進んだのである。

日本を取り巻く環境の変化を踏まえれば、スーパーの理論は、今でも有効であると考えられる。なぜなら若手の転職がよく見られるようになり、また中高年期でも出向や転職を余儀なくされる事態が起きている。また高齢者の数が増え

## 第2節　体系としてのキャリア教育

ていることや国の財政事情もあり、年金支給年齢が引き上げられ、将来、雇用―引退の時期も70歳に近づくことが考えられる。こうした事情から、それぞれの時点で、自分のキャリアを考えなければならないからである。なお高齢者の雇用という問題は、1人ひとりの個体差や過去の労働条件から個人ごとに意欲、健康状態に差異があることから一律に取り扱えないことにも留意する必要がある。

　自分を知るということは、キャリア学習では、大切な側面である。自分は何に興味があるのか、自分の譲れない価値観とは何か、自分の能力は何か。シャイン（Schein）はこうした基準で自己分析することにより、職業選択の参考にすることを提言している。シャインはキャリアや職業における自己概念／セルフイメージを「キャリア・アンカー」と名付けた。キャリア・アンカーとしては、(i)専門・職能別コンピタンス、(ii)全般管理コンピタンス、(iii)自律・独立、(iv)保障・安定、(v)起業家的創造性、(vi)奉仕・社会貢献、(vii)純粋な挑戦、(viii)生活様式の8つのカテゴリーがある。この1つひとつに対してある程度の関心は、だれもが持っているはずだが、その中でどうしてもこれだけはあきらめたくないと思う、きわだって重要な領域がある。キャリア・アンカーはその領域を示すラベルである（シャイン2003）。40問からなる質問に(i)全く違う、(ii)だいたい違う、(iii)どちらかというと違う、(iv)どちらかというとそう、(v)だいたいそう、(vi)全くそう、で回答し、それに1から6の点を与え、これを集計して点数が高く表れたものが、自分のアンカーとなる。ただし、アンカーと職業は1対1で結びつくものではない。このテストを学生が実際に行った場合は、(viii)の生活様式や(vi)の保障・安定で高い点数になるものが多い。シャインによると、この自己分析は10年くらい実務に携わった者が行うのが望ましいとしているので、学生には参考程度にしかならない。

　その他、VPI（Vocational Preference Inventory）＝職業興味検査は、大学生を主たる対象に開発された心理テストである。SVIB（Strong Vocational Interest Blank）は代表的な興味検査であるが、これらは心理学者ホーランド（Holland）の貢献によるものである。

　ホーランドは、特定の職業環境にいる人には類似したパーソナリティ特性とパーソナリティ形成史を示すものが多いという経験則に立って、(i)現実的、(ii)研究的、(iii)芸術的、(iv)社会的、(v)企業的、(vi)慣習的の6つのパーソナリティ・

## 第２章・キャリア教育と就職

タイプと環境を軸として職業選択理論を構築した。個々の人を特徴づけるパーソナリティ・タイプは、その人の生得的特質と発達過程で体験する人的、文化的、物理的環境からの力との交互作用を経て形成されるという仮定に立っている。人と環境との相互作用は、産業界における人と組織の相互作業－組織行動の理論にも応用されると期待されている（渡辺2007）。

組織行動論は経営学の一分野であるが、歴史的にその目標は、企業組織の中で働く人の生産性を高めることと、働く人々の職場生活の質・幸せをできるだけ高めるという２つの目標があるとされている（蔡2006）。そうした意味で、キャリア心理学と組織行動論には、重なる部分があるということになる。

ホーランド自身は自分の理論は簡単な考え方から始まるとしている。ホーランドの理論は、次にあげる３つの、一般的で、基本的な疑問から出発し、それらに答えようとしたものである（Holland 2014）。

第１は、人の特徴は６つのパーソナリティ・タイプとの類似度によって説明できる。６つのパーソナリティ・タイプとは、現実的、研究的、芸術的、社会的、企業的、そして慣習的である。あるタイプとの類似度が高いほど、人はそのタイプと関連した性格的特性や行動を示しやすい。

第２に、人が生活し、働く環境の特徴は、６つの環境モデルとの類似度によって説明できる。６つの環境モデルとは現実的、研究的、芸術的、社会的、企業的、そして慣習的である。

第３に、人と環境との組み合わせによって得られる結果を予測し理解するために、パーソナリティ・タイプと環境モデルについての知識を活用することができる。

そしてホーランドの理論には以下４つの前提がある(Holland2014)(Brown 2002)。

1. われわれの文化の中では、多くの人は、現実的、研究的、芸術的、社会的、企業的、慣習的という６つのうちの１つのタイプに分類できる。
2. 現実的、研究的、社会的、慣習的、企業的、芸術的という６つの環境モデルがある。
3. 人々は、彼らが、自分の持っているスキルと能力を発揮でき、彼らの態度と価値を表現することができ、そして同意できる問題や役割を演じる

## 第２節　体系としてのキャリア教育

ことができるような環境を求める。

4．行動はパーソナリティと環境の相互作用によって決定される。

これについて少し説明を加えておこう。

1．は、各パーソナリティ・タイプの解説は、ある職業グループに属する人々を説明する要約のようなものであるということである。たった６つのタイプで分類できるかという疑問は誰もが持つかもしれないが、６つのタイプを正六角形の各頂点に置くと、１つのタイプには、それぞれ両隣のタイプがあり、両隣は近似性のあるタイプである。６つのタイプがそれぞれとの近似序列によって表現するならば、720通りのパーソナリティのパターンや環境への対処パターンが存在することになる。

2．は、それぞれの環境には、特定のパーソナリティ・タイプの人々が多く存在し、環境は、特有の問題や機会をもたらす物理的状況によって特徴づけられているという前提である。

3．は、例えば現実的なタイプの人は、現実的環境を求め、社会的タイプの人は社会的環境を求める。環境もまた同様に、友人関係や求人活動を通して、その環境に合う人を捜し求める、ということである。

4．は、個人のパーソナリティ・パターンとその人のいる環境パターンが分かれば、個人が選択する職業、転職、業績、資質、教育的・社会的行動傾向を予測できるということである。

こうした理論は、単なる思い付きではなく、何度も実験することにより生み出されたものである。職業興味検査も、こうした考え方を基に誕生したのである。

心理学の知識がなくても、人にはそれぞれ性格やパーソナリティがあり、これらをいくつかの型に分類できることは考えられるであろう。それを職業とどのように結びつけるかであるが、職業は職業で、必要とされる能力やパーソナリティがある。例えば、企業家と研究者、それぞれ要求される能力やパーソナリティがある。ホーランドは、ある環境や職業にいる人の集まりの中で、多くの人が占めるパーソナリティ・タイプをその環境が要求するものと考えたのである。

「キャリアデザイン」の授業では、職業興味、能力、キャリア・アンカーの３つの自己診断を行うが、心理学者の間でもいろいろな考え方があり、結果は絶対的なものではないので、今後の職業選びの参考になるものと考えるとよい。

ここではキャリア心理学に関わるスーパー、シャイン、ホーランドの理論の一端を見てみたが、より詳しく学びたいものは、(渡辺2007)を参考にされたい。

## 第3節　キャリア教育の基本命題

### (1) 人はなぜ働くのか

　人はなぜ働くのか、この質問に対する学生の答えは、生活するため、欲しいものを手に入れるため、収入を得て生活するため、働くことによって生きがいを感じるため、など種々あるが、どれも正解であろう。人は働かないと生きていけないというのは、人類誕生以来の事実である。日本中の人が、あるいは、世界中の人が仮に1年間働かないと、社会はどうなるか。しばらくは備蓄を消費して生活できるであろうが、すぐに行き詰ってしまうであろう。世のなかで当たり前と思われていることをもう一度、考え直すことが大切である。聖書に「人はパンだけで生きるものではない。神の口から出る1つひとつの言葉で生きる。」(マタイによる福音書4-4) と書かれている。重要なのは、「神の口から出る1つひとつの言葉で生きる」の点なのであろうが、これはパンがないと生きていけないということをも言い表していないだろうか。

　裕福な家庭に生まれ、両親が苦労して働いている姿を見ずに、豊かな生活だけを見て育つと、働くことの意味や、意義を見失ってしまう場合がある。遊んで暮らせるなら、それは最高ではないかと思ってしまう。しかし現実はそうではない。人間は働かなければ、そしてパンがなければ、生きていけないのである。

　働くということに関して、もう1つの側面について考えてみよう。それは、自分の能力を発揮して、自分が達成感を感じることであり、人に認められたいという欲求を満たすことである[3]。この点について、スーパーは『職業生活と心理学』の最初の章で、「人はなぜ働くのか」という問題を扱っている。その第一の理由は、人々は生活必需品を買うためには、お金を持たなくてはならない。そしてお金を得る手段は働くことだとしている。しかし、それだけの理由ではなく、(i)人間関係、特に一個の人として認められたい欲求、地位、(ii)労働、特に興味のある労働的な活動、(iii)生計、特に保障に対する欲求を上げている (スーパー1960)。

　人間は1日24時間のうち、通勤時間も含めれば、その半分近く、働いてい

## 第3節　キャリア教育の基本命題

ることになる。この時間が自分にとって有意義なものであることが望ましい。しかし、後で見るように、必ずしも人は自分のやりたいと思う職業に就けるとは限らない。働くことによって得られる給料は、つらいこと、いやなことに対する「我慢料」だという考え方もある[4]。しかし今できないことも、3年続けるとできるようになることもあるし、今嫌いなことでも、しばらく続けるうちに、いろいろ工夫して好きになることもある。そうした意味でも、給料は我慢料の側面があるのかもしれない。最初はつらくても、そのうちに、なんでもなくなることがある。それは徐々にその仕事に慣れてきて、熟練度が上がるからである。

　せっかく就職しても、3年以内に30％以上の人が、その会社を辞めてしまうというデータがある。もちろん、働く側の問題だけではなく、採用した企業側に問題がある場合もあるので、ずっと我慢して在職することが最善とは限らない。辞めて、転職することが良い場合もあるであろう。しかし、その場合は、先に転職先を見つけてから、やめることが得策であろう。退職してから次に職を探すと、焦ってしまい、また気持ちも萎縮して、それが、採用試験に表れやすいからである。また3年以内で就職した会社を辞めてしまうと、我慢ができない人と見られることもある。5年正規社員で頑張れば、再就職する際に、その間はキャリアを積んでいると見てもらえる可能性が高いことにも留意して結論を出すべきである。

　人間は働かなければ、生きていけないという事実を踏まえれば、就職ということ、職業に就くということは、現代において非常に重要な問題ということになる。

　就職すること、企業で働くということについて現代の哲学者はどのように考えているのだろうか。悩む若者が慕う哲学者と呼ばれる、中島義道は、次のように述べている。会社は一定の規則のもとで利益を追求する単純な世界であり、人間が本来持っている多面的な考え方や懐疑精神、パスカルの言う「繊細な精神」は必要とされない。日本から単純労働の仕事が奪われていくにつれ企業がより高いスキルを学生に求めていった。会社は理不尽で残酷。だからこそ人は熟成すると言っている。嘆く前に、まずあなた自身を全霊で自分を理解することによって、自分の態度も変わってくる、と言っている[5]。これも、厳しい言い方であるが、人生や会社は理不尽であることを、そして残酷であることを踏まえて、なお自分を理解しなさいということだ。

第2章・キャリア教育と就職

表2-1　働く理由（25歳〜29歳正社員）

| 1 | 生計を維持するため | 90.3% |
| 2 | 自由に使えるお金の確保のため | 84.4 |
| 3 | 将来に備えて貯蓄をするため | 83.7 |
| 4 | 自分が成長するため | 74.6 |
| 5 | 生活費を補助するため | 73.9 |
| 6 | 視野をひろげるため | 72.7 |
| 7 | 社会とのつながりや友人を得るため | 63.1 |
| 8 | 自分のスキル・能力をいかしたいから | 62.4 |
| 9 | 今の仕事が好きだから | 53.9 |
| 10 | 働くことが楽しいから | 49.5 |

出典：リクルートワークス研究所「ワーキングパーソン調査2006」の19の理由のうち上位10までを表示。1〜3と5は生活するためで、4と6〜10は自分の精神的な欲求を満たすためのものである。

(2)　働きたくても働けない、失業の問題

　2011年に、長く続いた中東の独裁政権の崩壊が連続して起きた。チュニジア、エジプト、シリアは内戦状態に陥り、その後もシリアでは内戦が続いている。その背景には、独裁政権に対する人々の強い不満があった。高い失業率、縁故やコネがないと就職できない社会、こうして、くすぶっていた社会における不公平感や不満が政権を揺るがしたのである。またこうした政変を可能にしたのは、Net社会（Facebook等）の誕生により、だれもが情報を瞬時に伝えることができるようになったからである。一方、民主的な国家においても、失業率は政権の維持に大きな影響を及ぼす。米国の大統領選挙においても、現政権は失業率に対して神経質になる。失業率が高いと、次の選挙で不利になるからである。働きたいと思う人が仕事に就けることは、政治の重要な使命なのである。

　少し遡るが、1997年のアジア通貨・金融危機に際して、インドネシアでは、30年以上続いたスハルト政権が98年の5月に終焉を迎えた。通貨・金融危機によって景気が悪化し、失業率と物価が上昇し、人々の不満が爆発したからである。

　また中国では失業率が高く、貧富の格差が大きいことが中国の抱える不安定要素である。中国では専門学校を含めた高等教育の卒業生は過去最高の約700万人に上るが、景気の減速で求人数が減少し、300万人が仕事を見つけられずにいるとい

第3節　キャリア教育の基本命題

う報道がある。中国でも大学の数が増え、卒業生も今から12年前の7倍に達している。経済成長で進学率は高まったが、高学歴者が望む職の数は追いついていない[6]。

(3) 人はなぜ大学に行くのか

　平成23年度の大学への進学率は51％と半数を超えている。1950年代に新制大学制度が定着し、大学の大衆化が始まった。進学率の飛躍的な伸びとともに、大学の数も急増してきた。このことは、日本が豊かになったことの証拠でもある。

　高等教育機関の中心である大学への進学率の上昇によって、高等教育はエリート教育の段階から、マス教育（大衆化）の段階を経て、ユニバーサル段階に入ったと言われている。「大学入学者の増加、進学率の上昇は、大学教育の変質を必然的にともなうもの」である（石倉2008）。日本の大学進学率は、1960年から70年代中ごろまでは拡大の時代で、4年生の大学の進学率は10％台から30％台に拡大した。その後、1990年ころまでは、調整期で大きな動きはなかったが、1990年以降、大学進学率は急速に上昇し、2005年には、4年制大学への進学率は40％を超え（私学高等研究所、アルカディア学報190）、2010年には短大を除くベースで、50％を超えた。

　大学への進学率は国によって異なる。2010年のOECDの調査では、加盟国で進学率が一番高いのは、オーストラリアの96％、米国は9位で74％、日本は22位で51％である（2010年）。

　大学への進学は職業選択の前段階ととらえることもできる。ちなみに医学部の学生は医者になることを意識して、そして看護学部の学生は看護士になることを意識して入学してくる。医師や看護師のような職業に就けるかどうかは、大学の学部選びの段階で決まってしまう。

　音楽大学の学生[7]、美術大学の学生も、かなりはっきりした目的意識を持ち、将来の職業を意識して入学してくる。一方で、経済学部や経営学部、法学部、文学部の学生の場合は、将来の職業に関して、はっきりした目的意識を持たずに入学してくる場合が多い。理学部や理工学部に入学する学生は、単に数学や物理といった自然科学系の科目が好きだからという理由で、それらの学部を選ぶこともあるであろう。文化系の学部に入学するのと、理科系の学部に入学するのとでは、就職する段階となると、業種や職種が異なってくる場合がある。

3月11日に起きた東日本大震災の影響で、卒業式を中止した立教新座高校の校長先生の卒業生に向けたメッセージがある[8]。このメッセージは大学に行く目的を次のように示している。

　大学へ行くということは、学ぶためであるというが、学ぶことは一生のことである。学ぶことに終わりはない。一生辞書を引き続けろ。新たなる知識を学べ。知ることに終わりはなく、知識に不動なるものはない。次に多くの友人をつくるため、大学へ行くという者もいるが、友達なら大学に行かなくても作れる。一番鼻持ちならない理由は、エンジョイするために行くと高言する者である。では、なぜ大学に行くのか。それは「海を見る自由」「立ち止まる自由」を得るため、現実を直視するためだと述べている。「時に孤独を直視せよ。海原の前に一人立て。自分の夢はなんであるか。海に向かって問え。青春とは、孤独を直視することなのだ。直視する自由を得ることなのだ。…中略、自己が管理する時間をダイナミックに手中におさめよ。流れに任せて、時間の空費にうつつをぬかすな」と。

　大学へ進学するころの筆者自身のことを振り返ってみると、両親が高齢だったこともあり、早く社会に出て、親に頼らず生活しなければという気持ちが強かった。大学時代、友人もできたし、自由な時間を楽しむこともできた。しかし、何よりも、自分の興味のある経済学や、金融論を学ぶことができたことが、その後の銀行への就職にも繋がり、また一生勉強を続ける気持ちにさせてくれたので、良かったと思っている。さらに、当時の立教には、一般教育部という学部があり、この学部には、他の学部に属さない専任教員が配置され、一般教養、いわゆるリベラルアーツの科目が充実していた。数学や文学をはじめ、法学、哲学、人類学、心理学、美術、聖書、英語、フランス語、ロシア語、どれをとっても、その後の専門教育に進むうえでも、社会人になる上でも、大変ためになった[9]。

## 第4節　キャリアの第一歩──就職前に知っておきたいこと

(1)　現代企業が期待する学生像と学生が期待する企業像
①　現代企業が期待する学生像
　企業は採用の際に、学業成績をあまり重視しないというのは本当であろうか。

第4節　キャリアの第一歩—就職前に知っておきたいこと

　最近、三菱商事等では、学業成績を重視していると新聞報道もなされている。応募者の増加によって、成績がひとつの足切りの要素になっているからかもしれない。実際には対人関係が豊かで、勉強に熱心に取り組んだ学生が本命企業から内定を得ている（2008年労働政策研究・研修機構調査）。この調査によると、大学生の就職活動は「対人志向」と「勉学志向」の2つの側面から整理できるとしている[10]。

　就職に有利な学生、即ち企業が求める人材とはどういうタイプの学生であろうか。第一志望の企業から内定が取れる学生の特色は、学内外でさまざまな人と積極的に交流しており、大学できちんと勉強した学生であると言われている。即ち対人志向も勉学志向も高い学生である。一方、第一志望の企業から内定を取れない学生の特色としては、取れる学生に比べて、勉学意識が低い、授業に関する勉強時間が短い、基礎的な学力やスキルがついたと感じていない、大学で学ぶ理由を「なんとなく」と回答する、学業と無関係なアルバイトの時間が多い、等があげられている。

　一方、試験を受けて将来の進路を決めようとする学生もいる。大学院進学や公務員、教員などを目指す学生は、勉学志向は高いが、対人志向は低いと言われている。彼らは、大学の勉学が役立つと考える。こうした学生には、対人志向に焦点を当てたキャリア教育をすれば、本命企業内定の学生にもなりうる[11]。実際には、このようにすっきりと分類できるものではないが、キャリア教育が大切であることは事実である。

　司法試験や公認会計士試験など難関な資格に挑戦する学生は、早めの準備と計画が必要である。

　一方、大学としての対応を必要とする学生もいる。前述の調査では、就職活動を行わなかった学生、4年の秋までに内定が得られなかった学生は、対人志向、勉学意識ともに低いケースが多い。こうした学生には、意識の改革を進めると、ちょっとした決意から、輝かしい未来が開けるケースもあるとしている。筆者の学生時代は所属のゼミの先生が就職希望先にいるOBの紹介も含め、アドバイスしていた。

　就職活動は人とのコミュニケーションを通じ自らを表現することが求められる。そうした能力は学内のさまざまな人とのやり取りで身に付く。授業にまじ

めに出席し、必要な知識や情報を入手し、何らかの形で成果に結びつける。これこそが情報社会・知識社会における働き方である。大学の授業で行われるような、抽象的な概念や情報知識を取り扱うスキルは企業でも求められる[12]。

企業が求める人材については、経済同友会教育委員会のアンケート調査の結果がある。2008年、2010年、2012年の3回の調査結果で、新規採用の際に重視される要素としては、大学卒の場合、1位にあげられるのは、熱意、意欲であり、2位が行動力・実行力である。その他協調性、論理的思考力、課題発見力、誠実さ、明るさ等があげられている。熱意や意欲、行動力というものが、論理的な思考力や課題発見力よりも上位にあげられているのは、企業にとって、まずはやる気や行動力、協調性があることが第一で、その上頭脳も良ければ、申し分ないということなのかもしれない。これらは人事評価の評価基準の項目でも重視される要素である。

大企業は、学歴は問わないと言っていても、実際には大学別に採用人数を決めているという説もある。有名大学の学生でないと、エントリーシートで応募しても採用されないと。(沢田2011)によると、「企業階層と大学階層の間には、明らかな相関性がある」としている。「新規採用では、学校名で履歴書は選別されているのが現実（塩野2013）」であるという説もある。筆者もこれは否定できない事実であると思う。学生には見るべき実績がないので、難関といわれる大学出身者なら、おそらく優秀だろうという潜在能力に期待しているのかもしれない。しかし、一方で企業のほうは、多様な人材を求めていることも真実である。大手銀行は学生に人気も高いので、昔地元で神童と言われたような学生が大勢入行する。しかし、神童ばかりだと却って、組織がぎすぎすしてしまい、円滑な組織運営ができないこともある。そうした意味で、多様な大学からも採用したいと考えている大手企業も多い。日本経済新聞には上場企業に新しい社長が誕生すると、そのプロフィールが掲載されるが、その出身大学は比較的バラエティーに富んでいる。ダイバシティー、多様性は、性別や国籍だけではなく、社員の出身大学にも求められている。大手銀行は、最近高校卒業者の採用はしていないようだが、10年前は高卒の支店長や部長、役員がかなりの人数いた。そういう意味では、銀行は多面的で実力主義的な人事をしていたと言えるのかもしれない。

第4節　キャリアの第一歩―就職前に知っておきたいこと

② **女性を積極登用する企業**

　経営コンサルティング企業のアクセンチュアでは、「パートナー」と呼ぶ部長級幹部に30〜40代の女性を登用している。そのために、30歳前後から、重点的に幹部候補生としての訓練と意識の醸成に取り組んでいる。

　アクセンチュアの社長の話では、女性の力を生かさなければ、ライバル企業との競争に勝ち抜けない。外資系コンサルタント会社では女性の登用が進んでおり、女性の視点で競争力のアップを図りたいとしている。そのために、研修、海外社員との交流、上層部との接点をもたせる等の施策を講じている。

　またJR東日本では、山手線の車掌の1/3は女性になっている。確かに女性の車掌のアナウンスをよく耳にする。従来男性の多かった仕事に女性が進出している。

　NTT東日本やイオンでは、女性管理職の数値目標を設定している。イオンは国内の主要子会社で、部長や店長などの管理職に女性が占める比率を現状の約10%から16年に30%、20年には50%まで引き上げる計画である。スーパーを中核とするイオンの顧客の70%は女性であり、商品やサービスの開発に女性の視点を生かす狙いがある[13]。

　日本企業における管理職の女性比率はまだまだ低い。課長相当で5%、部長相当で3.1%（欧米は10%以上）。グローバルな競争をする中で、この点は改善されなければならない。

　安部政権は女性の活用を日本経済の再生の目玉のひとつにしている。2014年9月の内閣改造の時点では、女性閣僚が5名となった。女性の事務次官も複数誕生した。官からこうした動きが出ると、女性登用の波が民間にも生じることになるだろうか。日本の主要企業の女性役員の比率は、2011年の調査で、アメリカ、英国、フランスが10%を超えているのに、日本では0.9%と極端に低い。その理由は育てる意識が薄く、働く環境も不備だからである[14]。この点に関し、育児休暇期間の延長や、役員数の企業割り当てには、反対の意見がある[15]。前者はキャリアの断絶が起きるし、後者は企業に負担がかかるからだとしている。それでは、日本はどうすればよいのだろうか。オランダでは、同一企業において、フルタイムとパートタイムをライフサイクルに応じて従業員の希望で相互転換できる仕組みがあり、これが日本のモデルにもなるとしている[16]。日本の企業で

63

も、一定条件のもと、出産子育てが終わってから4年以内であれば、元の職位で復帰できるという制度を取り入れているところが出てきている。

スウェーデンでは、専業主婦の世帯が、日本では38%なのに対し2%しかない。女性の管理職の割合は日本が12%なのに対しスウェーデンは28%である。男性の育児休暇取得率は日本が2%なのに対し90%である。合計特殊出生率[17]は日本の1.43に対し1.89である。女性の高い就業率と高い出生率を支えているのは、子育て家庭に手厚い社会制度である[18]。日本が本当に人口の減少や、その影響で2040年に896市町村が消滅する可能性を危惧するのであれば、大胆な、明治維新並みの発想の転換が必要な時期に差し掛かっているのではないだろうか。一時的には政府の財政に負担がかかるかもしれないが、多くの女性が働くことによって所得も消費も増えて、内需主導の経済成長が可能となり、税収も増えるのではないだろうか。現在の少子化は、若者の未婚化にその原因があると言われている。多くの女性が雇用されることにより、将来への経済的な不安が解消されれば、合計特殊出生率も上昇するのではないだろうか。

### ③ 学生が期待する企業像

大学生は、就職活動をするにあたり、何を重視して応募する企業を決めるのであろうか。(森岡2011)が自分の大学の150人の学生を対象に行った調査によると、就職をする企業を決めるうえで重視する項目19のから3つ選択させたところ、1位は仕事の内容で53.3%、2位は社員の雰囲気52.7%、3位が勤務地45.3%、4位が安定性24.7%、5位、6位が企業規模と社会貢献が高いが同率で16.7%となっている。予想外に、昇給昇進の速さは、5.3%、初任給が高い2.7%などの金銭的な面は低く出ている。この結果は建前ではなく、本音ではないだろうか。どんな仕事をしたいかが、一番大切なことであり、職場の雰囲気、会社の規模、安定性も長く務めることを考えれば、無視できない項目だからである。

これが、アメリカやイギリス、フランス、韓国、日本の18歳から24歳までの青年に、仕事を選ぶ際に重視する項目を14あげて質問すると(複数回答可)、日本以外の4か国では、80%近い学生が「収入」を第1位で選んでおり、日本の67.8%よりもはるかに高い(森岡2011)。この差を説明することは難しいが、終身雇用制の名残のある日本では、極力長い間、就職した企業に勤めようとする気持ちが強いので、職場の雰囲気や会社の規模を重視するのかもしれない。

第4節　キャリアの第一歩―就職前に知っておきたいこと

　人気企業の特色としては、職場の雰囲気、給料、成長性、有給休暇の取りやすさ、実働労働時間の適正さ、社員の定着率、人事考課の伝達の有無、セクハラ、パワハラ対策といった点が優れていることである。

表2-2　働きやすい会社のランキング

| 順位 | 企業名 |
|---|---|
| 1 | パナソニック |
| 2 | 日立製作所 |
| 3 | 東芝 |
| 4 | ダイキン工業 |
| 5 | ソニー |
| 6 | 第一生命保険 |
| 7 | 富士フイルム |
| 8 | キヤノン |
| 9 | イオン |
| 10 | 損害保険ジャパン |

出典：2012年9月　日本経済新聞社調査

(2)　日本企業の人事雇用制度の特色―諸外国との比較も含め
① 　年功序列制から能力主義に
　年功序列と能力主義が日本の人事、雇用制度の変遷、特色といわれている。年功序列から実力主義に変わりつつあるというが、それは本当なのか。本当であるとするとその背景は何かを見ていく。学生に、年功序列と実力主義のどちらが良いか聞くと、若いせいもあるのか、実力主義が良いとする答えが多い。
　そこで、少し古い本ではあるが、(熊沢1997) の分析に従って、日本の企業がどのようにして、能力主義、実力主義に変わっていったのかを見てみよう。
　実力主義に対峙するものとして、年功序列が、あげられるが、(熊沢1997) は、日本の年功制度は非競争的かという問いを発している。彼は「年功」と「年と功」を区別している。年功といえば、年齢が上がれば、自動的に賃金は上がるが、「年の功」背景には、年齢が上がれば、経験も長くなり、熟練度が増すという意味もあったとしている。
　日本企業の従来の特徴は年功序列と終身雇用制であったといわれている。この終身雇用と年功序列という言葉は、1958年に James C. Abegglen が "The

Japanese Factory"『日本の経営』という本の中で紹介された（アベグレン 1958）。しかし、これらの特徴は、企業を取り巻く環境の変化に呼応して、変化しつつある。賃金の支払い方法だけでなく、労働（組織）管理、働かせ方、雇用システムの変化にも着目している。

　まず、能力評価と賃金システムの関係についてみておこう。産業社会では賃金は、何らかの意味で仕事の遂行に関わる広義の能力に基づいて支払われる。賃金決定において評価される能力のかたち、その評価方法、評価全体の中で能力の占める比重などは、国、産業、それから時代によって多様である（熊沢 1997）。熊沢は、潜在能力（身に宿した能力）と顕在能力（発揮された能力）を縦軸にし、属人給と仕事に対する支払を横軸とする表で、各種の賃金システムを分類している。

　（熊沢 1997）は、実力主義を3つの期に分けている。
　　能力主義管理の第一期(1960年代半ばから70年代半ば)
　　能力主義管理の第二期(70年代半ばから92年まで) 職能資格制度
　　能力主義管理の第三期(それ以降現在まで)

・能力主義管理の第一期

1960年代半ばから70年代半ば

　戦後初期、労働組合の力の強かった時代に作られた「年の功」賃金は、経営権の復権した経営者側には克服の対象となった。年齢とともに上昇する賃金体系のままでは、賃金コストの上昇が不可避であった。賃金総額を低位安定的に管理するために、複線的な昇給線を持つ年功賃金制を模索した。そのためには、人事考課による定期昇給制を導入することが必要であった。また人事考課を導入することにより、社員のやる気を引き出せると考えた。

　当初、人事考課により昇給格差をつけることには、同一労働同一賃金（同じ年齢ならば同じ生計費がかかるから、同じ賃金を）といった生活給理論に基づく年齢給を主張する組合の反発もあったので、暫くの間、アメリカで生まれた、職務分析手法に基づく職務給の導入を試みたが、うまくいかなかった。労働組合側は、職務アップしなければ、昇給がないという職務給制には反対し、昇進がなくても、昇給のある職能給へと妥協に向かった。また、日本の場合、労働者が個人で作業をするよりも、グループで作業することが多く、経営者にとっても職務を厳密に確定することは、難しかった。さらに経営者にとって職務割り当てと配置が柔軟

第 4 節　キャリアの第一歩―就職前に知っておきたいこと

な働き方のほうが、市況や製品の変化や技術革新に即応できるということで、合理的であった。終身雇用制を維持するためにも、特定の仕事にこだわらない、柔軟（Flexible）な働き方が必要であった。そこで Flexible な要請への適応力を核とする能力の開発と発揮を求めることができる。そこで、アメリカ型職務給ではない、資格給・職能給へと向かった。しかし、この Flexible な働き方が、日本人の働きすぎとライフワークバランスを崩す要因になっているという指摘もある。筆者自身のアメリカでの勤務の経験で、アメリカ人職員は職務が限定されているから、定時に帰宅できるが、同じ職場にいても、日本人職員は、職務の定義があいまいなので、残業を余儀なくされると感じたことがあった。

　第一期は、高度成長期と人材不足の時代であり、深刻な人員整理や雇用調整などない時代であった。皆、頑張れば、増え続ける何がしかの管理職ポストにつくことができた。年齢給の後退と自動昇給制の終焉の時代の幕開けだった。高度成長を反映して、1965 年から 75 年の間に、名目賃金で 4.5 倍、実質賃金で、1.8 倍になった。頑張り、モーレツ社員の時代でもあった。

・能力主義管理の第二期

　1970 年代半ばから 92 年までを熊沢（1997）は能力主義管理の第二期としている。

　経済環境がオイルショック等を経て一変して、低成長時代が到来した。輸出に活路を求めたが、円高という事態に直面した。海外との競争の激化、平成不況に直面し、企業は合理化を行う必要に迫られ人員整理が行われるようになった。会社が生き残れないと、全員が解雇されるという危機感から、リストラが正当化されるようになった。

　またこの期は、職能・資格給制度が導入された時期でもあった。この制度は、職能資格、例えば、書記、主事、参事とグレードをつけて区分し、それに見合う、職務遂行能力を定義する。この基準に基づいて、人事考課（査定）を行うシステムであり、1976 年現在では導入企業は 72% に達していた（従業員 5000 人以上の企業では 98%）。しかし勤続年数をベースに昇格対象者を決めて、査定を行い、昇格者を決めるという年功的な要素も入っていた。

・能力主義管理の第三期

　1992 年から現在までが能力主義管理の第三期である。制度は能力主義的であ

るが、運用は年功的要素が残っていたが、経営者は、より能力主義的な運用に努めるようになった。従来の潜在能力の評価から顕在能力の評価が重視されるようになり、目標管理制度が導入され、成果主義、実績主義の賃金が主張されるようになった。この結果、賃金の上下格差は拡大した。実際に、大手企業に勤務するものに聞くと、最近、給与制度の変更があり、生活給の部分がなくなって、能力給や資格給の比率が高くなっており、実力主義が復活していると言っている。

　年功賃金と終身雇用は日本の雇用制度の特徴であるとしてアベグレンが使った言葉として紹介したが、実際に諸外国の様子はどうなのであろうか。厚生労働省の調査報告で、日本では、大企業を中心に「長期雇用」やいわゆる「年功賃金」という企業の雇用環境が見られるが、こうした慣行は国際的に見て特異なのか、国際比較により、その程度を確認している（厚生労働省、2013、156〜160頁）。確かに日本人男性の平均勤続年数は、年齢計で見ると長いほうに属する。35〜54歳までは、日本が一番長く、その後に、オーストリア、ベルギー、フランス、イタリアといった大陸ヨーロッパ諸国が続く。男性はアメリカが他国に比べて極端に短い[19]。

　アベグレンは、アメリカ人なので、アメリカと比較して日本の長期雇用という特徴に気が付いたのであろう。

　一方女性は、若年層で日本はやや長いが、40歳以上の層では年齢が上がるにつれて短い部類に入る。日本は男女差が大きく、その背景には、出産、子育てを機に約6割の女性が離職していることが指摘されている。

　続いて、年功賃金—勤続年数に応じて上昇する賃金について、国際比較をするために見てみると、勤続年数階級別賃金プロファイルは、日本だけではなく大陸ヨーロッパにおいても、男女ともに勤続年数に応じて上昇する賃金プロファイルを描いている。これは、日本以外の国でも、勤続年数や年齢が上がるにつれて、一般に技能が蓄積されると考えられるからであり、年功ではなく、年と功の要素である。職務給制のアメリカでも、職務の中で、等級が細分化され、技能に応じて、昇給するシステムは組み込まれている。

　アメリカでの職務制について、筆者自身の体験を話してみよう。アメリカの工場では、ブルーカラーがホワイトカラーに変わるということはない。食堂も別である。アメリカでは、1人ひとりの職務が職務記述書（Job Description）で、はっ

第 4 節　キャリアの第一歩―就職前に知っておきたいこと

きり規定されており、それ以外の仕事をやる必要がない。筆者が、30 数年前に都市銀行のニューヨーク支店に転勤して、最初にマネージャーとして味わった驚きは、この点であった。例えば業務課の中に、輸出と輸入の課があり、さらに輸入の課の中には L/C（信用状）を発行する部署と、輸入為替を決済する部署があったとしよう。L/C を発行する部署の担当者が病気で休んだ場合、日本の支店であれば、輸入為替の決済を担当している者が、暗黙の了解のうちに、L/C の発行の仕事をこなしてくれるが、アメリカではそうはいかなかった。個人にもよるが、依頼しても "That's not my job." という答えが返ってくるのに驚いた経験がある。

2014 年 8 月に 25 年ぶりにニューヨークの支店を訪ねたが、以前一緒に働いていたアメリカ人は、残念ながら 1 人もいなかった。それでも、10 年前であれば、まだ何人かはいたと思われる。筆者が勤務当時も転職をする者は多かったが、同じ職場で定年を迎える者もかなりいた。

アメリカのフォーチュン 500 の大企業を訪ねると、そこのトレジャラーやアシスタントトレジャラーに、チェースマンハッタン銀行の出身者が多かった。銀行が企業のトレジャラーへのひとつのキャリアパスになっていたのかもしれない。

② TQC 運動の開始

TQC（総合品質管理）運動は、会社の誘導によるものではあるが、労働者が自発的にサークルをつくって、技術の向上、安全の確保、無駄の排除、設備稼働率のアップ、製品歩留まりのアップを図り、生産性の向上を図るものである。改善運動、Kaizen はそのまま英語になっている。残業ではないので、時間外給与等は支払われない。

③ 最近の企業の考える雇用形態

企業は雇用形態を多様化しようとしている。長期蓄積能力活用型として、従来通りの期間の定めのない雇用を行う。管理職、総合職、技能部門の基幹職がこれにあたる。専門部門、研究開発等の高度能力専門型は、有期雇用契約とし、一般職、販売部門、技能部門は、雇用柔軟型の有期雇用契約にする動きがある。

④ 日本型能力主義の特徴

日本の「家」の概念を企業にも取り入れ、家を守るのと同じように、会社を守るという考えが企業にもあったとする見方がある。会社のために、私や私生活を犠牲にして働くという考えである。求められる能力は、守備範囲が広く、

どんな仕事もこなすといったフレックシビリティーへの適応力や忠誠心が大切で、会社人間という言葉も誕生した。

雇用機会均等法のもとで、総合職と一般職へ分化し、総合職には、職務知識、高い目標、残業、転勤にみられるハードルの高い能力を要請された。

日本の企業では、入社すると人事制度上はだれもが、役員や社長になれるようになっている。同期入社の者も、30歳くらいまでは、資格や職位、給与に差がつかず、長期間競争させる仕組みになっていた。これを競争意欲の大衆性と長期性と熊沢は呼んでおり、長時間労働の原因のひとつになっていると考えられている。

⑤ 大卒新規一括採用

大卒新規一括採用は、日本で顕著な慣行である。このメリットとしては、自社のプログラムに沿って社員教育ができ、安定した雇用が効率的にできる点にある。デメリットとしては、卒業時に就職を決めないと、その後、正規社員になるのが、難しいという現実である。労働市場の流動性を保つためにも、多様な採用方法がとられることが望まれるし、実際に中途採用や通年採用をする企業も増えている。

<引用・参考文献>
＊石倉健二他（2008）「ユニバーサル段階の大学における初年次教育の現状と課題」『長崎国際大学論叢』第8巻。
＊岡田昌毅（2007）「ドナルスーパー」渡辺三枝子編著『新版キャリアの心理学』ナカニシヤ出版。
＊大久保幸夫（2006）『キャリアデザイン入門[Ⅰ]』日本経済新聞出版社。
＊大久保幸夫（2006）『キャリアデザイン入門[Ⅱ]』日本経済新聞出版社。
＊大山正、詫摩武俊、中島力（1969）『心理学』有斐閣。
＊岸見一郎（1999）『アドラー心理学入門』ベストセラーズ。
＊熊沢誠（1997）『能力主義と企業社会』岩波書店。
＊久保田慶一（2013）『音楽とキャリア論集』久保田慶一。
＊児美川孝一郎（2013）『キャリア教育のウソ』筑摩書店
＊ゴア・ポール（2007）「アメリカにおけるキャリア教育の現状と課題」私学高等教育研究所。
＊蔡仁錫（2006）「組織行動論と人材マネージメント」鈴木秀一編『企業組織とグローバル化』世界思想社。
＊笹川孝一（2014）『キャリアデザイン学のすすめ−仕事、コンピテンシー、生涯学習

<注>

社会-』法政大学出版局.
* 全米キャリア発達学会 (2013)『D・E スーパーの生涯と理論』(仙崎武、下村英雄編訳) 図書文化社.
* 谷内篤博 (2007)『働く意味とキャリア形成』勁草書房.
* 森岡孝二 (2011)『就職とは何か-まともな働き方の条件-』岩波書店
* 渡辺三枝子編 (2007)『新版キャリアの心理学-キャリア支援への発達的アプローチ-』ナカニシヤ出版.

<翻訳書>
* アベグレン (1958)『日本の経営』ダイヤモンド社.
* シャイン H.エドガー (2003)『キャリア・アンカー-自分の本当の価値を発見しよう-』(金井壽宏訳) 白桃書房.
* シャイン H.エドガー (2009)『キャリア・アンカーⅠ-セルフアセスメント-』(金井壽宏、高橋潔訳) 白桃書房.
* スーパー D.E. (1960)『職業生活の心理学-職業経歴と職業的発達-』(日本職業推進学会、橋本喜八他訳)、誠信書房.
* Holland John L. (2014)『ホーランドの職業選択理論-パーソナリティと働く環境-』(渡辺三枝子、松本純平、道谷里英共訳)、雇用問題研究会.
* 渡辺三枝子、E.L.ハー (2001)『キャリアカウンセリング入門-人と仕事の橋渡し-』ナカニシヤ出版.

<英語文献>
* Arnold R. Spokane, Erik J. Luchetta, Matthew H. Richwine, (2002) "Hollands Theory of Personalities in Work Environments" in Brown Duane and Associates ed., Career Choice and Development, Fourth Edition, Jossey-Bass, A Wiley Company.
* Savickas Mark L. (2002) "Career Construction-A Development Theory of Vocational Behavior" in Brown Duane and Associates, ed., Career Choice and Development, Fourth Edition, Jossey-Bass, A Wiley Company.
* Super D.E and Bohn M.J. Jr. (1970) Occupational Psychology, Wadsworth Publishing company, Inc.

<注>
1 竹内規彦『「多様的な個人」を生かす組織を』日本経済新聞 2014年8月15日付「経済教室」.
2 「山中氏の横顔」2012年10月9日、日本経済新聞.
3 もっとも、最近見直されているアドラーの心理学によれば、他人を意識して生きると、幸せになれないという指摘もあるが、実際に働いていると、他人に認められたいという気持は強く作用する.

4 俳優であり歌手である美輪明宏氏が、若い人とのテレビ対話番組で、「働くということは、つらいことだし、大変だからお給料がもらえるのであって、楽しいことだとしたら、反対にお金を払わなければならない」と諭していた。
5 中島義道「会社は理不尽で残酷。だからこそ人は成熟する」2013年10月12日「週刊東洋経済」。
6 「中国の学生超就職難」2013年8月29日、朝日新聞。
7 （久保田2013）では、音大生のキャリアについての考え方が紹介されている。その中で生涯発達心理学の考え方を基に、「アイデンティティー」「キャリア」「転機」という視点から、孤高のピアニスト梶原完の生き方を描いている。
8 http://niiza,rikkyo.ac.jp/news/8549/
9 筆者の在籍した付属高校には、3年生になると大学の各学部から学部長が来られ、大学への進路についての説明会があった。法学部の学部長から、どんな質問でもよいと言われたので、「法学部を出て、何になるのですか」と質問したところ、「今の質問は、無知というか…」と言われてしまった。質問の意図は法学部を出ると、弁護士や法律関係の仕事に就くのであろうが、一般企業にも就職できるのかを聞きたい程度のものだったと思う。何を聞いてもよいと言われたのに、こうした回答だったので、法学部に行くのをやめて、経済学部に進学した。しかし、法学部の一年生には「基礎文献ゼミ」というゼミがあるのを知って、単位はもらえないが学部を越えて受講させてもらった。ここでは、毎週、福沢諭吉や、ルソー、ジョン・ロック、エーリッヒ・フロム等の著作を読み、レポートを書き、数名のゼミ生で議論した。指導教授は政治学者の神島二郎先生だった。われわれの議論を聞いて、自分で自分を殴ってしまう、素人のボクシングだと、笑っておられた。当時は文献を読んでも、よく分からないところが多かったが、この経験は一般教育の授業とともに、意義深かったと思っている。筆者は大学受験をしなかったので、学問に対する興味は、入学してから芽生えたのだと思う。
10 下村英雄「就職に有利な学生は…」2009年7月20日「日本経済新聞」。
11 同上。
12 同上。
13 「女性活躍企業後押し」2013年7月24日、日本経済新聞。
14 「女性役員なぜ少ない？」2011年9月26日、日本経済新聞。
15 鶴光太郎「女性のキャリア断絶を防げ」「経済教室」2013年9月17日、日本経済新聞。
16 同上。
17 合計特殊出生率とは、15歳から49歳の女性を再生産年齢人口と設定して、その年齢ごとに出生した子ども数を分子とした値を足し合わせたもの。出生率とは人口統計上の指標で、1人の女性が、一生に産む子供の平均数を示す。死亡率を一定とした場合現状の人口を維持するためには、出生率は2.07以上でなければならない。
18 「スウェーデン就労と育児先進国」2014年6月21日、日本経済新聞。
19 アメリカの企業の中でも、リストラをしないこと、定年まで勤務する者が多いことで有名な企業があった。筆者がアトランタにいた時に訪問したデルタ航空であった。

# 第3章 職業と現代社会

## 第1節　経済学から見た職業と現代社会の問題

(1) 経済循環の中の家計と労働
① 概　要

　ここでは、働くということ、職業に就くということの、経済循環の中における位置づけを再確認する。次に「分業」の持つ意義を考える。アダム・スミスが発見した分業により生産性が向上するという事実は、現代でも生きており、それが職業の分化やグローバリゼーションを進展させている。また失業率の定義や労働力人口の定義についても学ぶ。驚くべきことに、15歳以上の人口のうちに、労働力人口が占める割合は、6割弱に過ぎない。今後高齢化が進むとこの比率はもっと下がることが予想される。

　この節では、そのほかに、景気が良いということはどういうことなのか、GDPとはなにか、といった経済学の概念についても触れる。

② 経済循環と経済主体

　生産や消費などの経済活動を行う単位を経済主体と呼ぶ。経済主体には家計と企業と政府の3つがあり、それぞれの目的に基づいて相互に関わりながら、生産、分配、消費の経済循環を繰り返している。家計は消費行為の主体で企業に労働力を提供して所得を得るとともに、企業から財・サービスを購入して消費活動を行う（高本2007）。企業は生産・流通の主体で、労働力と原材料、機械、工場などの生産手段を結合させて、利潤の獲得を目指す。政府は、企業や家計主体から税金を徴収し、社会保障や公共投資を行う。政府も企業から財、サービスを購入する。家計が企業に労働力を提供して所得を得るということは、働いて賃金や給料を得るということである。

第３章・職業と現代社会

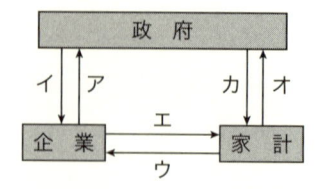

```
            政　府
        ↕       ↕
       イ ア    カ オ
          ← エ ←
        企　業    家　計
              → ウ →
```

ア　法人税
イ　補助金、政府も企業から財・サービスを購入する
ウ　労働力を提供して、賃金を得る
エ　財・サービス
オ　所得税
カ　社会保障給付　公務員の場合は、政府に労働を提供し、賃金を得る

図3-1：経済主体間の関係

　しかし、このような経済主体の関係の表示の仕方であると、現代社会の特徴が明らかにできない。現代は資本主義社会である。資本主義の特徴を表す図式は、次のようになる。

$$資本（資金）Ⓐ \Rightarrow \begin{Bmatrix} 原材料 \\ 機　械 \\ 労働力 \end{Bmatrix} \Rightarrow 生産 \Rightarrow 製品 \Rightarrow 販売 \Rightarrow 資本（資金）Ⓑ$$

　企業は資本（資金）を投下して、原材料や機械、労働力等を購入し、生産を行う。できた製品を販売して、資本（資金）として回収する。（機械は購入費を耐用年数に応じて、分割した分）。
　ここで、資本Ⓑ＞資本Ⓐ、すなわち利益が出なければ、企業は存続できないのでⒷ＞Ⓐとなることを目指して活動する。企業はこのサイクルを繰り返す。
　これを知っていると、自分が企業に就職する時も、自分で起業する時も、企業はどのような原則に基づき行動しているかを認識することができる。

③　分業の持つ意味
　経済学の祖と呼ばれるアダム・スミスは、その著『国富論』（An Inquiry into the Nature and Causes of the Wealth of Nations が原書のタイトルであり『諸国民の富』と訳されることもある）の第１章で、分業について書いている。彼は、ピン工場を観察し、分業によって労働の生産性（１人当たりの生産量）が240倍に上昇することを発見した。

第1節　経済学から見た職業と現代社会の問題

　分業の結果、同じ人数の人たちのなしうる仕事量がこのように大いに増加するのは、3つの異なる事情によるとスミスは述べている（スミス2000）。
　第一に、すべての個々の職人の技量の増進
　第二に、ある種類の仕事から別の種類の仕事に移る際に通常失われる時間の節約
　そして最後に、労働を容易にし、省略し、1人で多人数の仕事ができるようにする多数の機械の発明による。
　例えば、自動車を生産するにもしても、1人が全工程を担当するなどということは考えられない。こうした分業は工場内の分業である。近年、アセアン諸国間で、エンジンはタイで生産し、車体はインドネシアで生産し、組み立ては、それぞれの国で行うという国際間の工程間分業も行われている。
　このほか、分業には社会的分業と呼ばれるものもある。例えば、海の近くに住む人は漁業に就き、平地に住む人が農業に就く、といったものである。こうした分業により、商品の交換の必要が生じ、物々交換が行われ、やがて交換を仲介する貨幣が誕生する。現代社会でも、それぞれの企業が分業を行っているので、いろいろな業種や企業があるのである。

④　失業率の定義

　失業は政府にとっても国民1人ひとりにとっても、大きな問題である。失業率が0％になることはないが、これが、ある一定の割合を超えると問題になる。
　そこで、まず、失業率の算出の仕方を知っておこう。まず、それぞれの言葉の定義をみてみよう。義務教育年齢を超えた15歳以上65歳未満の人口を生産年齢人口というが、そのうち、働く意志のある人々を労働力人口といい、働く意志のない人々を非労働力人口という。ここで、働くというのは、労働市場に参入する意味であり、家事をすることは入らない（馬場2002, 74頁）。労働力人口のうち働いている人を就業者といい、仕事に就くことができない人を失業者という。
　就業者＝労働力人口のうち、働いている人
　失業者＝働きたいと思っているし、働く能力もあるが、働いていない人
　非労働力＝働いていない人（働く意志のない人）

## 第3章・職業と現代社会

労働力人口＝生産年齢人口のうち働く意思のある人＝就業者＋失業者

$$失業率 = \frac{失業者}{労働力人口}$$

表 3-1、3-2 を見ると、総人口や、15 歳以上の人口に比べ、労働力人口は少ないことに気付くであろう。その理由は、15 歳以下は、すなわち中学校卒業までは義務教育であるから、非労働力とされ、65 歳以上では、定年を過ぎて、退職することを前提としているからである。また女性の非労働力人口が多いのは、家事労働は労働力人口に算入されないからである。

表 3-1：2011 年 2 月現在就業状態別人口（万人・％）

|  | 男女計 | 男性 | 女性 |
| --- | --- | --- | --- |
| 15 歳以上人口 | 11,047 | 5,334 | 5,713 |
| 労働力人口 | 6,513 | 3,782 | 2,731 |
| 就業者 | 6,211 | 3,596 | 2,615 |
| 完全失業者 | 302 | 186 | 116 |
| 非労働力人口 | 4,530 | 1,551 | 2,979 |
| 失業率 | 4.6％ | 4.8％ | 4.3％ |

出典：2011 年　総務省、労働力調査

表 3-2：2014 年 2 月現在就業状態別人口（万人・％）

|  | 男女計 | 男性 | 女性 |
| --- | --- | --- | --- |
| 15 歳以上人口 | 11,079 | 5,345 | 5,734 |
| 労働力人口 | 6,516 | 3,737 | 2,779 |
| 就業者 | 6,283 | 3,596 | 2,687 |
| 完全失業者 | 232 | 140 | 92 |
| 非労働力人口 | 4,558 | 1,606 | 2,953 |
| 失業率 | 3.6％ | 3.7％ | 3.3％ |

出典：2014 年　総務省、労働力調査

2 つの表を比べると、失業率が 4.6％から 3.6％へと低下していることが読み取れる。それは景気が回復していることを示している。景気が良いか悪いかは、就職の環境に大きな影響を及ぼす。そこで、次に景気とは何かを学んでおこう。

なお失業率は、国よって大きく異なる。実は、日本でも就職難と言われているが、日本は世界の中では比較的失業率の低い国である。もちろん、算出する際の個々の国の事情が異なるので、単純比較はできない。例えば、アメリカの

第1節　経済学から見た職業と現代社会の問題

場合、夫婦共働きの場合が多いので、女性のうち、労働者人口にカウントされ、就業できない人が多いと、失業率は高くなる。

失業者は会社の都合で失業し、新たに仕事を探している者、自分や家族の理由で会社を辞め、新しい仕事を探している者、学校を卒業して新たに仕事に就くために、仕事を探している者、その他の理由で仕事を探し始めている者からなる。これらを合わせて、完全失業者といい、完全失業者／労働力人口の比率を完全失業率という。

表3-3：各国の失業率

| 国名 | 失業率（%） | 国名 | 失業率（%） |
| --- | --- | --- | --- |
| スペイン | 11.4 | フランス | 7.8 |
| スロバキア | 9.6 | ハンガリー | 7.8 |
| トルコ | 9.5 | ギリシャ | 7.7 |
| フランス | 7.8 | ドイツ | 7.3 |
| ポルトガル | 7.8 | ポーランド | 7.2 |

出典：OECD Labor Statistic http://www.oecd.org/statportal/ を基に、筆者が加盟国30か国のうち失業率が高い順に10位まで表示。日本は4.0%、米国は5.8%。英国は5.6%。

⑤　景気が良いとはどういうことか

景気が良いというのはどういうことであろう．そのためには先ず、GDP（国内総生産）の概念を押さえておく必要がある。

GDPとは簡単に言うと、ある一定期間（例えば1年間）にどれくらいの財やサービスを生産したかということである。生産面からみた国内総生産GDP（Gross Domestic Production）は国内で生産された付加価値の総額である。それでは付加価値とは何か、パンの生産から説明してみよう。

小麦の生産　　20
小麦粉の生産　20　20
パンの生産　　40　　40

小麦 ⇒ 小麦粉 ⇒ パン
図3-2

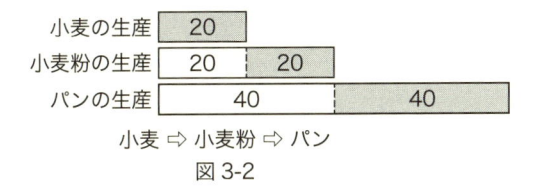

付加価値とは各生産者が付け加えた価値のことである。パンをつくるには小麦の生産が必要である。そしてこの小麦を製粉して小麦粉になり、これを焼い

てパンになるとすると、小麦の段階で生産された付加価値は20、小麦粉を生産するときに付け加えられた価値が20、そしてパンを生産した時に加わった付加価値が40とすると、パンを製造するときに付加価値の合計は80になる。これは、パンという最終生産物の価値と同じである。小麦の価値20に小麦粉の価値40とパンと価値80を足すと140になってしまう。これでは二重計算になるので、中間で投入した分を差し引くのである。別の言い方をすると、付加価値とは総生産高から、原材料費を差し引いたものということもできる。

今年のGDPが去年のGDPより増えれば、それは景気が良いことである。何パーセント増えたかを示すのが経済成長率である。

$\frac{今年のGDP-昨年のGDP}{昨年のGDP} \times 100$ で計算される（パーセントとは、セント=100当たりどのくらいかを示すものである）。身長150センチの少年が翌年、165センチになれば、身長は15センチ伸びたことになるが、この時の成長率は10％になるのと、同じ計算方法である。

生産量を増やすためには、生産要素の投入量を増やさなければならない。需要が多く、供給（生産量）を増やすには、原材料や設備も増やす必要があるが、同時に雇用量も増やさなければならない。したがって、生産量そして、GDPが増加する時は、雇用量も増加し、失業率も下がるのである。景気が雇用量に影響を与えるので、就職も景気の影響を受けるのである。不況の時の就職率は低下するが、景気の良い時は就職率が上がるのである。こればかりは、学生の努力で如何（いかん）ともしがたいものである。

景気が良いかどうかの判断の1つとしては、実質GDPの成長率が上昇したのか、下落したのかを見ておくとよい。実質GDPとは、名目GDPから物価の上昇を除いたものである。GDPが増えたといっても、それが物価の上昇によるものであれば、人々の生活は豊かになったと言えない。

学生に、景気が良いとはどういうことか、と質問すると、金回りの良いこと、給料が増えること、生活が豊かになること等の答えが返ってくるが、これらも正解であろう。GDPが増えるから、取引量も増え、金回りが良くなり、労働に対する需要が増えるので、所得が増え、生活も豊かになるからである。国ごとの豊かさは、GDPを人口で割った1人当たりのGDPで表される。2006

第1節　経済学から見た職業と現代社会の問題

年時点で日本の GDP は中国の GDP より大きかったが、2010 年時点では、中国に抜かれている。ただし 1 人当たりの GDP は、日本は中国の 18.8 倍である。それは中国の人口が 1,355 百万人と日本の人口の 126 百万の 10.7 倍あるからである。しかし国民の幸せや豊かさは、GDP だけでは表せないという見方もある。ブータンの国王が、自分の国は、国民総幸福（Gross National Happiness）という概念を大切にしていると述べた。物質的な面だけでは、人の幸せは表しきれないということである。自然や文化の豊かさ、人々の心の豊かさは GDP では表せないからである。

表 3-4：日本、中国、アメリカの GDP 比較
2006 年、（ ）内は 2010 年時点

|  | GDP（億ドル） | 1 人当たり GDP（ドル） |
|---|---|---|
| 日本 | 43,775（54,592） | 34,252（42,850） |
| 中国 | 27750（59,513） | 2,101（2,275） |
| アメリカ | 131,329（145,261） | 43,801（45,738） |

出典：GDP は国際貿易投資研究所（http://www.iti.or./）//www.iti.or./）
1 人当たり GDP は筆者が人口で割って算出。

(2) 社会の変化、産業構造の変化と職業
① 人類の三大変革

　人類の三大革命と呼ばれるものがある。農業革命、産業革命、情報革命である（髙本 2007）。こうした革命により、人々の生活様式は大きく変化してきた。トフラーは「第三の波」のなかで、農業革命の波を第一の波とし、産業革命の波の波を第二の波とした。こうした波によって、文明や生活様式が大きく変化することを述べている（トフラー 1986）。

　約 1 万年前の農業の開始は、人々の生活様式を一変させた。それまで人類は獲物を求めて、狩猟や漁業を行いながら、移住を続けていた。農業の開始により、日々の糧が保証されない未開社会から、余剰生産物を生み出す農業社会へ移行し、定住生活を行うようになった。世界 3 大文明と呼ばれる文明は、耕作に適した大きな川の流域に誕生している。

　次の大きな変革は産業革命である。18 世紀後半から 20 世紀前半にかけて、イギリスを震源地にヨーロッパ、アメリカ、日本にも広がった。その特徴は、動力としての蒸気機関の発明であり、機械化である。各地に工業都市が誕生し、

都市には工場労働者が集中した。農民を工場労働者に変え、家族形態も変わった。産業革命により生産力は増大、分業化と機械化は、女性の作業も可能にした。

そしてわれわれが現在その真只中にいるのが、情報革命である。トフラーのいう第三の波は情報革命、情報時代だけを意味しているわけではないが、情報革命が社会、経済に与えた影響は大きい。20世紀後半からコンピューターや通信技術の発展によって、生産性が飛躍的に上昇した。ICT（情報、通信技術）の発展、複合工作機械、NC（コンピューターによる機械制御装置）、ロボットの開発技術が、人間を単純労働から開放しただけではなく、生産構造を変えた。従来の一品種大量生産から、多品種少量生産を可能にした。分業のスタイルも垂直分業から、水平分業へ、そして国際的な工程間分業へと進化し、生産の国際化を推し進めることになった。そして情報革命はシステム・エンジニア（SE）という新しい職業も生み出した。コンピューターの小型化も進み、パソコンの出現により、コンピューターが身近なものになった。

例えば、銀行業にしても、1970年代の初めには、ほぼすべての取引科目がコンピューター化、オンライン化されるようになった。コンピューターが導入されなければ、これだけ大勢の個人との預金取引も難しかったと思われる。1つひとつの預金の利息を算盤で計算することは不可能だからである。

② 時代の変化

江戸時代は、封建制の時代であり、武士の子は武士、農民の子は農民と職業選択の自由は限られていた。ただし、農民や町民の子でも、優れた才能を持つ子供は、武士の家に養子に入ることにより、その能力を発揮できる職業に就くこともあったようである。明治維新により、時代が明治に入ると人々は職業を選べるようになった。

現在は、憲法22条で職業の自由は保障されており、だれしも自分の実力に応じて、就きたい職業に就くことが可能である。反面、このことは、職業を選ぶことが、人々にとって大きな課題になったともいえる。

また時代の変化によって、新しく生まれた産業、衰退してしまった産業・職業がある。前出のSEの職業も近年、コンピューターの普及によって誕生した職業であり、反対に大工職人のような仕事は、木造建築の減少にともない、減っている。また鉄鋼業や石炭産業のように、その時代の花形産業であったものが、

第1節　経済学から見た職業と現代社会の問題

時代の変化ともに衰退産業となることがある。

③　産業構造の変化と職業の変化

・ペティー・クラークの法則

　経済の発展に伴い、第一次産業から第二次産業、第三次産業に就業人口の中心が移っていくという法則は、ウィリアム・ペティーとコーリング・クラークの名前をとって、ペティー・クラークの法則と呼ばれる。産業の発展は、農業・漁業の第一次産業が中心の段階から、工業、鉱業、建設業の第二次産業の段階を経て、商業、金融、保険業、不動産業、運輸・通信業およびサービス業、公務等の第三次産業の比重が増加する段階に達するとするものである。

　表3-5は、日本の産業別就業者の構成比の推移を見たものである。1990年から2009年の間でも、なお第一次産業の就業者や第二次産業への就業者が減少し、第三次産業への就業者が増加していることが分かる。

表3-5：日本の産業別就業者の構成比の推移　（万人）

|  | 第一次産業 | 第二次産業 | 第三次産業 | 全産業* |
|---|---|---|---|---|
| 1990年 | 451 | 2,099 | 3,669 | 6,249 |
| 2000年 | 326 | 1,979 | 4,103 | 6,446 |
| 2009年 | 262 | 1,593 | 4,366 | 6,282 |

＊分類不能を含む　　　　　　　出典：総務省統計局　労働力調査

　ここで、香港の過去の事例も見ておこう。香港は、1997年7月に中国に返還されるまでは、イギリスの植民地であった。

　1960年代にアパレル産業を育てることに成功した香港は、対米輸出を軸にアパレル製品を輸出する世界最大の縫製基地に成長した。1980年代になるとアパレルから電機・電子産業の基地として、その重要性を増加した。こうして香港は、台湾、韓国、シンガポールと並ぶアジアの「4小龍」の一角を占める高度成長地域に成長した。

　1980年代に入ると香港の産業構造は大きく変化し始めた（内野2008）。香港の第一次産業の比率はもともと低かったが、1980年には0.8％と1％をきっており、食料は海外からの輸入に頼っている。1970年代の香港の高度成長に寄与したのは製造業であった。1970年にはGDPの30.9％を製造業が占めるに至ったが、その後労働力不足による賃金の上昇により、香港の製造業の競争

第3章・職業と現代社会

表3-6　香港の産業構造の変化（%）

| 業種／年 | 1960 | 1970 | 1975 | 1980 | 1985 | 1990 | 2000 |
|---|---|---|---|---|---|---|---|
| 農業 | 3.4 | 2 | 1.4 | 0.8 | 0.5 | 0.3 | 0.1 |
| 鉱業 | 0.3 | 0.2 | 0.1 | 0.2 | 0.2 | - | 0.0 |
| 製造業 | 23.6 | 30.9 | 26.9 | 23.8 | 21.9 | 17.2 | 5.8 |
| 電気・ガス・水道 | 2.4 | 2 | 1.8 | 1.3 | 2.7 | 2.3 | 3.2 |
| 建設 | 6.2 | 4.2 | 5.7 | 6.7 | 5 | 5.3 | 5.2 |
| 卸・小売、ホテル・レストラン | 21.9 | 19.6 | 20.7 | 20.4 | 21.8 | 25.4 | 26.4 |
| 運輸・倉庫・通信 | 9.6 | 7.6 | 7.2 | 7.5 | 8.1 | 9.7 | 10.2 |
| 金融・保険・不動産 | 17.4 | 14.9 | 17 | 22.8 | 163 | 23 | 23.7 |
| サービス | 15.3 | 18 | 18.7 | 12.5 | 17.3 | 15.4 | 20.5 |
| その他 | N.A | 0.6 | 0.5 | 4.0 | 6.2 | 1.4 | 4.8 |

出典：1960年から1990年までは『香港返還』91頁から。2000年の数字は『香港統計年鑑』2004年から。

力は低下し、製造業のGDPに占める割合も低下していった。

　こうした環境変化に対し、香港の製造業は1990年代に入ると、中国の華南地域への進出を図った。その結果GDPに占める製造業の比率は93年には11.4%に、2000年には5.8%に低下している。その分金融、運輸、観光等のサービス業の占める割合が2000年には85%を超えた。

　香港は極端な事例かもしれないが、ペティー・クラークの法則に沿った動きをしていることが分かる。

(3)　職業とは何か、所得の分配の問題とは何か
①　職業とは何か

　この節では職業とは何か、職業の種類、分類方法について学ぶほか、職業と所得の問題についても考える。さらに所得分布の公平性を測る指標としてのジニー係数の算出の仕方について学ぶ。

　職業は、人々が収入を得るために継続的に行っているという仕事の面と、それによって、社会的分業の一端を担っているという面との2つを兼ね備えている（江見、伊藤1997年）。職業は、個人的には収入獲得の手段となり、他方、社会的役割とも結びつくものである。総務省統計局のホームページでは、職業

第 1 節　経済学から見た職業と現代社会の問題

分類において、職業とは個人が行う仕事で、報酬を伴うかまたは報酬を目的とするものをいう、と説明されている。

② 職業の分類

職業は、総務省統計局の分類によると、12 の大分類、74 の中分類、329 の小分類に分けられる。

```
12 の大分類　（平成 21 年 12 月、総務省統計局）
  A. 管理的職業従事者         B. 専門的・技術的職業従事者
  C. 事務従事者               D. 販売従事者
  E. サービス職従業者         F. 保安職業従事者
  G. 農林漁業従事者           H. 生産工程従事者
  I. 輸送・機械運転従事者     J. 建設、採掘従事者
  K. 運搬・清掃・包装等従事者 L. 分類不能の職業
```

③ 職業と所得

職業の定義は、個人が行う仕事で、報酬を伴うかまたは報酬を目的とするものをいう。就業者の 8 割を占める雇用者の主な所得は、賃金ないし給与である。

したがって、職業を考える上で、報酬、所得、給与、賃金というものが、どのように決まるのかが重要である。

イチローの年俸、15 億円は高いか、話題になったことがある。給与、賃金は何によって決まるのだろうか。

給与や賃金の水準は、職種によって異なる。大企業と中小企業、また学歴によっても異なる。年功序列制のもとでは、年齢が上がると、賃金も上がる。現実には、性別によって、時間給の水準も異なる場合もある。

産業社会では賃金は、何らかの意味で仕事の遂行に関わる広義の能力に基づいて支払らわれる。賃金決定において評価される能力のかたち、その評価方法、評価全体の中で能力の占める比重などは、国、産業、時代によって多様である。能力の評価については、潜在能力（身に宿した能力）と顕在能力（発揮された能力）という区分軸と労働者個人に対する評価なのか、職種，勤続年数、年齢など労働者の何らかの集団的属性に対する評価なのかという区分軸がある（熊沢 1997）。

④ 所得分配の考え方

所得分配の点から社会のあり方を考える時、少数者が所得の大半を独占する

状態は望ましくない。一方、個人の能力や努力が所得にまったく反映されない社会も、不満が多い。現代の民主主義社会では最大限、次の原則は尊重されなければならないとされている。

- 機会の均等の原則―機会の平等
- 努力や貢献に応じた報酬
- 初期条件の差が大きな所得格差を生む場合は、矯正して、個人の最低限度の必要に対しては社会が保障する。

家庭の事情で高等教育を受けられないということがないように、奨学金を用意するなどの対策も必要である。所得分配を調整するために、所得税は累進課税となっている。所得が上がるほど、所得税率が高くなる仕組みである。

フランスの経済学者トマ・ピケティの『21世紀の資本論』が今、話題になっている。国家間のグローバルな格差だけでなく、先進国においても国内の格差が無視できないということが経済協力開発機構（OECD）の調査で分かってきた[1]。従来アメリカにおいて、大企業の経営者が巨額の報酬を得ているように賃金格差が問題視されてきたが、ピケティはそれよりも、資産格差が格差拡大を大きくしていると唱えている。その理由は、資産から得られる収益率が経済成長率を上回る傾向があるからであるとしている。今の日本の長期金利水準は10年国債でも0.6％前後である。従来、長期金利はその国の長期の成長予想率を表すと言われていた。庶民の運用できる定期預金の金利が0.02％で、経済成長率も低いので、実質賃金は上昇せず、一方で資産家の資金を運用するヘッジファンドや信託は、高い利回りを求めて動いている。こうした動きにより、資産格差が拡大しているという説明は、説得力がある。

日本でもアベノミクス以来、株価は当初7,000円台だったものが、2014年9月には、15,000円台になっている。株式投資で、キャピタルゲインを得ることができるのは、NISA口座ができたとはいえ、やはり、資金に余裕のある富裕層であり、一般の人は、資産家のようなキャピタルゲインを得ることはできないので、株高の恩恵を受けることはできない。

⑤ **資本主義と社会主義**

本来の『資本論』はカール・マルクスによって、1867年に第1巻が出版された。資本主義の初期の段階では、労働組合もなかったし、国家による労働者

## 第1節　経済学から見た職業と現代社会の問題

を守る法律や保護もなかったため、イギリスをはじめとする国々の労働者の労働環境は劣悪で、低賃金長時間労働が行われていた。マルクスは価値の源泉は労働にあるという労働価値説を唱え、労働者の作り出した剰余価値が資本家により、搾取されていると考えた。マルクスは資本主義社会では、資本、工場、機械、原材料といった生産手段が私的に所有され、無秩序な生産が行われるので、過剰生産と恐慌をもたらすと考え、生産手段は国家が所有して生産するという計画経済の必要性を説いた。必要なものを必要なだけ作れば無駄がないと考えたのであろう。例えば、ランドセルが何個必要か。小学生になる人数は何人か分かるので、その数だけを作れば、売れ残りがなくなり、作る方も無駄がないわけである。しかし、商品の数は無数にあり、趣向も異なるので、机上では、何をどれだけ作ればよいか分かると考えたが、実際には、分からなかったのである。

　資本主義社会は私的所有とその保護が重要である。多少の景気循環があっても、市場と価格を通じて、必要なものを生産するほうが、計画経済に勝ったのである。資本主義社会では、各企業は他の企業よりも、低いコストで生産し、販売する競争を常に余儀なくされる。個人的にも、知識を身に付け、付加価値の高い商品を生産することが常に求められる。人間は、残念ながら競争をしないと進歩しないという面があった。

　またマルクス主義には唯物史観があり、社会はその発展段階における生産力に照応した生産関係に入り、両者の矛盾によって進歩すると考えた。社会は、封建制社会→資本主義社会→社会主義社会→共産主義社会というように変化し、社会主義社会、共産主義社会は資本主義社会の次に来る社会と考えた。

　しかし、社会主義には、多くの問題が実際には存在した。各商品の需要量を把握することは難しいし、市場における価格決定のメカニズムが働かない。競争がないので、労働意欲は低下し経済活動も停滞した。

　さらに、共産党一党に権力が集中すると、官僚化が進み、特権階級が生まれることも分かった。マルクスやエンゲルスの理想とした社会とは乖離した社会になってしまった。

　こうした背景もあり、社会主義諸国の経済発展が停滞し、経済は成長しなかった。ついに、1989年ベルリンの壁が崩壊、1991年ソ連邦が解体し、ロシアとなっ

た。一方中国の社会主義は変貌を遂げ、市場経済を取り入れた社会主義市場経済に移行したが、貧富の差が広がるという問題と、官僚の汚職の問題が起きている。最近では、共産党の前最高幹部が汚職で失脚している。本来なら共産党の幹部の給料で、海外に不動産を購入したり、高級自動車を購入したりすることはできないはずである。周近平体制になって、貧富の格差と国民の不満に対処するために、従来は逮捕されることのなかった中央政治局常任務委員も汚職で失脚し逮捕される事態が発生している。

⑷　皆が望む社会とは―福祉社会と競争社会
① 概　要
　自由競争社会から福祉社会への移行に伴う諸問題を取り扱う。福祉社会を支えるためには、健全な経済と財政が必要となる。そこで、日本の抱える財政赤字の問題や所得の平等について考えてみよう。
　② 　飢饉にあった100人の村の話を考えてみよう。((佐和2008) の100人の村の話を参考に簡略化した)
　ある年、降雨量が少なく、お米の収穫が例年の2/3まで減少した。このままでは、米の価格は高騰し、1/3の人は購入できなくなり、飢え死にしてしまう。
　村長さんは、どのように考えたであろうか。1つ目の方法は、お米を全部村役場に強制的に納めさせ、100人の村民に均等に配給する。2つ目は市場に任せておくが、飢え死にしそうな人には、量を減らして配給する。3つ目は、市場に任せて、裕福な人は従来通り購入できるが、貧しい人は供給の減少によりコメの価格が高くなり、購入できず餓死者が出る。
　あなたが村長だったら。どれを選ぶだろう。1つ目は社会主義に近い考え、2つ目は社会民主的な考え、3つ目は市場原理主義と呼べるであろうか。
　経済学では新古典派経済学とケインズ経済学によって、市場に対する考え方が異なる。
　新古典派の考え方は、すべて市場に任せておけばうまくいくので、政府は経済に干渉しないほうが良いという考え方である。一方ケインズ経済学は、市場経済メカニズムがうまく機能せず、財市場で有効需要不足が生じることを想定している。有効需要が不足する場合は政府による公共投資を行い、失業を減ら

第 1 節　経済学から見た職業と現代社会の問題

す必要があると考える。日本では、長引く不況から脱出しようとこの公共投資を行い、政府の借金は増え続けている。加えて、2014年9月には、人口の4人に1人が65歳以上となる高齢化社会の到来により、社会福祉の財源をどうするか、次世代への借金の付回しは許されるのか、福祉と財源のバランスが問題になっている。消費税の5％から8％への引き上げが2014年4月に行われたが、財政を再建させる問題の根本的な解決にはなっていない。福祉と財政のバランスをどのように保っていくのか、慎重な議論が必要である。

③　トリクルダウンの理論

中国共産党の総書記だった鄧小平は、沿岸部に経済特区を設け、市場経済を導入し、改革開放路線を進めた。一部の人が先に豊かになり、そこから、水が滴るように豊かさが下に落ちていくことをトリクルダウン仮説と呼ぶ。米国では、経済成長が続けば、それにともない増加した所得は、貧しい層にも滴り落ちるので、経済成長はみんなを幸せにすると考えられた（佐和2008）。しかし、ピケティ論争に見られるように、米国の所得格差は広がっており、所得増加の大部分は所得5分位（20％）の最上層部に分配され、貧しい5分位層の所得は増えなかった。中国でも、貧富の格差は広がっており、トリクルダウンの仮説は成り立っていない。

④　日本の財政状態

歳入のうち、税収で賄われているのは、5割強にすぎず、約4割は将来世代の負担となる借金（公債収入）に依存している。GDPに対する国・地方の債務の割合は181％（2010年）で、財政危機に陥っているギリシャの133.9％（2011年）より悪い。財政が悪化した要因としては、長らく続いた経済の不振を公共事業投資で支えたことと、高齢化が進み、65歳以上が人口に占める割合が20.1％（2005年）に達し、年金予算や社会福祉の予算が膨らんだからである。GDP比日本の公的債務（国や地方政府の借金）残高の比率は200％に達する勢いであり、他の国に見ない悪い状態である[2]。国の借金が増え、国債の残高が増えているにもかかわらず、長期金利が上昇しないのは、アベノミクスの異次元の金融緩和政策の影響もあるが、一方で、日本国債の保有者が日本の居住者であり、預金金利も低いので、国債で運用するしかないからであり、また個人の金融資産残高が公的債務を上回っているという安心感があるからで

ある。しかし、高齢化によって、個人資産は取り崩されていくことを考えると、財政の健全化を早急に図ることが必要である。政府、日銀はデフレからの脱却を目指し、2％のインフレ目標を持っている。インフレになれば、借金の価値も預金の価値も減価するので、借金の多い国の政府にとっては好都合であり、預金者個人にとっては不都合なのである。物価が上昇しても、所得が増えない低所得層にとっては、インフレは深刻な問題なのである。

⑤ 所得の分布と平等型社会

国民生活が豊かであるかどうかの判定には、国民1人当たりの平均所得を使うことは、既に見たとおりである。一方で、その国では、人々の間での所得の格差が大きいか小さいかを見る方法も必要となる。

国民1人ひとりの所得は、平均値からばらつきがある。そのばらつき（格差）が大きければ、不平等社会と言えるのだろうか。不平等を測定する方法としては、このほかに平均値と中央値を比較する方法があるが、より厳密に測定する方法として、ローレンツ曲線とジニー係数がある。

ローレンツ曲線とは、最低所得者から高額所得者へと順番に並べ、それを5等分して、5つの階層に分ける。累積人員比率を横軸にとり、次に各階層の平均所得を求め、累積所得比率を求め、これを縦軸にとる。（詳細章末）

　均等分布線　$Y = X$　傾き45度の線

一方、ジニー係数は、ローレンツ曲線と均等分布線との間にできる面積と、均等分布線より下の三角形の面積との比率のことである。（詳細　Appendix）

ジニー係数は、所得分布が完全に平等な場合は0に、所得分布が完全不平等の場合は1となる。

アメリカは、2008年の1人当たりGDPは、46,859ドルと世界1位であるが、所得の累進課税制やキャピタルゲインに対する税率が低く、ジニー係数は0.372（2004年）と高い。自由競争の国であり、自由、平等、博愛を掲げる国にしては、意外なことであるが、実際にアメリカは貧富の差の大きい国だということが分かる。

中国のジニー係数は、0.50（2010年10月）と社会主義を標榜しているにも関わらず、所得格差は大きい。内陸部の農民と、沿岸部の二次・三次産業に携わる人々との、所得格差が大きいことが問題であり、中国社会の不安定要素

第 1 節　経済学から見た職業と現代社会の問題

となっている。なおジニー係数は所得だけでなく、資産の保有高についても、求めることができる。こうした係数を算出するには、難しい知識はいらない。台形の面積が計算できれば求めることができる。日本でも、格差が拡大していると言われているが、ジニー係数等を算出することにより、実感としてよりも、具体的に数値として表すことができ、便利である。しかし、高齢化の進行や単身世帯の増加等の要因もあるので、ジニー係数の上昇をすべて、格差の拡大と見てよいのか、吟味する必要がある。

(5)　就職難への対応策──サーチの理論の概要
① 概　　要

はじめに最近の景気循環と就職率の関係を見る。次にサーチの理論について考える。

サーチの理論とは2001年のノーベル経済学賞を受賞したP.Diamondらによる、労働市場の分析である。労働市場では、求職者と求人企業がお互いにサーチを行った末にうまくマッチングすればよいが、うまくマッチングしない時には、労働市場の調整機能に摩擦が生じ、失業者と企業での欠員の双方が同時に存在することを説明する。就職難の時代においてはこのミスマッチを逆手に取る方法を説明する。

併せて日本特有の新卒者採用中心の問題について、他国の例と比較して、今後のあり方を考える。

② 景気循環と就職率

既に見たとおり、景気の良し悪しと失業率は相関関係がある。景気の良い時は、失業率は低くなるし、悪い時は、失業率は高くなる。景気が良いと、就職率は上がるが、景気が悪いと就職率は下がる。

サブプライムローン問題が起きて、2008年9月にはリーマンが倒産し、世界同時不況に突入した。表3-7は日本の経済成長率と失業率の関連を見たものであるが、日本もリーマンショックの影響を受け、2008年と2009年の経済成長率はマイナスとなり、失業率も上昇した。日本では、2008年に4.1%であった失業率が2009年には5.1%に上昇しているが、金融危機の震源地だったアメリカでは2008年に5.8%だった失業率が2009年には9.4%に跳ね上がっ

表3-7

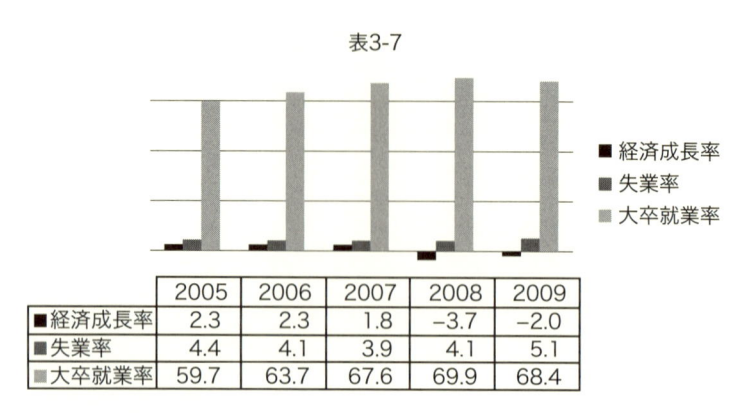

|  | 2005 | 2006 | 2007 | 2008 | 2009 |
|---|---|---|---|---|---|
| ■経済成長率 | 2.3 | 2.3 | 1.8 | −3.7 | −2.0 |
| ■失業率 | 4.4 | 4.1 | 3.9 | 4.1 | 5.1 |
| ■大卒就業率 | 59.7 | 63.7 | 67.6 | 69.9 | 68.4 |

出典：経済成長率、失業率については、日本総合研究所の『経済展望』による。
　　　大卒就職率については、文部科学省「学校基本調査」による。

ている。

### ③　サーチの理論の概要

　サーチの理論は2001年のノーベル経済学賞を受賞したP. Diamondの理論である。就職市場では個々の取引関係者がそれぞれ回を重ねて会い交渉する分権的な取引とみる。財の取引において、売り手と買い手がその価格を巡ってどう交渉するかを、労働市場に応用したものである。労働市場で求職者と求人企業がどういう取引を続けるかの分析である[3]。

　失業中の求職者が企業からの採用のオファーを受諾する最低の賃金額（留保賃金）を考えることからスタートする。失業者は留保賃金より高い賃金をオファーする企業が現れるまで、求職活動を続ける。留保賃金は求職期間が長くなるにつれて、低下すると予想できるが（生活が苦しくなるので）、失業保険制度があれば、失業者はさらなる交渉を続けるであろうから、留保賃金は低下しない。一方、企業側は、求職者がどのような資質を持っているかを見極めるには時間とコストがかかる。企業も次々に現れる求職者と交渉を続けながら、最終的に採用者を決定する。求職者と求人企業がお互いにサーチを行った末にうまくマッチングすればよいが、手間とコストがかかり、うまくマッチングしない時、労働市場の調整機能に摩擦が生じ、失業者と企業双方の欠員が同時に存在する。これは摩擦的失業、ミスマッチ失業、構造的失業と呼ばれる。そこで、彼らは失業保険手当よりも、再就職への再教育に資金を使うべきだと主張

第１節　経済学から見た職業と現代社会の問題

する[4]。

　新古典派経済学とケインズ経済学では失業者の概念が異なる。新古典派の理論は、失業が生じるのは、労働組合の力が強く、賃金が下がらないからだとする。市場に介入しなければ、均衡するという考え方である。一方ケインズ経済学の考え方は、市場が均衡しても、そこが、完全雇用の点ではなく、失業が発生する可能性があるので、その場合政府が介入しなければならないと考える。新古典派の欠点は、均衡する賃金が、生活をするうえで十分なレベルかどうかという視点が欠けていることである。

　なお雇用のミスマッチの事例としては次のようなケースが考えられる。
・名古屋の企業で求人があり、北海道に住む人が求職者の場合。
・司法試験合格者が法曹の分野で仕事を求めるが、空きがなく、一方で介護職員の求人がある場合。
・大企業への就職希望は多いが、中小企業への希望者が少ない。一方で中小企業の求人は旺盛である。

　現在、震災の復興需要と 2020 年のオリンピックの準備のための需要によって、人手不足が起きていると言われている。しかし、この人手不足も部門によって異なる。有効求人倍率を見てみると、建築関係の作業員に対する有効求人倍率は高いが、事務処理系の仕事に対する有効求人倍率は低い。

④　ミスマッチへの対応

　日本でも、産業構造の変化に伴い、企業と仕事を探す人の希望がかみ合わない「ミスマッチ」が拡大している。この場合は職種間の労働の移動も必要となる[5]。

　求職者や求人企業は、相手がどこにいるか分からないという問題に対しては、求人情報の共有、職業紹介が必要である。最近は民間の職業紹介会社のネットワークスキルも向上している。

　求職者の技能が不足しているから仕事にありつけないという問題に対しては、技能訓練、職業訓練が必要である。この点では、国や自治体から委託された民間組織の活用も考えられる。

　失業保険制度の充実よりも、技能訓練、職業紹介、ワークシェアリング、賃金支援、公共部門による直接雇用といった政策に重点を置いた方が、失業率は

下がるというデータもある。欧州における「積極的労働市場政策」の推進を重要とする見方もある。

　個人レベルでの対応としては、特に就職に関しては、ミスマッチを逆手に取ることも有効である。有効求人倍率の低い大企業よりも有効求人倍率の高い中堅、中小企業を狙うのも手である。ソニーは、もとは中小企業だったが、のちに大企業になった。中小企業の定義は表3-8のようになっており、小企業から大きな企業まで幅が広いのである。また、地元に根差した中小企業や、従業員をとても大切にする中小企業等を紹介している本（坂本2010）もあるので、参考に読まれるとよい。

表 3-8

| 業種分類 | 中小企業基本法の定義 |
|---|---|
| 製造業その他 | 資本金の額又は出資の総額が3億円以下の会社又は常時使用する従業員の数が300人以下の会社及び個人 |
| 卸　売　業 | 資本金の額又は出資の総額が1億円以下の会社又は常時使用する従業員の数が100人以下の会社及び個人 |
| 小　売　業 | 資本金の額又は出資の総額が5千万円以下の会社又は常時使用する従業員の数が50人以下の会社及び個人 |
| サービス業 | 資本金の額又は出資の総額が5千万円以下の会社又は常時使用する従業員の数が100人以下の会社及び個人 |

出典：中小企業庁サイト　http : //www.chusho.meti.go.jp/soshiki/teigi.html

　以前は、鉄鋼会社やJALは、花形企業で人気が高く就職の最難関企業だった。しかし、その後大きく変化したのは周知のとおりである。企業イメージよりもその企業の実態、将来性を知ることが大切である。

　また女性の場合は、女性を積極的に登用する企業を探すのも良いし、出産、育児等を考えれば、ワークライフバランスの保てる企業を探すことも良いであろう。

　グローバル化の中、日本企業より外国企業で、国内よりも海外での活躍を考えるのも良いであろう。自分のライフプラン、キャリアプランを考えて、就職活動に取り組むことが期待される。

　日本の新卒者偏重の採用が問題になっている。アメリカと日本との違いは大きい。アメリカでは規定どおり4年間で大学を卒業する者は全体の43％であり[6]、残りは留年者である。その間、企業やNPOでインターンをしたり、ボ

ランティア活動をしたりする。選挙運動の手伝いや海外留学をして経験の幅を広げる。オバマ大統領は、教会が運営するNPOに最初に勤務し、それからハーバードのロースクール（HLS）に通ったと言われている。大統領に限らず、大学を出て、いったん働いて、お金を貯めてからビジネススクール（BS）やロースクール（LS）へ行くケースが多く見られる。それが可能なのは、日本とは異なり、終身雇用が稀で、キャリアアップのために転職が可能な流動的な社会だからである。アメリカ企業では、1つのポストに要求される職務と職能がはっきりしており、同じことをやっているうちは、昇進もできない。またその能力がないとなると、契約は更新されない。

　たまたま自分の勤務している会社で、より上位のポストが空けば別だが、空きがない場合は、転職するほかない。日本の場合は、新卒一括採用で、終身（定年まで）その企業で働くという構造は、まだ健在なので、大卒一括採用はそう簡単にはなくならないと思われる。しかし、キャリアアップのための退職や、ライフワークバランスを改善するための転職というものは、徐々に起きている。

## 第2節　経営学から見た職業と現代社会の問題

(1) 経営組織と市場
① 概　要
　学生にとって経営組織についての知識は乏しい。この節では、組織とは何か、組織デザインの態様、組織と職務、組織と戦略との関連について説明する。また資本主義社会の発展に大きく寄与したと思われる株式会社制度の特徴は何かを学ぶ。また市場の役割についても考える。
② 組織という制度
　バーナードによれば、組織とは、共通の目標を有し、目標達成のために協働を行う、何らかの手段で統制された複数の人々の行為やコミュニケーションによって構成されるシステムであるとされている。
　人間が創ってきた家族、国家、企業などの制度の目的は、生活の質をより人間的で豊かなものにすることである。しかし、歴史を振り返ると、それは容易なことではない。企業組織を考える場合にも、制度としての組織を理解する必

要がある（鈴木 2006）。

　人間は個人としては、ごく限られた能力しか持たない。個人としての小さな能力を、組織を形成することによって大きなケイパビリティーに変えることができる。人は、1人では持ち上げられない石でも、2人なら持ち上げることができる。1人で歌うソロもあるが、複数の人で歌えば、ハーモニーというものが楽しめる。

　近代社会の物質的な豊かさは、近代の経済システムによって、もたらされた。市場、貨幣制度、株式会社制度、あるいは、資本主義経済、社会主義経済、これらは自然発生的に誕生したのだろうか。否、人間が作り上げた社会が、その活動の中で生み出したものである。近代資本主義の中では、市場と企業組織という制度が重要であると言われている（鈴木 2006）。

　すべての経済は、誰のために、どのような資源を用いて、何を生産するかの3つの問題に直面している。1節(3)–⑤で見たとおり、社会主義経済は、市場に頼らず政府がこの3つの問題に対応しようとして、実際にはうまく機能しなかった。市場と企業組織という制度は、この3つの問題を解決するために存在する。しかし市場が有効に機能しない取引や市場の失敗がある。その場合、組織による対応が必要となる。市場よりも組織内部の取引の方が有利な場合がある。

③　市場とは何か、市場機構と価格（ミクロ経済学）

　需要と供給の出会う場が市場である。この市場で財（商品）やサービスの値段がどのようにして決まるかを見てみよう。市場は、経済学では、「いちば」ではなく「しじょう」と読む。

　財やサービスの値段は、売り手が勝手に決めているのではない。需要（ある与えられた値段で買いたいと思う）量と供給（ある与えられた値段で売りたいと思う）量とが等しくなるように値段は決まる。市場とは売り手（供給者）と買い手（需要者）が出会う場のことである。例えば築地市場、労働市場、外国為替市場、証券市場、等がある。物理的な建物や場所を持っているものもあるが、外国為替市場のように、電話回線やインターネットでつながっているだけの市場もある。

　市場価格とは、市場で決まる価格のことである。市場のメカニズムとは、市

## 第2節　経営学から見た職業と現代社会の問題

場で価格の決まるプロセスのことを言う。また市場経済とは、財やサービスの価格の決定を市場に任せている経済のことである。

「財やサービスの値段は需要と供給が均衡する（過剰や不足が生じないよう）市場で決まる」という考え方は、経済の仕組みを理解する上で、重要な考え方のひとつである。そこで、次に市場のメカニズムの仕組みを解き明かす。ミクロ経済学では、市場のメカニズムが、いかにして限られた資源（労働、資金、天然資源など）を最適に配分する（市場経済は効率的である）かを、モデルを使って証明する。一方で市場は完全ではない。市場の不完全性がどんな不具合をもたらすか。市場が円滑に機能しない場合は、それを補うために、政府はいかなる役割を果たすべきか。こういうことを勉強するのが、経済学の一部のミクロ経済学である。

経済学を知らなくても、商品の値段（価格）が安ければ、たくさん買う気になるし、値段が高ければあまり買わないという感覚は理解できると思う。価格が変化するときに需要量がどのように変化するかを示したものを需要曲線（右下がり）という。商品を売る側は、価格が高ければ、利益が大きいので、低い時より多く売ろうとする。このように価格が変化すると供給量がどのように変化するかを示したものを供給曲線（右上がり）と呼ぶ。市場では需要量と供給量が一致するように価格が変動し、両者の均衡点（両曲線の交差するところ）で価格が決まると考える。人々は、価格という情報を見ながら、生産量や消費量を決める。

### ④　株式会社という組織

企業組織の中でも、株式会社が、いちばん数の多い企業組織である。学生が就職する企業の多くは株式会社である。そのうちで学生の人気が高いのが、証券取引所に株式を上場している上場企業と呼ばれる大企業である。

最初の株式会社は、1602年に設立されたオランダ東インド会社である。株式会社の特徴としては、以下のようなものある。

・投資家の有限責任（責任の範囲が出資額）

責任の範囲が出資額に限られる。会社が損失を出しても、出資者の責任は、出資額の範囲に限られるということである。

・大勢の投資家から資金を集めることが可能。

株式を発行して資金を集めるので、大勢の投資家から資金を集めることが可能となる。株主の人数に制限はない。

・投資家の利益の譲渡可能

従来、各自が出資をして貿易を行う場合、一度の貿易が終わるごとに、出資額と利益を分配することができたが、株式会社になると、いちいち、分配しなくても、株式を第三者に譲渡することにより、出資額と利益を得ることができる。そこで、株式市場には、株式を発行する発行市場と、その株式を売買する流通市場とがある。いずれも証券会社が仲介して取引を行う。東京の兜町には、東京証券取引所があり、ここで新規上場のセレモニーや、発行済みの株式の売買がコンピューターによって行われている。各証券会社が取引所の会員になっており、顧客からの売り買いの注文を取引所につないで、売買が行われる。まさに、証券市場なのである。

・法人格

株式会社に法人格を与えることにより、個人と同様に行為能力をもつことができるようになった。

・永続的な成長をめざす組織

1つひとつの貿易や取引ごとに組織を解散し、出資額と利益を分配する必要がなくなり、出資者が株式の譲渡によって代わっても、株式会社としては、永続的に成長し、存続する。

・所有と経営の分離

当初は出資者が株式会社の経営にあたっていたが、株主の数が増え、規模も大きくなると、経営の専門家が会社の経営を行うようになった。経営者が必ずしも株主でなくなり、所有と経営が分離された。現在の大企業の社長は、少数の株式を持っている場合もあるが、決して会社を所有するほどの大株主ではない。

株式会社を必要とする背景には、企業を取り巻く環境の変化があった。例えば、鉄道事業や、鉱山開発などのように、事業を始めるのに莫大な資金を必要とするものが出てきた。個人的出資者が何人かで資金を出し合って事業を始めるというわけにはいかなくなったのである。

## 第2節　経営学から見た職業と現代社会の問題

・簿記・会計の必要性

　大勢の人から資金を集めるとなると、その企業の財政状況がどうなっているのか、利益が上がっているのか、いないのかを投資家に説明する必要が生じる。そこで、企業の財政状況を示すために簿記や会計が重要になった。現在はさらに、IR（Investors Relation）が重要になっているが、これは出資者に企業の収益状況や事業計画を説明し、企業に投資を続けてもらうこと、新たに投資をしてもらうことを目的にしている。

⑤　企業組織のマネージメント

　企業組織を見る際に2つの視点がある。1つは組織メンバーの視点であり、もう1つは組織を管理しているメンバー（経営者）の視点である。さらに加えれば、組織を外部側から所有している株主の視点である。

　組織をどのようにマネージメントしたらよいかという経営者の視点から、組織管理に関する研究が進んだ。1910年代の科学的管理法、能率推進運動であった。1920年代から30年代にかけての、大量生産方式の確立および新たな課題としての組織管理が研究された（鈴木2006）。

　また戦後、経営環境の大きな変化に対応するための企業戦略とそれを実行するための組織が研究された。チャンドラーの「組織は戦略に従う」という言葉は有名である（チャンドラー1962年）。当時企業の成長戦略といえば、多角化と地域的な拡大であった。企業の多角化戦略によって、組織は集権化か分権化か、職能別か事業部制か、あるいはその組み合わせ（マトリックス）か、というレベルで認識されるようになった。

　組織構造といったハード面だけではなく、組織を有効に活用するには、従業員に共有された価値観や行動パターンの分析—企業文化論も重視されるようになった。

　組織論の生みの親としては、バーナードの理論があげられる。バーナードは、個人の限界を超えるために、組織という装置を利用すると考える。個人は個人の目的を追求し、組織は組織の目的を追求し、この2つが合致するように、マネージすることが重要であるとした。

⑥　組織成立の要件

　相互にコミュニケーションできる複数の人間の存在と、彼らの目指す共通の

目的の存在が必要である。組織のメンバーは、共通の目的のために、彼らが何らかの貢献をしようという意識を持っている。

　企業は、われわれのニーズを満たす製品とサービスの生産の場であり、人々がそこで働いて給料や賃金を貰う場でもあり、また1人ひとりの労働者としての創造性を発揮する場でもある。人々は働いた結果に対する相応の賃金および誇りを要求する。経営者は、これらを実現するために経営にあたる。経営者に必要なリーダーシップの真価は、組織内の個人を1つの方向に統合することであり、それは個人の動機を満足させることなしには不可能である。

⑦　組織のデザイン

　主な組織の構造を簡単に見ておこう。

　安定的で単純な環境下では、企業組織はトップに権限を集中させた中央集権的な職能別構造をとる（図3-3(a)）。やがて業務量が増加し、複雑性も増加した状況では、組織の活動部門を分化する。

　多角化戦略によって競争力を維持しようとする場合には、事業部制組織（図3-3(b)）になる。この場合も、地域別事業部制と製品別事業部制、両者のマトリックス構造の組織がある。また多国籍企業(MNC)の誕生により組織構造として、トランスナショナル型モデルも現れた。

　なお、株式会社の組織は図3-4のようになっている。取締役の選任など、重要な項目は株主総会において決定される。ここで、重要なのは、議案に賛成の人が何人いるのかではなく、何株株式を持っているかである。たとえ、1人対99人でも、その1人が発行株式数の過半数を持っていれば、その1人の意見が、株主総会の決定事項となる。

　企業内の人事の階層は図3-5のようなピラミッド形になっている。新卒で就職すれば、誰しも、初めは一般職員からスタートする。日本の場合、トップマネージメントの社長も、一般職員として入社し、このピラミッドの階段を上ってきた人であった。最近は、サントリーのように社長が、他の企業のトップから引き抜かれたり、武田薬品工業のように、外国人の社長が、いきなりトップに就くケースも出てきている。

第2節　経営学から見た職業と現代社会の問題

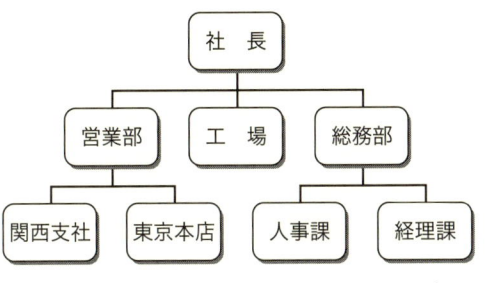

```
            社　長
     ┌────────┼────────┐
   営業部    工　場    総務部
   ┌─┴─┐           ┌─┴─┐
 関西支社 東京本店   人事課 経理課
```
(a)　職能別組織（Functional Organization）

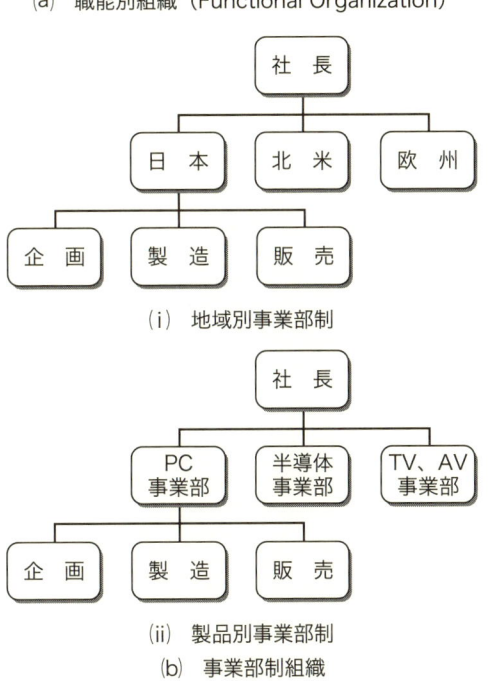

```
            社　長
     ┌────────┼────────┐
    日本      北米      欧州
   ┌─┼─┐
  企画 製造 販売
```
(i)　地域別事業部制

```
            社　長
     ┌────────┼────────┐
    PC       半導体     TV、AV
   事業部    事業部     事業部
   ┌─┼─┐
  企画 製造 販売
```
(ii)　製品別事業部制
(b)　事業部制組織

図 3-3
出典：（鈴木 2006）、（日本経済調査協議会編 1976）を参考に作成

(2)　なぜドラッカーが見直されるのか―X 理論と Y 理論
① 「もしドラ」の世界

「もしドラ」で再び有名になったドラッカーの考えに触れ、なぜドラッカーが見直されるかを考える。人間性を重視した経営が大切であることに人々が、

第 3 章・職業と現代社会

図 3-4
出典：筆者が作成

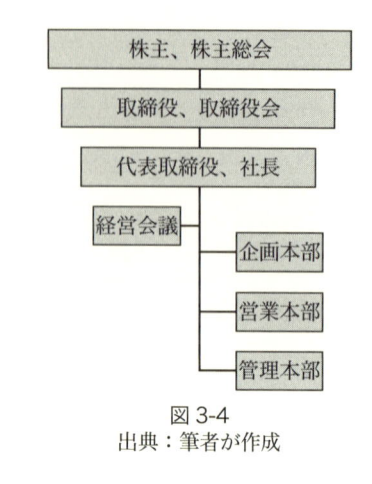

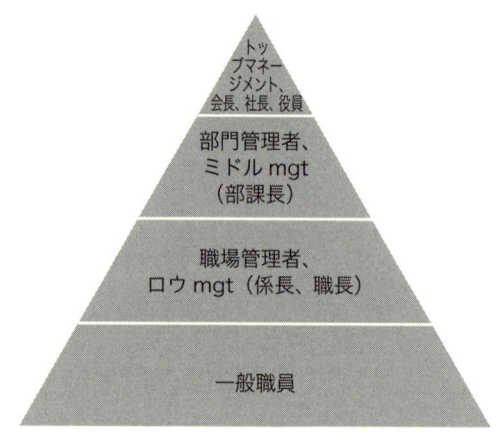

図 3-5
出典：筆者が作成

気が付きはじめたからではないだろうか。
　「もし高校野球部の女子マネージャーがドラッカーの『マネージメント』読んだら」（岩崎 2009）といった長いタイトルの小説が人気を呼び、映画化もされた。話の内容は、受験校でもある公立高校の野球部のマネージャーになった川島みなみは、ふとしたことでドラッカーの経営書『マネージメント』に出会う。みなみと親友夕紀、そして野球部の仲間が、このドラッカーの教えをもとに、力を合わせて甲子園を目指す物語である。

## 第２節　経営学から見た職業と現代社会の問題

　マネージャーとは、支配人、経営者、管理人、監督などと訳される。ドラッカーは、マネージャーの重要な資質として、次のように述べている。人を管理する能力、議長役や面接の能力を学ぶことはできる。管理体制、昇進制度、報酬制度を通じて人材開発に有効な方策を講ずることもできる。だがそれだけでは十分ではない。根本的な資質が必要である。それは真摯さである、と。最近、企業の不祥事が起きるたびにガバナンスの問題が取り上げられているが、経営者は「真摯」であることが、やはり一番大切なのである。

　次にドラッカーによれば、経営者は、われわれの事業とは何か、という問いに答えることが重要である。あらゆる組織において、共通なものの見方、理解、方向づけ、努力を実現するには、『われわれの事業は何か、何であるべきか』を定義することが不可欠であると、ドラッカーは述べている。そこで、小説の主人公のみなみは、野球部とは何かを定義づけ、それは、単に野球をすることではなく、野球部の部員、学校関係者、観客、そして高校野球に関連するすべての人に感動を与えることだという結論に達する。

　企業の目的と使命を定義するとき、出発点は１つしかない。それは顧客である。顧客によって事業は定義される。顧客が財やサービスを購入することにより、満足させようとする欲求によって定義される。

　次に企業の目的をドラッカーは問う。企業の目的は顧客の創造である。したがって、企業は２つの、そして２つだけの基本的な機能を持つ。それはマーケティングとイノベーションである。この２つだけが、成果をもたらす。

　マーケティングとは、「われわれは何を売りたいか」ではなく、「顧客は何を買いたいか」を問うことである。顧客はどこにいるか、何を買うかを知ることである。

　企業が存在しうるのは、成長する経済のみである。そのためには、イノベーション、すなわち新しい満足を生みだすことが重要である。既存の製品の新しい用途を見つけることもイノベーションであり、新しい工程の開発や新しい製品の発明に劣らないイノベーションである。経済的、社会的なイノベーションは技術のイノベーション以上に重要である。

　ドラッカーによると、マネージメントは、生産的な仕事を通じて、働く人たちに成果をあげさせなければならない。彼らに「働きがい」を与えるには、仕

事そのものに責任を持たせなければならない。そのためには、①生産的な仕事、②フィードバック情報、③継続学習が必要である。また専門家にはマネージャーが必要であるとも言っている。

・仕事を生産的なものにする4のポイントは、以下のとおりである。
(i) 分析―仕事に必要な作業と手順と道具を知らなければならない。
(ii) 総合―作業を集めプロセスとして編成しなければならない。
(iii) 管理―仕事のプロセスの中に、方向づけ、質と量、基準と例外についての管理手段を組み込まなければならない。
(iv) 道具

　ドラッカーは、企業とは何かも問う。企業は営利組織ではない。利益は個々の企業のとっても、社会にとっても必要である。しかしそれは企業や企業活動にとって、目的ではなく条件である。企業の目的の定義は1つしかない。それは、顧客を創造することである。それゆえ、マーケティングとイノベーションが重要である。

　マーケティングは顧客を理解し、製品とサービスを顧客に合わせ、おのずから売れるようにすることである。イノベーションとは、新しい満足を生み出すこと。企業が存在するのは成長する経済、あるいは変化を当然とする経済だけである。イノベーションの結果もたらされるのは、より良い製品、より多くの便利さ、より大きい欲求の満足である。

　顧客の創造という目的を達成するには、企業の管理的機能と生産性についても考えなければならない。富を生むべき資源を活用しなければならない。資源を生産的に活用する必要がある。これが企業の管理的な機能である。この機能の生産的な側面が生産性である（ドラッカー2001、19頁）。生産性の影響を与える要因としては、①知識、②時間、③製品の組み合わせ（プロダクト・ミックス）、④プロセスミックス、⑤自らの強み、⑥組織構造の適切さ、があげられている。

　② マネージャーはなぜ存在するか
　企業は社会（市場）との関わりの中で生きており、そのやり取りの巧拙で存続が決まると言われている。ドラッカーによると、マネージャーの第一の役割は、投入した資源の総和よりも大きなものを生み出す生産体制を創造すること

第 2 節　経営学から見た職業と現代社会の問題

である。これは第 1 節で示した資本主義の図式、資本❸＞資本❹の構図と一致する。

　企業は人の集団組織である。事業と組織を上手に運営するのがマネージャーである。

　事業のマネジメントとは、企業は何をしたいのかを明示して組織のメンバーが何をすべきかを共有することである。ドラッガーはマネージャーの具体的な仕事として、①目標を設定する、②組織する、③動機づけとコミュニケーションを図る、④評価の測定をする、⑤人材を開発すること、をあげている。

　戦略と組織については、2 節(1)⑤で見たが、戦略とは「組織としての活動を長期的な基本設計図を、市場（顧客）との関わり方を中心に描いた構想」であり、成長戦略、多角化と地域的拡大がある。ここでは、戦略とは、目的を達成するために、何をどうするかを明示するものである。企業は戦略を立て、これを実行する。そのためにマネジメントとマネージャーが必要なのである。

　人と労働とのマネジメントの仕方、リーダーシップの発揮の仕方については、諸説があるが、ここでは、マグレガーの X 理論と Y 理論（マグレガー 1966）について見ておこう。

　X 理論は、人は怠惰で仕事を嫌うとして、強制しなければならず、自ら責任を負うことのできない存在であると考える。これに対し、Y 理論は、人は欲求を持ち、仕事を通じて自己実現と責任を欲すると考える。ドラッカーは、「働きがい」を与えるには、仕事そのものに責任を持たせなければならない、としている。実際には、状況に応じて使い分けているのかもしれないが、今求められるのは、人の強みや自主性を生かし、人を大切にするマネジメントではないだろうか。

⑶　経済のグローバル化と職業 ― 必要な基礎力とは
①　グローバリゼーションとは何か

　グローバリゼーションとは、一言でいえば、人、物、金の移動に国境がなくなることである。より広く解釈すれば、人、物、金に加え、文化、宗教に国境がなくなることが含まれる。人の移動の自由に関しては、ビジネスや観光で国境をまたいで、人々が出入りすることは、比較的に自由になっているが、移民や労働力として入国することに対しては、いまだ自由ではなく、国境がある。

最初にグローバル化に向かったのは、物の移動である。すなわち、貿易の自由化である。貿易の自由化というのは、お互いの国同士、輸入品に関税をかけないようにすることをいう。関税とは、自国産業を保護するために、輸入品に対して税金をかけることである。日本は国内で生産されるコメの生産価格が輸入米の価格よりはるかに高いので、輸入米に1キロ当たり341円という高い関税をかけることにより、国内のコメ農家を保護している。反対に日本の自動車は、価格面でも性能面でも米国の自動車に比べ優位にあるため、米国は日本の自動車に対し関税を課している。現在、注目されているTPP（環太平洋戦略的経済連携協定）は、参加国間で関税の撤廃を含む経済協定である。やはり日本は、農業をどのように守るかということが焦点となり、協議が難航している。海外から安い農産物のような食料が入ってくることは、消費者にとっては良いことであるが、食料を海外に一方的に頼ることの危険（食料の安全保障）の問題や食の安全の問題もあり、引き続き議論が必要であろう。

また円高が進行した際は、国内で生産すると、対外競争力がなくなるため、人件費の低い中国やアセアン諸国で現地生産をする動きが日本企業の間で広まった。これにより、国内産業の空洞化が問題になった。日本企業が海外で生産するようになると、日本にある工場は閉鎖され、雇用も減少してしまう。

人口減少時代に突入した日本では、国内市場の規模的な成長は見込めず、成長のためには世界の市場を取り込む必要がある。こうして食品や衣料品の企業までが、人口の増加と経済成長が見込める東南アジア地域に進出している。

ユニクロは、2012年に新卒の約8割に当たる1,050人の外国人を採用するということで話題になった。また店舗のある中国、韓国、欧米が対象で、日本人の新卒同様に本社の管理職コースへ本格的に道を開くとしている[7]。以下、日経新聞の記事の内容である。

若手のグローバル採用を本格化して新興国などの市場開拓を加速させ、人材面から国際競争力を底上げすることを目的としている。2011年8月期に108店舗の国内外の出店数を早期に年300店舗ペースに増やす計画であり、大半は海外で展開する。このために外国人の大量採用に踏み切ることにした。

ユニクロでは、待遇や人事考課は原則統一し、社内競争を促す。これまで日本人を中心とする新卒採用を原則、ユニクロ店舗に配属し、最短半年で店長に

## 第2節　経営学から見た職業と現代社会の問題

昇格。その後複数店を管理するスーパーバイザーや人事、生産などの担当を経て経営幹部を目指すキャリアのほか、大型店を担当する上級店長に任命してきた。新卒の外国人は地元の店長などを経て、国外でも店長を経験させ、その上で、現地法人や本社で管理職が務められる人材を育成する。

　外国人の大量採用に先立ち、日本人のユニクロ店長や本部の管理職の約900人全員を海外派遣する人材育成策を始める。将来的には、国内店舗（825店舗）の20～25％は外国人が店長を務める見通し。現在、国内825店舗に対し、海外150店舗である。現在10％の海外売り上げを4～5年後には50％にもっていくというドラスティックな計画である。

　海外進出企業は、日本から経営幹部を派遣したり、現地で中途採用したりするケースが主流だったが、急速な海外展開をする中、幅広いパターンで組織のグローバル化を進めている。こうした企業が増えると、国内の就職戦線にも影響が出てくる可能性がある。

　他の主な外国人・海外経験者採用の動きとしては、外国人採用枠を拡大したソニー、東芝、日立製作所、楽天、タカラトミーなどがある。楽天は社内の会議を英語で行っている。

　現地でも採用の説明会を行っている企業としてはIHI、三菱重工業、現地人材の能力開発に力を入れている企業としては、三井物産、武田薬品工業があげられている。

　2009年度に本社の新卒採用で外国人（国内外の両方の卒業生）を採用した企業は71.8％に上っている（2007年は60.7％）。しかし新卒から外国人を大量に採用する企業はまだ少ない。

　業務の国際化や知識産業化の進展を考慮して、高度外国人材に対するニーズは拡大している。国籍、男女の違いに関係なく優秀な人材を確保する動きは、入社後の育成、処遇、雇用管理にも変革を求め、大学教育にも影響を及ぼすとされている。

　採用のルートとして、現地での採用のほか、国内大学などの留学生からの新卒採用も行われている[8]。海外大学などからの新卒採用の歴史は古く、旧三井銀行では1980年代後半から実施していたほか、プロジェクトファイナンスや金融工学の専門家の中途採用も行っていた。

最近では、武田薬品工業で外国人の社長が誕生している。また銀行でも外国人の執行役員が誕生しており、グローバル化した企業では、こうした動きが今後も続くものとおもわれる。

② グローバル化の中で求められる能力

若者の内向き思考―海外で働きたいと思わないという新入社員の比率が2010年度は49%と2001年比20%上昇していることが報道された。日本のほうが安全で、生活水準も高いという事実が若者を内向き姿勢にしているとも言える。

グローバル人材の定義は、2012年の厚生労働省の「雇用政策研究会報告書」によれば、「急激にグローバル経済の伸展する中、海外事務所勤務は勿論、国内勤務の場合であっても、海外企業との関係は避けて通れない場合が多いことから、勤務地に関係なくグローバルな視点を持って仕事をして、成果を出せる人材」としている。

グローバル人材として求められる能力とは、実際にはどういうものであろうか。ある程度の英語力がないと、海外での活躍は難しい。一方で、英語ができても仕事ができない人と英語は不十分だが仕事はできる人がいる場合、企業としては、むしろ後者を海外要員として選ぶ可能性は高い。英語は、現地で使うことによって上達するが、仕事上の能力は持って生まれた要素もあり、簡単に向上しない可能性があるからである。もちろん、英語力もあり、仕事力もある人が最適であることには変わりはない。

グローバル化の中で求められる能力とは、一般に「社会人基礎力」として、前に踏み出す力、考え抜く力、問題解決力、専門性、チームで働く力、異文化理解があげられているが、コミュニケーション能力の向上、自ら考える力や語るべき内容を持っているかが問われる。英語力のほかに、こうした力を身に付けることが望まれる。意欲、知力、人間性のすべてが問われるということになる。

学生にとっては、英語力の強化、異文化コミュニケーションの強化が望ましい。そのためには、留学もひとつの手段である。各大学でも、海外の大学と提携して、留学生の交換を行っている大学が多い。また経団連が留学の学生に奨学金を提供する動きがあるにも関わらず、日本から海外大学へ留学する人数は減少している。2008年の海外留学者は6万4千人と2004年のピーク比2割

第2節　経営学から見た職業と現代社会の問題

減少している。百聞は一見に如かずということわざもある通り、留学や海外旅行が世界は広いということを認識する良い機会になると思われる。

③　語学力アップの方法

英会話学校に行くのもよいが、筆者の勧める一番、廉価で確実な方法は、NHK の「ラジオ英会話」や「基礎英語」を自分の能力に合わせて、毎日聞くことである。テキストは 460 円程度で後は、スマホがあればラジオ放送を毎日聞くことができる。継続は力なりである。そして一定期間インテンシブにやることも大切である。また英語のほかに、もう 1 つ日常会話のできるような外国語を学ぶことも薦めたい。日本の学校での英語教育が長くやっても成果が上がらないのは、読む、聞く、話す、書く、文法をそれぞれ別々に教えているからである。その点、「ラジオ英会話」はこれらを同時にやるので、総合的に身に付くのである。

⑷　企業文化と企業内の人間関係

①　概　要

就職先を探すにあたり、給料以上に重要なのはその企業の持つ文化と企業内の人間関係である。いくつかのケーススタディーをもとに、この問題を考える。

就職に際して学生が注目する点は、職場の雰囲気、企業文化である。企業の文化を知るうえでは、会社案内だけでなく、先輩を訪問して教えてもらうことが重要である。もちろん、職場の雰囲気は、企業としてよりも、その部の部長なり課の課長なりのマネージメントタイプによっても異なるが、企業文化は、その企業の伝統の他、社長の考え方が影響する確率も高い。

②　企業合併によって企業文化はどう変わるか

筆者自身、在職中に二度の合併を経験した。一度目は、1992 年 4 月　三井銀行と太陽神戸銀行の合併である。この合併では、タスキ掛け人事等、対等合併を意識し過ぎたと一般には言われている。2001 年 4 月さくら銀行と住友銀行の合併は、その教訓が生かされ、人事制度や組織はベスト・プラクティス（その時行われている最良と思われる方法）でという発想で行われた。企業文化は異なる部分もあったが、新しいベクトルが誕生し、自然と企業文化の融和が行われているようである。頭取自身が、女性を積極活用する企業を標榜しており、また営業面でも、ドラッカー風に顧客を大切に、何を売りたいかではなく、何

を顧客が必要としているかに力点を置いてきているように見える。

一方で、合併すると社員数が増えて、ポストや仕事の競争がより厳しくなりかねない。また企業文化の違いに驚くことも多い。

実際に合併を経験した玩具会社の商品開発担当の女性の話によると、まず両社の仕事の仕方の違いに驚いたとのことである。しかしもともと別の会社でも、意見をぶつけ合えば、やがて理解し合えると前向きである[9]。

ここで、なぜM&A（Merger and Acquisitions－合併・買収）が行われるか見ておこう。新聞記事を毎日見ていると必ずやM&Aの記事が出てくる。2014年7月には、国内飲料メーカーの最大手の一社であるサントリーが、アメリカの蒸留酒大手の「ビーム社」を1兆6500億円で買収した。この買収資金のファイナンスを都銀が一行で取り扱ったことも話題になった。

企業にとってM&Aを行う目的は、国内市場の縮小に対処するためという消極的なものもあるが、反対に市場拡大を目指して、海外企業を買収する場合もある。M&Aは2節(1)で学んだ企業戦略の1つである。自社自ら、子会社を設立して海外に進出することもできるが、M&Aの場合は経営陣や労働力、営業権を即座に取得できるし、手続き的にも株式買い取り契約を通じて、比較的簡便に行うことができるというメリットがある。デメリットとしては、このような包括的な所有権の移転の結果、思わぬ不良資産を抱えることがある。買収価格の算定（いくらでその企業を買収するかの算定）も慎重に行う必要がある。合併では1＋1＝2ではなく、1＋1が3になるようなシナジー（相乗）効果が必要である。市場を拡大することにより、生産量も増えることになり、規模の利益を得ることができるし、原料の仕入れに際しても交渉力が増し、より低い価格で仕入れることができるようになり、市場での競争力が増す。

③　実力主義の弊害

実力主義が行き過ぎると、ワークライフバランスの維持が難しくなる。日本の企業の職務を限定しない曖昧な仕事の体系にも原因があるが、文化的な面の影響もあるのであろう。日本の企業文化は、日本独特の「家の制度」を習ってつくられており、家の発展、会社の発展のために、個人を犠牲にする文化があるという説もある。

なぜ、南欧の国では休暇を1か月もとれるのか、などは文化の違いに根差

## 第2節　経営学から見た職業と現代社会の問題

しており、そう簡単に解決しない問題であろう。そこで、筆者自身も会社人間として過ごしてきた経験から伝えることのできるのは、次のようなことである。まず、健康は自分で管理するものであり、自分で自分をコントロールすることが大切である。深夜残業を続ければ、能率は落ち、健康状態も悪くなり、企業にとっても、個人にとっても望ましいことではない。ただし、企業では、時間が勝負の場合もあり、こうした場合は徹夜をすることもある。しかし、それが常態化するのは、能率の面等を考えると好ましいことではない。

次に、自己研鑽を続けることの大切さについて述べたい。自己研鑽は企業のためだけではなく、自分自身の能力を高めるためのものでもある。また仕事を効率的に行うように常に工夫をすることも大切であり、そのためには仕事の段取りを良くすることが必要である。一方で、会社も上司も、部下の役割や職務を明確にし、部下が効率良く仕事を進めて、早く帰ること、リフレッシュすることに注意を払うべきである。こうしたことを率先している社長のいる伊藤忠商事の事例が紹介されたが、一歩先を行っている企業だと思う。古い経営者ほど、時間をかければ、良い仕事ができるとか、マグレガーのＸ理論だけに頼って、部下に発破をかければ成果が上がると思っているが、時代は変わりつつある。

最後に趣味を持つことの重要性を提起しておきたい。仕事に行き詰った時など、いくら考えても、デッドロックに陥ることがある。そうした時に、趣味を持っていると、精神的な負担を軽減することができるし、新たに問題に取り組む気持ちにもなれる。

ただ商社マンや銀行マンの働き方が、猛烈なのは事実である。筆者も全盛期には、今日は中東、明日はパリと各地を飛び回る経験をした。しかし当時疲れはあまり感じなかった。若さと好奇心のお陰だと思う。銀行や商社のトップに昇り詰める人は、高齢になっても、信じられないくらいに健康で、世界をまたにかけ、分刻みのスケジュールをこなしている。企業のピラミッドを駆け上がるためには、優秀なだけではなく、並外れた健康と体力が必要なようだ。

④　日本企業の特質

日本人の特質は集団主義と思われてきた。「経営家族主義」「日本的経営」と呼ばれる。働いている人々は、職場への忠誠と引き換えに、そこでの人間関係を通じて技能を形成して、仕事上の問題を解決していた。しかし、このスタイ

ルが崩れつつある。
　（石田 2009）は、職場で形成されるフォーマル、インフォーマルな人間関係がどのような特質を持ち、さらにそれが働いている人々にどのような影響を与えるかを「集団的アプローチ」を採用して追究してきた。
　日本企業は、一方で高機能集団と称賛され、他方で会社人間、没個人的な人間と揶揄された。ところがバブルの崩壊以降、この社会の強みを支えてきた集団的な傾向に揺らぎが見られるようになった。既に見たように、終身雇用システムや年功制が見直され、また企業内の福祉も撤廃されつつある。こういう状況では、職場内の諸個人が職業生活に必要な人間関係を自らの手で再編していく必要がある。この場合、従業員が個々人を単位として、自らが職場内外に保有する仕事上の人間関係に着目する「ネットワーク・アプローチ」が有効となる。
　（石田 2006）の研究によれば、表面的には、企業は従業員の囲い込みを解き、従業員は組織の論理よりも自分の意思を重視するようになってきたが、自らが職場外で関係を作れない場合、かえって上司の権限は強まるという興味深い結果を示している。

### (5) 企業における人事考課とは
#### ① 人事部の仕事の内容を知る
　人事制度の歴史的な変遷、日本企業の特色は、2章4節(2)で見たが、ここでは、人事部の仕事の内容や最近の企業の人事評価制度のポイントを学ぶ。企業の人事考課について学べば、採用においても、企業はどういった人材を欲しているかを理解することができる。
　まず人事部の仕事としては、次のようなものがあげられる。（　）内は、企業によってその呼び名は異なるが、人事部内のグループの名前である。
・（人事部採用グループ）新人の採用から、研修、配置を担当する。
・（人事企画グループ）まさに人事制度構築、給与体系の整備、人件費予算の策定を行う。
・（人事部研修所）社員の資格別、職能別の研修計画やプログラムを策定し、実際に研修を行う。
・（人事グループ）社員1人ひとりの人事考課、昇給・昇格および、人事異

## 第2節　経営学から見た職業と現代社会の問題

動を行う。企業によって、人事部が権限を持つのか、各部門の長が人事権を持つのかは異なる。職務資格制度では、人事考課を行わないと、昇格、昇給が決められない。そこで、年に最低一度の人事評価が必要となる。

・(人事部厚生グループ) 社員の福利厚生を担当する。
・(人事部事務グループ) 給与計算等の事務を行う。
・(人材開発グループ) 定年退職者のライフプラン、再就職先の斡旋を行う。

このように、人事部は入社から退社までの社員の処遇を考える部署である。

② 人事制度と経営

人事制度の目的は、経営理念、経営戦略の実現にある。例えば、グローバル競争に対応できる経営体質の強化を経営理念として社長が決定すれば、人事制度はこうした理念を反映したものでなければならない。

人事部は人事評価に基づき、社員1人ひとりの処遇の決定を行う(給与、賞与、退職金)。そのポイントとなるのは、どういう職務でどれだけの成果をあげたかという顕在能力と、どれだけの実績をあげることができるか、どういう職務遂行能力を身に付けているかという潜在能力の両面の評価である。また、人事評価に基づき、どういう職務に向いているかの適性も判断する。

③ 処遇、評価体系

人事の評価体系は、職種体系―総合職、一般職、システム職―によって異なる。人事評価は、職階別、職務等級制度に基づき、各職務に求められる成果責任を明確にして、職務評価と実績評価を行う。例えば、経営職階、管理職階、一般職階といった職階に分けて、どういう職務でどれだけの成果をあげたかが評価される。さらに人材評価―職務適正診断と実力評価(コンピテンシー)が行われる。職階の役割期待は各職階によって当然異なる。例えば、経営職階の役割期待は、経営を担う立場から、高度のマネージメント能力と高度な専門性の発揮が期待できること、管理職階の役割期待は特定の分野で高い専門性と十分なマネージメント能力の発揮が期待できること、一般職階の役割期待は担当者として、業務の遂行と能力開発が期待されること、のように設定される。

④ 評価基準

職務に対する評価は、職務に求められる成果責任とその職務の大きさによって評価する。実力評価の要素の例としては、問題解決力、情報収集力、対人理

解力、分析的思考力、企画力、決断力、対面影響力、リーダーシップなどである。リーダーシップとは、組織の目標や方針に従って、部下や後輩を取りまとめていく行動力のことである。

　これらの評価の結果が一定の基準を満たすと、昇給、昇格する。

　トヨタやキヤノンのようなグローバル化した企業では、グローバル人事をどのように進めるかが課題になっている。日本のように、終身雇用を前提とした雇用と、アメリカの職務を中心とした雇用制度を統一することは難しい。そうした中でも、世界共通の社員格付け基準を設定しようとする企業は現れる。2節(3)で見たユニクロなどがその例である。

　どの企業にも人事運営の基礎となる社員格付けは存在する（ヘイグループ2007）。日本企業では、2章4節(2)で見たように長い間、職能・資格給制度が取り入れられてきたが、最近では職務をベースとした等級制度が導入されている。グローバル人事を行う上では、まず幹部職員について、グローバルな等級制度をつくる必要がある。あのポストの椅子は何等級で報酬はいくらという設定になる。

　なお人事考課をする上での注意事項としては、評価する者に対し、評価者訓練を十分に行うことである。またハロー効果（坊主憎けりゃ、袈裟まで憎い）、とか中央化傾向（全員が中位の評価になってしまう傾向）にも気を付けなければならない。

　人事評価に際しては自己申告書の作成、面接、フィードバックを行うことにより納得性を高めることが重要である。

## 第3節　多様な働き方

(1)　フリーターとは

①　フリーターという言葉の意味

　働くといっても、さまざまな形態がある。正社員、準社員、契約社員、派遣社員、フルタイマー、アルバイト等である。学生の中にも、アルバイトをしている人はいる。勉学との両立が必要であるが、アルバイトを通じて、職業のこと、社会のことを学んでいる意義も見逃せない。

## 第3節　多様な働き方

　フリーターとは、リクルートの生み出した言葉であり、リクルート社のアルバイト誌「フロム・エー」で紹介された（立石 2006）。自由、フリーという英語と働く、労働者、アルバイターというドイツ語の合成語である。1980年代後半から卒業後も就職をせずに、学生時代のアルバイト生活を延長する若者が増えはじめ、定職を持とうとしない若者たちに「フリーター」なる称号を与えた。働く意欲はあるが、社員等が受ける組織の拘束を嫌い、自由な勤務形態にこだわる者も多かったし、役者志望の人、ミュージシャンを目指している人が、生活のために、フリーターをやっている場合もあった。

　フリーターが誕生した背景には産業構造の転換という側面もある。サービス業においては、正規労働者の比率が低くなる。社会が発展し、ペティー・クラークの法則により、サービス産業が盛んになると、非正規の社員が多くなる。

　1980年代後半、日本はバブル経済に浮かれていた。土地、株価が上昇を続け、不動産投資等で一攫千金を夢見て、真面目に働くことや勤勉であることが、軽視されるようになった時代であった。株価や不動産価格が上昇し、多少の株を持っている者も、豊かになったかのように勘違いをした。土地はずっと値上がりするものという「土地神話」は銀行や企業の行動にも変調をもたらし、不動産融資や財テクのための貸し出しが急速に増加した。後に、土地の価格、株式価格の下落は、銀行の不良債権を生み出す原因となった。

　バブルの時代は、就職市場も学生の売り手市場だった。多くの企業は、内定の決まった学生を旅行に連れて行ったりして、他社を受けさせないようにした。バブル期は経済成長がいつまでも続き、「働き口」はいくらでもあると思われていた。そうした中で、焦って就職して後悔するよりも、自分に合った仕事が見つかるまでフリーターをしながら、自分探しの旅をしたいと考える若者もいた。何が自分に合った仕事なのか分からないので、フリーターでいろいろな仕事を経験してみたいという気持ちは理解できなくはないが、自分に合った仕事などは、なかなか見つかるものではなく、与えられた仕事をこなし、工夫をしていくうちに自分に合った仕事になっていく側面もある。

　「すし職人次郎」で有名になった小野次郎は、NHKの「プロフェッショナル」という番組の中で次のように述べている。自分は、小さい頃に料理屋に奉公に出され、成人してやがて寿司職人になった。好きな仕事を探すのではなく、与

えられた仕事をこなしていくうちに、それを自分に合ったものにしていくのだと。小野氏は85歳を過ぎても、いかに顧客に満足してもらうかを考え続け、努力を続けている。そして、その結果、2007年に日本で初めて発行された「ミシュランガイド東京」で三ツ星を獲得し、2014年に来日したオバマ大統領を、安倍首相は小野次郎の経営する「すきやばし次郎」で接待するまでになった。

② フリーターを「選ぶ時代」から「なるしかない時代」へ

90年代のバブルの崩壊後の長引く深刻な不況は、それまでの労働市場での「売り手市場」を「買い手市場」に変えた。求人倍率も低下し、フリーターを「選ぶ時代」から「なるしかない時代」へと変遷していった（立石2006）。不景気から新卒の採用を控える企業が増加したので、就職難の時代になり、就職先がない以上は、好むと好まざるに関わらず、フリーターになるしかない時代が到来した。2004年にはフリーターの数は470万人に達し、就職を希望する高校生の30%は就職先が決まらず、フリーターになった（立石2006）。

フリーターの定義は『国民生活白書』に書かれている。フリーターとは15歳から34歳までの若年のうち、正社員以外の被雇用者と働く意思のある無職の人を指すとされている。フリーターが誕生した背景には、正社員の不自由な働き方に対する「自由で自立的な働き方（宮木2008）」といったような、多様な働き方という言葉に踊らされた面もあるが、アルバイトやパートといった非正規雇用を必要とするサービス経済の進展といった産業構造の変化や、厳しい経営環境に対処するための企業の都合もあった。企業としては有期雇用であれば雇用調整が容易であったし、社会保険料等の企業負担のない非正規社員の採用は、好都合だったのである。

教訓としては、とにかく一度就職することが大切である。まず社会の一員とならなければ、何が自分に合った仕事かも分からない。定職に就くということは、具体的には安定的な所得を得ることであるが、もっと大切なことは「独立した一個人」として社会と関わりを持つということである。日本企業の場合、仕事の中で訓練するOJT（On the Job Training）が盛んであり、仕事をしながら、知識、技術を高めていく。また職場でチームプレーを学ぶこともできる。

定職に就かない人が増えるということは、社会の担い手がいなくなることでもあり、税金を払い、社会的なコストを負担する人が減ることを意味する。

第3節　多様な働き方

しかし、現実の問題として、大学卒業後、非正規の社員として働く人がいるのも事実である。企業や国としても、これから労働力人口が減少するなか、どのように人員を確保していくのか、社会の担い手を確保していくのかを考え、非正規雇用の問題に、どのように対処していくのか検討する必要に迫られている。

(2) 正規雇用と非正規雇用の問題

正規雇用とは、特定の企業と継続的な雇用関係を持ち、雇用先の企業において、フルタイムで働く雇用形態に対し、非正規雇用とは、パート、アルバイト、派遣労働者、契約社員・嘱託のような雇用形態のことである。

わが国の非正規雇用は、日本経済の発展と深いつながりがある。1950年代から高度成長期にかけては、出稼ぎ労働者や臨時工が中心であったが、1960年代後半以降に増加した女性のパートタイム雇用、1980年代後半からの派遣労働者、有期契約労働者の増加など、雇用形態を変化させながらも、増加してきた（厚生労働省2013）。現在の非正規雇用労働者の雇用者に占める割合は、1/3を超える水準になっている。こうした傾向を「働き方の多様化」と呼んでいる。

表3-9：雇用形態の変化（単位　万人）

|  | 1985年 | 2012年 | 増減 |
|---|---|---|---|
| 雇用者数 | 3,998 | 5,153 | 1,155 |
| 正規労働者 | 3,343 | 3,340 | −3 |
| 非正規労働者 | 655 | 1,813 | 1,158 |
| 内パート | N.A | 888 | N.A |
| 内アルバイト | N.A | 353 | N.A |
| 派遣社員 | N.A | 90 | N.A |
| 契約社員、嘱託 | N.A | 354 | N.A |
| その他 | N.A | 128 | N.A |
| 非正規雇用労働者比率 | 16.4% | 35.2% | 18.8% |

出所：「2013年厚生労働白書」より作成

非正規労働者のうち、女性の占める割合は、1985年の470万人が2010年には1,217万人へ、男性は、187万人から538万人に増えている。年齢別では、55歳以上の高齢者が、1985年の441万人から2010年には1,086万人へと

増えている。性別では、女性の比率が高い。年代別に見ると、1980年代前半は、正規労働者とともにパートタイム雇用が上昇し、1990年代前半は正規雇用の増加が雇用増をけん引した。1990年代後半は正規雇用が減少に転じ、非正規雇用が大幅に増加した。2000年代前半は正規雇用が大幅に減少し、パート以外の非正規雇用が増加した。

1990年代後半に正規雇用が減少し、非正規雇用が増加した背景には、1997年に日本で起きた金融危機の影響による景気後退があった。2009年にはリーマンショックの影響で、派遣労働者を解雇する派遣切りが起きて、派遣労働者を含む非正規雇用者が前年比減少した。日本経済の長期的な停滞傾向と金融危機を契機に起こる景気後退により、企業は人件費削減と雇用調整ができるように、非正規社員の人数を増やし、正規社員の人数を抑える動きを続けてきたと言える。

非正規雇用といっても、樋口美雄教授によると正規になりたくてもなれない「不本意非正規」と家計への足しとして短期間労働を選んでいる「あえて非正規」がいる[10]。女性の非正規労働者の場合、本人が家計の主たる稼ぎ手であるケースは比較的少ない。何が問題なのかというと、男性の非正規雇用者、「不本意非正規」が増えると、所得格差が生じることになることである。対応策としては、正規雇用と非正規雇用の間に位置する、準正規雇用―職務限定の正規社員を増やすことである。日本では、職務記述書（Job Description）がないため、働き過ぎや長時間労働が起きやすいことを指摘したが、職務限定型の勤務地や職務内容、労働時間を限定した正規社員制度を設けることにより、こうした状況を改善できる可能性が出てくる。

### (3) 女性労働について

戦前、戦後の日本では、男性は外に働きに行き、女性は家庭を守るという慣習が強かった。しかし、近年、男性の労働者の賃金も上昇せず、共稼ぎ夫婦が増加した。また正規雇用の女性社員の場合は、結婚、出産によって会社を退社することが多かった。

総務省の2012年の就業構造基本調査によると25～39歳の女性のうち働く人の割合（有業率）が69.8％と過去最高になった。企業による女性活用の

第3節　多様な働き方

拡大や、家計を支える収入面の事情から子育て世代も離職せずに働き続ける傾向が強まっている[11]。それでもなお、20代や40代の有業率より、25〜39歳の有業率は下がるM字カーブを示している。就業意欲は高いものの、育児と家事と仕事の両立のために、いったん仕事を辞める人が多いからである。しかも正規雇用の比率は25〜29歳に比べ、30〜34歳では急激に下がる。これは、結婚出産後退職する者が多いことを示している。こうした状況を改善するためには、保育所の増加による待機児童の解消や、延長保育など、行政の対応が必要である。

キャリアを積む女性にとっても、出産後も仕事を続けることは大切である。女性の場合、働き方は結婚、出産とリンクしており、どんな仕事をするかで、結婚・出産は大きく変わってくる（白河2012）。女性がキャリアをデザインする場合、この点を考慮に入れておくことが望ましい。結婚出産に至る前に、企業内でキャリアを積んでおくほうが良いとするアドバイスもある。就職する企業が、育児休暇制度や支援制度がしっかりしているか、先輩等に聞いて確認しておく必要もある。

子育てと仕事を両立しているお手本を職場で探すことも良い。働き続けることを土台にして、そのうえで結婚や出産があると考えたほうが、結婚が早くなるという考え方もある[12]。実際に、仕事と育児を両立することは、筆者の周りの女性を見ていても、非常に努力のいることである。夫はもちろんのこと両親といった周りの人の協力があると良い。子育てと仕事の両立を支援するためには、政府も、企業も大胆な発想の転換が必要になっている。

女性登用拡大に向けて制度を整備している会社は増えている[13]。キリンは、若手、中堅対象のリーダー養成研修を整備し、三井住友銀行では、女性管理職向けリーダーシップ研修を設けている。女性登用のための何らかの制度を設けている企業としては、日産自動車、日本郵船、資生堂、三菱商事、東レ、トヨタ自動車、旭硝子、丸紅、NTT、JXホールディングス等の名前があがっている。

(4)　派遣労働について

派遣労働事業とは、雇用事業の1つで、派遣元となる人材派遣会社に登録している者を派遣先となる事業所に派遣して、かつ派遣先の担当者の指揮命令

のもとで労働サービスを提供する雇用形態である。1985年6月に派遣労働者の保護を目的とした「労働者派遣事業の適正な運営の確保及び派遣労働者の就業条件の整備等に関する法律」（以下労働者派遣法）が成立し、1986年7月に施行された。今、労働者派遣法の改正の動きがある。1つは、ソフトウェア開発や通訳の仕事のような「専門26業務」と言われる仕事とそれ以外の一般業務に分けている区分を取り払うことである。専門26業務は、派遣期間の制限がないが、その他の一般業務は同じ派遣先で最長3年までしか働けない。これを見直し、業務を問わず、派遣期間を最長3年にしようとする動きである。専門業務の派遣社員にとって不利な改正のように見えるが、政府の考えは、派遣社員が有能であると企業が考えれば、正社員として採用してもらおうとするものである。政府は限定正社員という制度を検討している。勤務地や労働時間、担当業務を事前に決めておき、その代わりに給与を正社員より抑制するという働き方である。これが普及すると派遣社員が限定正社員に変わる可能性がある。

## 第4節　労働基準法―労働時間、就業と出産・育児の両立

(1) 労働法とは

「労働法」という名称の法律は存在しない。一般に「労働法」と呼ばれているものは、憲法の基本的人権保護の思想に基づいて、労働者の権利を保護する法律の総称である（中西2007）。労働法の根本にあるのは、憲法にある基本的人権の保護の思想、法の下の平等（14条）、職業選択の自由（22条）、生存権（25条）、勤労権（27条）、勤労者の団結権や団体交渉権（28条）等である。憲法とは最高法規であり、国家権力の組織や権限、統治の根本規範となる基本原理・原則を定めた法規範を言う。

労働条件や処遇について定めている法令としては、労働基準法、最低賃金法があり、労働者の保険について定めた法律としては、労働災害補償保険法、雇用保険法等がある。

労働者の団結や団体交渉について定めた法律としては、労働組合法、労働関係調整法がある。労働基準法で規制しきれない部分を補う法令として、労働者派遣法、男女雇用機会均等法、育児・介護休業法がある。

## 第4節　労働基準法—労働時間、就業と出産・育児の両立

　労働契約は、「雇われる側である労働者は自分の労働力を提供し、雇う側の使用者は労働力に対して賃金を払う」という契約である。労働契約を締結する際に、企業は労働条件を明示しなければならない。就業規則は、労働者の労働条件や就業するときの規律などについて、会社の定めた規則であるが、もし労働条件が労働基準法で定める最低基準に達しない場合は、その部分は無効となり、労働基準法で定める基準となる。

　賃金、労働時間、休日、休暇といった重要な労働条件は労働基準法などで、細かく定められている。

　労働基準法では、労働時間の上限が、1日と1週間単位で定められている。

　1日の労働時間は8時間、1週間の労働時間は40時間（法定労働時間）と定められているが、業務の繁簡に応じて労働時間を配分する変形労働時間制度もある。①1か月単位で決めるもの、②フレックスタイム、③1年単位のもの、④1週間単位の非定型的なものなどがある。

　時間外労働についても、規定がある。時間外労働時間とは、法定労働時間を超えて労働することである。業務上どうしても法定労働時間を超えて働いてもらう必要がある場合は、労使協定を結ぶ必要がある。労働基準法36条では、①具体的な理由、②業務の種類、③労働者数、④延長時間、⑤有効期間を労使が協議して決める必要がある。これは、一般に36（サブロク）協定と呼ばれている。また時間外労働にも上限がある。1週間で15時間、1か月45時間、1年で360時間等決められている。時間外労働は通常の賃金の25％以上50％以下の割増賃金を支払う必要がある。

　今、政府は労働時間法制を見直し、年収10百万円を超える専門職者を対象に時間労働ではなく、成果に基づいて評価を行って、賃金を支払う制度を導入しようとしている[14]。この対象者は何時間働いても、時間外賃金は支払われない。経済界は、賛成しているが、労働者側は働き過ぎを招き、労働の強化につながるとして反対している。成果目標は、会社と社員が協議して決めることになっているが、働く者の立場は弱く、成果をあげるために、何時間も働くことになりかねない。一方で、日本の労働者の生産性が低いことの原因の1つとして、長時間残業による非効率性をあげ、そのためにも多様な働き方を認めるべきだという説もあるが、他の国と比べて、何が本当の問題なのかを慎重に検

討する必要があると思われる。

　なお休日については、週に1日か4週で4日以上の休日を与えなければならない。これを「法定休日」と呼ぶ。週休2日制と法定休日の関係で、法定労働時間、週40時間に収めるために、週休2日制を採用する企業が増えた。

　年次有給休暇は、勤務年数に応じて一定日数の有給の休暇が与えられる制度のことである。新入社員は6か月勤務後10日間、その後は、勤続年数が増えるごとに日数も増え、勤続6年6か月で20日与えられる。企業によっては、最初の6か月は有給休暇がないので、休むと欠勤になってしまうため、その間は特に健康に留意した方がよい。

### (2) 内定について

　会社は合理的な理由なしに内定を取り消せない。労働契約を結んで人を雇い入れることを採用という。「内定」とは実際に採用する時期は先になるものの、その時期が来たら採用しますという約束を採用前に行うことである。採用する側にもこの契約を解約する権利が与えられているが、その際は、合理的な理由が必要である。内定取り消しの合理的な理由とは、学生が卒業できなくなった、健康上の理由で就職すること自体が困難な状況になった、採用に差し支えるような犯罪行為があった、内定を出した後に会社の経営状況が悪化し、会社が倒産した、等である。ただし、採用内定により労働契約が認められる場合は、採用内定取り消しは、解雇にあたるので、整理解雇の4条件―①人員削減の必要性、②整理解雇回避のための努力、③被解雇者の人選の合理性、④手続きの妥当性（労働組合への十分な説明。）が揃っていないと、内定取り消しはできない。

　一方学生の方が、内定を辞退する場合は、労働契約の解除なので、14日前に申し入れれば、内定は辞退できる。ただし、その企業の採用計画にも大きな影響を及ぼすので、慎重に考える必要がある。

### (3) 男女雇用機会均等法の背景

　男女雇用機会均等法は1985年に制定され翌年から実施された。正式名称は「雇用の分野における男女の均等な機会及び待遇の確保等女子労働者の福祉に

## 第4節　労働基準法──労働時間、就業と出産・育児の両立

関する法律」である。この法律は、職場での男女平等を確保することを目的にしている。職場における女性のみの取扱いは女性の福祉に反しない限り許される（浅倉 2008）。

　1997 年改正され、女性労働者に対する差別を禁止し、それぞれ具体的な雇用ステージごとの差別行為に該当した場合のみ違法とみなされることになった。2006 年 6 月の改正法は 2007 年 4 月実施され、男女差別の禁止、性別を理由とする差別の禁止が盛り込まれた。また男性からも申し立てできるようになった。禁止対象事項が、降格、職種変更、雇用形態の変更、退職勧奨に拡大された。妊娠・出産、不利益取扱いも禁止となった。

　労働基準法では、産前休暇について、出産予定日の 6 週間前（双子以上の妊娠の場合は、14 週間前）の女性が会社に請求した場合は、「産前休業」を取得することができる、となっている。産後休暇は 8 週間取得することができるが、就業は禁止されている。

　また育児・介護休業法は 1991 年に育児休業や介護休業、子の看護休業について定められた法律である。育児休業は原則 1 歳未満の子を養育している労働者に与えられる。また、復帰後も無理なく仕事と子育てが両立できるよう、3 歳未満の子を持つ労働者が申し出れば、1 日 6 時間勤務、残業勤務なしの勤務が認められるようになり、従業員 101 人以上の企業では、それらが義務付けられた。介護休業は要介護状態にある家族を介護するために会社に申請して取得することができる。介護休業の日数は通算して 93 日が限度とされている。育児休業法は大企業では浸透し、法律で規定されている以上の期間を取得できる企業も増えている。一方、中小企業では、まだ実施していない企業もあるので、就職に際して確認する必要がある。一言で中小企業といっても、大きな企業もあり、優秀な人材を求めており育児休業の充実しているところもある。

第3章・職業と現代社会

● Appendix ●

● ローレンツ曲線とジニー係数

ローレンツ曲線とは、最低所得者から高額所得者へと順番に並べ、それを5等分して、5つの階層に分ける。累積人員比率を横軸にとり、次に各階層の平均所得を求め、累積所得比率を求め、これを縦軸にとる。こうして描かれる曲線がローレンツ曲線である。

一方、ジニー係数は、ローレンツ曲線と均等分布線（$Y=X$　傾き45度の線）との間にできる面積④と、均等分布線より下の　　　で塗られた三角形ABCの面積との比率のことである。ローレンツ曲線が45度線から離れると、ジニー係数は高い値をとり、不平等を表す。45度線と重なれば、完全に平等であることを示す。

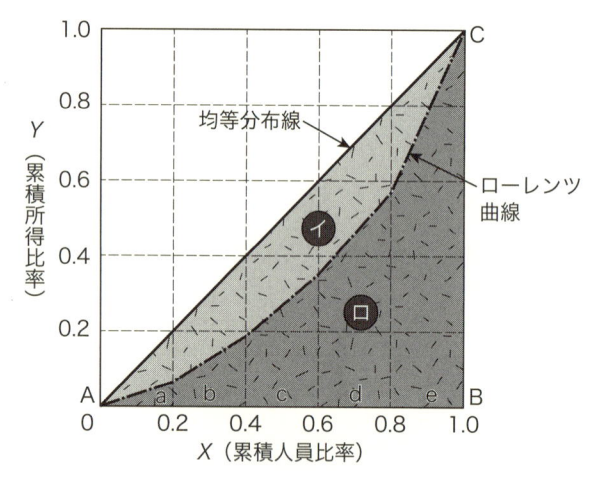

大きな三角形ABCから、三角形aと台形b、c、d、eの合計である濃いアミの面積⑨を引いた分＝薄いアミの面積④、と大きな三角形ABCとの比率を求める。なお、

$$台形の面積 = \frac{(上底+下底) \times 高さ}{2}$$

である。

45度線からローレンツ曲線が離れれば、離れるほど、この比率は高くなる。

<引用・参考文献>

所得分布が完全に平等な場合は、0
所得分布が完全不平等の場合は、1 となる。

<引用・参考文献>
＊浅倉むつ子（2008）「男女雇用機会均等法の過去・現在・未来」井上雅雄、立教大学キャリアセンター編『仕事と人生』新曜社。
＊石田光規（2009）『産業・労働社会における人間関係』日本評論社。
＊井上雅雄、立教大学キャリアセンター編（2008）『仕事と人生』新曜社。
＊岩崎夏海（2009）『もし高校野球の女子マネージャーがドラッカーの『マネージメント』を読んだら』ダイヤモンド社。
＊内野好郎「香港における戦後日本人団体」（2008）小林英夫他編『戦後アジアにおける日本人団体』ゆまに書房。
＊海老原嗣生、荻野進介『日本人はどのように仕事をしてきたか』中央公論新社。
＊江見康一・伊藤秋子編（1997）『家庭経済学』有斐閣。
＊厚生労働省編（2013）『平成25年度版労働経済白書–構造変化の中での雇用・人材と働き方–』厚生労働省。
＊坂本光司（2010）『日本で一番大切にしたい会社』あさ出版。
＊佐和隆光（2008）『初めての経済講義』日本経済新聞出版社。
＊沢田健太（2011）『大学キャリアセンターのぶっちゃけ話–知的現場主義の就職活動』ソフトバンククリエイティブ。
＊塩野誠（2013）『20代のための「キャリア」と「仕事」入門』講談社。
＊白河桃子、常見洋平（2012）『女子と就活』中央公論社
＊鈴木秀一編（2010）『企業組織とグローバル化』世界思想社。
＊髙本茂（2007）『初歩からの経済学』幻冬舎ルネッサンス。
＊日本経済調査協議会編（1976）『多国籍企業の経営』ダイヤモンド社
＊デロイト　トーマツ　コンサルティング編『世界で勝ち抜くためのグローバル人材の育成と活用』中央経済社。
＊立石泰則（2006）『働くこと、生きること』草思社。
＊中西智恵子（2007）『手にとるように労働法がわかる本』かんき出版。
＊馬場紀子、宮本みち子、御船美智子（2002）『生活経済論』有斐閣。
＊原司郎、酒井泰弘編著（1997）『生活経済学入門』東洋経済新報社
＊ヘイコンサルティンググループ（2007）『グローバル人事–課題と現実–』日本経団連出版。
＊宮本みち子（2008）「若者雇用問題」井上雅雄、立教大学キャリアセンター編『仕事と人生』新曜社。
＊山口雅生（2011）『経済のことが基礎からわかる本』日本能率協会マネージメントセンター。
＊吉川肇子、杉浦淳吉、西田公昭（2013）『大学生のリスク・マネージメント』ナカニ

## 第３章・職業と現代社会

シヤ出版。

〈翻訳書〉
* エズラ・F ヴォーゲル（1984）『ジャパン　アズ　ナンバーワン再考−日本の成功とアメリカのカムバック−』（上田惇生訳）TBS ブリタニカ。
* ストップフォード　J.M.　ウェルズ　L.T.　（1976）『多国籍企業の組織と所有政策−グローバル構造を超えて−』（山崎清訳）ダイヤモンド社。
* スミス　アダム（2000）『国富論』（水田洋監訳、杉田忠平訳）岩波書店。
* トフラー　A.（1982）『第三の波』（徳岡孝夫監訳）中央公論社
* ドラッカー　P.F.（2001）『エッセンシャル版　マネージメント−基本と原則−』（上田惇生編訳）ダイヤモンド社。
* マグレガー　G.（1970）『新版　企業の人間的側面』（高橋達男訳）産業能率大学出版部。
* ミルグロム　ポール、ロバーツ　ジョン（1997）『組織の経済学』（奥野正寛他、訳）NTT 出版。

〈注〉
1　稲葉振一郎「ピケティ論争　格差は宿命か」2014 年 9 月 12 日、日本経済新聞。
2　財務省は国債や借入金、政府短期証券を合わせた「国の借金」が 2013 年末で 1,017 兆円を超えたと発表した（2014 年 2 月 11 日、日本経済新聞）。
3　橘木俊詔「ノーベル経済学賞にダイヤモンド氏ら」2010 年 10 月 18 日、日本経済新聞。
4　同上。
5　「職のミスマッチ拡大」2010 年 11 月 1 日、日本経済新聞。
6　潮木守一「若者のバイタリティーを高めるには」、2011 年 3 月 7 日、日本経済新聞。
7　「ユニクロ、新卒 8 割外国人」2011 年 2 月 3 日、日本経済新聞。
8　樋口美雄「多様化を生かす雇用体系に」2011 年 4 月 19 日、日本経済新聞。
9　「どうなる？私のキャリア」2012 年 12 月 11 日、日本経済新聞。
10　「非正規雇用本当は何人？」2013 年 11 月 18 日、日本経済新聞。
11　「働く女性 20〜30 代の 7 割」2012 年 7 月 13 日、日本経済新聞。
12　白河桃子「『自活女子』を目指して」2014 年 5 月 23 日、朝日新聞。
13　「女性登用策広く厚く」2014 年 8 月 15 日、日本経済新聞。
14　「働き方改革、割れる労使」2014 年 9 月 11 日、日本経済新聞。

# 第4章 企業と産業

## 第1節　企業とは

(1) 概　要

　企業、それは知っていそうで説明の難しい組織である。誤解を恐れずに一言でいうなら利益を追求することを目的とした組織である。

　経済とは「経国済民（国を治め、民を救済する）」の語源が示すように、ある国において安心安全に国民が生活できるようにすることである。現代では、モノ（経済学では「財」という）を生産し、流通させて、最終消費者に届けること、あるいは、人や組織のためにある作業をやってあげる（サービスという）こと、を経済活動といい、経済活動が安心安全、円滑に行えるようにするのが、国（政府）の役割になる。

　これら経済活動の過程においてお金（通貨）を介して財やサービスの所有権の移転が起きる。例えば、100円で作ったものを300円で売るとき、100円で作った人も、300円で買った人も満足するとする。これを難しくいうと300円で買った人を需要、100円で作った人を供給といい、市場で需要と供給が一致した、という。財やサービスが取引される場所のことは市場（「いちば」ではなく「しじょう」）という。300円で売れたことを「売上」といい、100円で作ったことを「費用」という。この売上から費用を引いたものを「利益」という。

$$利益　=　売上　-　費用$$

　利益は、費用を出した人のものになる。もし、ある人が自分ひとりで、100円を出して原材料を買い、それを加工して、300円の財（作り出したものなので「製品」ともいう）として販売し、300円の売上をあげれば、100円の材料

125

費を引いた 200 円は利益として、その人の懐に入る。

　こうして、ある人がビジネスを始め、最初は自分ひとりだったのが、売上が順調になり、人を雇うことになり、事業を拡大する。ある人は社長となり、従業員に給料を支払うようになる。今までは原材料費だけが費用であったが、従業員の賃金も費用に加わる。従業員に製品 1 個あたり 100 円を賃金として支払うと費用は 200 円になり、300 円で売ると利益は 100 円になってしまう。しかし、社長と従業員で製品を作るので、以前よりたくさん作れるようになり、販売個数も増えるので、売上総額は大きくなり、ひとりのときよりも利益は大きくなる。

　このように利益をあげることを目的にした組織の形態に「企業」がある。お金儲けしたい人（資本家または株主、投資家）がお金を出し合って企業を作り、経営者を雇って経営を任せ、経営者は従業員を雇い、製品を生産するための工場を建て、原材料を買い、製品を作り、それを販売する従業員や製造・販売などを管理する経理部門、人事部門、総務部門などの間接部門を作り、操業（オペレーション）する。

　資本家が投資した企業が利益をあげるために存在する社会体制を資本主義という。日本は資本主義国である。社会主義や共産主義というのは、資本主義で利益をあげる資本家（株主や投資家、ブルジョア、地主）を批判し、労働者の権利を主張した社会体制になる。大学生なら資本主義を理解するためにもマルクスの『資本論』は読むべきである。

　会社の規模によって企業を分類すれば、一般的に大企業は資本金 10 億円以上、中堅企業は資本金 1 億円以上 10 億円未満、中小企業は資本金 1,000 万円以上 1 億円未満、零細企業は資本金 1,000 万円未満である。

### (2) 法　人

　みなさんが暮らすこの社会には、さまざまな組織がある。今までみなさんが属してきたのは学校という組織になる。大妻女子大学は大妻学院という学校法人の一部である。学校法人とは学校を経営する法人ということになる。法人というのは、組織を人間（自然人）と同様に扱うための概念である。

　法律で決められた人なので法人と表す。なぜ、法人という仕組みが必要なの

## 第1節　企業とは

かというと、日本の法律は人間を裁くためのものなので、そのままでは企業の犯罪を裁けないことによる。人間が罪を犯したときは法によって裁かれる。では、組織が罪を犯したときはどうするのだろうか。例えば、○○商店が販売した弁当で食中毒が起きた場合、○○商店は人間ではないので刑法によって逮捕することができない。しかし、○○商店を人間として扱う法律があり、その法律で企業を法人として扱うという規定があり、法人が犯した罪は代表者が負うという規定があれば、○○商店の代表取締役社長は食中毒の責任を負うことになる。組織を擬人化し、法律に従わせる仕組みが法人になる。法人は各種の契約をすることができる存在で、権利能力（権利と義務）を有していると法律で決められている。

　法人については、民法第34条において「法人は、法令の規定に従い、定款その他の基本約款で定められた目的の範囲内において、権利を有し、義務を負う」と規定されている。法人には、社団法人、財団法人、学校法人、営利法人、非営利法人などさまざまな種類があり、それぞれに根拠となる法律が存在している。一般的な民間企業は、会社法によって権利と義務が定められている。

　会社法では、第二条で会社を定義している。会社は株式会社、合名会社、合資会社または合同会社を指し、外国会社は外国の法令に準拠して設立された法人その他の外国の団体であって、会社と同種のものまたは会社に類似するものをいう。これらの会社に共通しているのは、利益をあげる組織である、ということになる。

　企業にはお金を儲けることが目的でない企業もある。一般に営利企業のことを私企業と呼び、国、都道府県などの地方公共団体や独立行政法人などは公企業と呼ばれる。公企業は住民などの公共の福祉を実現するための企業になる。その他、特定の分野における法人で学校法人、社会福祉法人、医療法人、宗教法人、特定非営利活動法人（NPO）などがあるが、これらの特定分野の法人は利益を個人などに分配してはいけないというルールがあり、その代り、税金を免除されるなどの特典がある。また、農業協同組合（農協）や消費者生活協同組合（生協）など、農業従事者や消費者などの相互扶助を目的とした組織もある。

　会社の目的は、利潤（利益）をあげることになる。会社は出資者（資本家、株主）が出資金や資本などのお金を出資することによって設立される。出資者の目的は出資金＋配当によってお金を増やすことである。配当は、会社が利潤をあげ

たときに出資者に出資金の割合に応じて分配されるお金のことである。出資者は、銀行にお金を預けた時に得る金利より配当のほうが多いと予想できなければ大抵の場合、出資はしない。金利が低いときは出資されるお金が増えることになる。この仕組みを利用した景気コントロールの政策を金融政策と呼ぶ。

　会社がお金を手にする方法は大まかに分けて2通りになる。出資を受ける方法（直接金融）とお金を借りる方法（間接金融）である。借りたお金は将来返さなくてはいけないが、出資を受けたお金は返す必要はない。

(3)　組　織

　企業ではさまざまな分業が行われている。企業内の全ての作業が企業理念の実現を目指している。企業理念によって従業員の意思統一を成して、企業利益を最大にする活動が日々行われている。

　資本主義社会ではどんな私企業も利益をあげることを目的にして存在している。ある企業は自動車を製造販売して利益をあげ、別のある企業はハンバーガーを製造販売して利益をあげ、また別のある企業はお金を貸して手数料と利息を取ることで利益をあげる。

　それぞれの企業は、その企業の目的を果たすために組織を作る。利益をあげるという目的のために適した組織は、トップダウン型の組織になる。トップダウンというのは、トップ（代表取締役などの代表者）の意思が下の組織に伝達され実行される組織である。上意下達とも言う。代表取締役の意思は取締役会で共有され、取締役会のメンバーは、事業部や本部という組織の長であることが多い。取締役は例えば「営業本部掌握（しょうあく）」という言葉で表され、本部長の上司という位置づけになる。取締役会で共通認識となった各取締役の意思がそれぞれの事業部や本部に伝達される。事業部や本部の下には部がある。各事業部長や本部長の意思は各部長に伝達され、部長はその意思を自分の部に属している課長に伝達する。課というのは実務を行う部署である。ほとんどの企業は、それぞれの課が行う作業（業務という）によって実際的な活動（実務）を行っている。各課長の意思は課員に伝達され、業務に反映される。課長は末端の管理職になる。こうして、経営者の意志は権限委譲を伴って企業全体に広がる。

第 1 節　企業とは

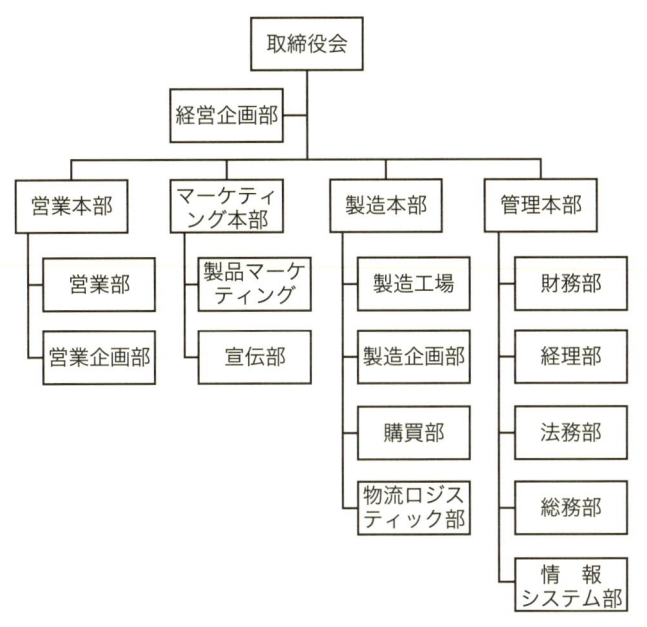

図 4-1：企業組織の例（出典：筆者作成）

(4) 分　業

　企業内部は組織によって分割されている。それぞれの組織はそれぞれの業務を持っている。企業は利益を得るという目的を達成するために企業の中を分割して業務を行っているのである。これを分業という。分業することによってひとりの従業員は特定の業務に集中することができる。経営者は経験によって分業することで業務効率が良くなることを知っている。経営学という学問によっても分業による業務効率の向上が確認されている。

　でも、むやみやたらに仕事を分ければいいか、というと、それは間違いである。分業には最適な分け方というのがあって、その最適な分け方を日々の業務の中から試行錯誤しながら探していくのである。企業の組織というのは、ときどき変更される。また、組織というのは人間によって構成されているので、同じ仕事を長くやっているとマンネリ化して作業効率（生産性）が落ちてくる。生産性が落ちると利益に影響を与えるので、マンネリ化を防ぐ意味で組織変更や人事異動が行われることがある。

インダストリアル・エンジニアリング（IE ／ Industrial Engineering ／経営工学／管理工学／生産工学／産業工学）は、企業が効果的に経営資源を運用するために企業内で行われている業務を分析して改善策を見つけ出すための学問である。1 つの作業にかかる時間などの測定を行い、標準時間を設定したり、工程分析などの手法を用いたりして、現場活動のムダ・ムリ・ムラを省いて生産性を高めることを目的としている。IE 理論では、フレデリック・W・テイラーの科学的管理法が有名である。

⑸　役　職

企業に入社すると昇進というすごろくを始めることになる。総合職で入社した場合のゴールは代表取締役社長になり、一般職の場合は課長、もしくは、部長になる。

サラリーマンの世界では役職が重要視される。企業間取引では双方の企業で同じ役職の人間が交渉することがめずらしくない。サラリーマンのオジサンたちにとって役職は勲章である。昇進のスピードは業界や企業によって異なるが、新入社員として入社して平社員となったあと、2～3 年で主任になり、さらに 2～3 年で係長になり、30 歳を過ぎたあたりから課長になることを意識し始め、35 歳くらいで課長になる。しかし、新卒で入社した全員が課長になれるわけではない。課長になると管理職となり、労働組合から脱退し、もしくは、労働者としての一部の権利を放棄して、会社側の人間になる。それまでついていた残業手当はつかなくなるが係長に比べて給与と賞与（ボーナス）が上昇する。企業内での責任も重くなる。部下の不始末も課長の責任になる。取引先に謝りに行くという仕事も増えるかもしれない。

さらに出世する人は、40 歳位で次長（部次長）になり、45～50 歳位で部長になる。ほとんどのサラリーマンは出世しても部長止まりである。部長の上の本部長や事業部長になるのはほんの一握りの人間である。最近は多くの企業で執行役員制度をとっていて、本部長や事業部長は執行役員というサラリーマンとして最高の職に就くことがある。

執行役員間での競争を勝ち抜いた人は取締役になる。取締役はもはやサラリーマン（従業員）ではない。企業の経営者として従業員を使用する人（使用

第1節　企業とは

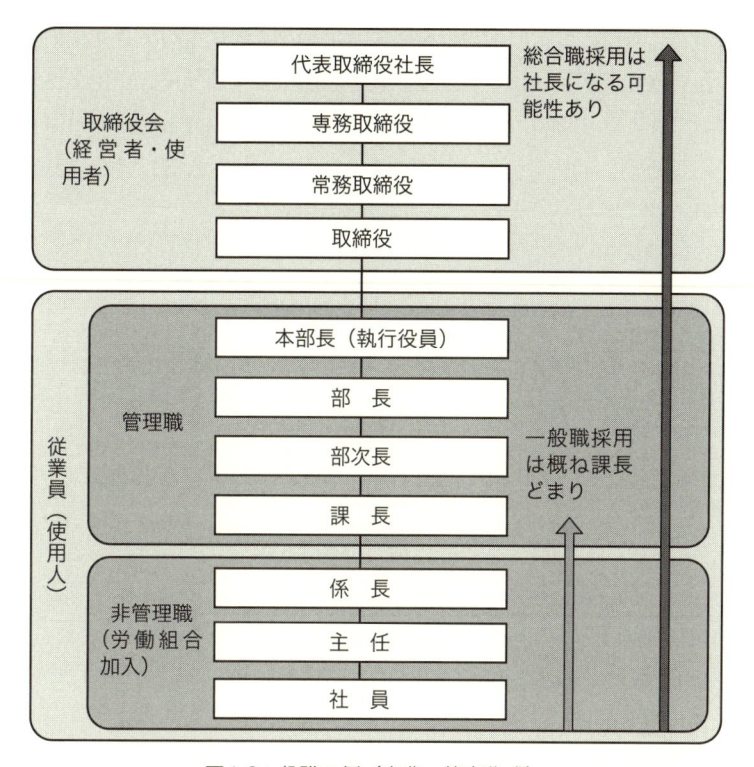

図4-2：役職の例（出典：筆者作成）

取締役会（経営者・使用者）
- 代表取締役社長
- 専務取締役
- 常務取締役
- 取締役

従業員（使用人）
- 管理職
  - 本部長（執行役員）
  - 部　長
  - 部次長
  - 課　長
- 非管理職（労働組合加入）
  - 係　長
  - 主　任
  - 社　員

総合職採用は社長になる可能性あり

一般職採用は概ね課長どまり

者）になる。労働基準法という労働者を守る法律も適用外となる。取締役が判断したことが間違っていて企業が損害を出した場合は個人で賠償しなくてはいけない。多くの企業は取締役に損害賠償保険をかけている。

　取締役で構成される取締役会は、取締役（別称：ひらとり）、常務取締役、専務取締役、社長などから構成される。副社長や会長がいる場合もある。取締役会メンバーのうち、1人もしくは複数の人間が代表権を持つ。代表取締役社長など代表権を持った人（代表者）しか企業を代表して契約を行うことができない。営業や購買などの従業員が取引先と契約するときは代表者名で契約を行う。

　企業経営が順調にいき、企業が大きくなっているときは新しい部署を作り、新しい役職を生み出せるが、企業が成長し、円熟期に入ってくると新しい組織を作るスピードが落ちる。しかし、順調にいっていたときに入社した従業員は

年齢を重ね、役職に就く時期になってくる。もはや従業員の要求を満足する役職は存在しなくなる。そこで、担当課長や担当次長という役職が生まれた。組織の長ではなく、部下もいないけど管理職だという役職である。この他、○○代理や○○心得、副○○という役職も多くなっている。課長代理、課長心得、副課長は管理職でないことが一般的である。

担当○○は組織変更により、"担当"がはずれることがあるので、担当○○だからとなおざりな態度をとっているとある日、その人が自分の上司になる、ということが起きる。

各部署には、秘書や庶務、アドミといったアシスタント職があり、その部署のお世話（雑務）をしている。これらの職は一般職もしくは派遣社員によって行われることが多い。

秘書や庶務、アドミなどの一般職は非公式なネットワーク（インフォーマル・ライン）を持っていることがある。最近ではインスタントメッセンジャーなどを使って瞬時に情報が流れる。これらインフォーマル・ラインの情報が、会社の業務（フォーマル・ライン）を円滑にしている。

⑹ 資　格

多くの企業は役職の他に資格制度を採用している。通信教育などで取れる資格ではない。採用時の職務区分に分かれていることが多く、一般職2級や総合職4級、専門職3級というふうに分かれている。給与はこの資格によって決まることが多い。資格ごとに俸給表ができている。表4-1は東京都の行政職の俸給表である。1級、2級という職務の級が資格であり、号給がその資格内での昇給を表している。例えば、行政職1級の3号給は、14万5百円になる。

資格は、毎年の個人の業績評価や資格試験に合格することによって上がる（昇格）。悪いことをすると下がることもある（降格）。遅刻が多いだけで昇格できなかったり、業務上の成績が悪いので降格したりすることがある。

資格が上がらなくても毎年、給与が上がることがある（昇給）。前年度の会社の業績が良い場合や社会全体がインフレーションによって物価が高くなっている場合などになる。日本の大手企業は毎年、労働組合と折衝を行い、昇給を決める（ベースアップ）。現状では昇給はよっぽどのことが無い限り月額で数

第 1 節　企業とは

表 4-1：俸給表の例（行政職）（出典：東京都）

| 職務の級 | 1 級 | 2 級 | 3 級 | 4 級 | 5 級 | 6 級 | 7 級 | 8 級 |
|---|---|---|---|---|---|---|---|---|
| 号給 | 給料月額 | 給料月額 | 給料月額 | 給料月額 | 給料月額 | 給料月額 | 給料月額 | 給料月額 |
|  | 円 | 円 | 円 | 円 | 円 | 円 | 円 | 円 |
| 1 | 138,300 | 168,100 | 203,700 | 229,000 | 265,300 | 295,900 | 348,200 | 454,600 |
| 2 | 139,400 | 170,100 | 205,700 | 231,000 | 267,500 | 298,400 | 350,800 | 457,900 |
| 3 | 140,500 | 172,100 | 207,700 | 233,200 | 269,700 | 300,900 | 353,500 | 461,100 |
| 4 | 141,600 | 174,100 | 209,800 | 235,400 | 272,000 | 303,400 | 356,200 | 464,200 |
| 5 | 142,700 | 176,100 | 211,900 | 237,500 | 274,300 | 305,900 | 358,900 | 467,200 |
| 6 | 143,800 | 178,100 | 213,900 | 239,600 | 276,500 | 308,400 | 361,600 | 470,000 |
| 7 | 144,900 | 180,100 | 215,900 | 241,800 | 278,700 | 310,900 | 364,300 | 472,800 |
| 8 | 146,000 | 182,200 | 218,000 | 244,000 | 281,000 | 313,400 | 367,000 | 475,500 |
| 9 | 147,100 | 184,300 | 220,100 | 246,100 | 283,400 | 315,900 | 369,700 | 478,000 |
| 10 | 148,200 | 186,400 | 222,200 | 248,200 | 285,700 | 318,400 | 372,400 | 480,300 |

百円から千円程度である。

(7) 部署における座席

企業内では部署ごとに座席が決まっていることが多い。日本企業と外資系、もしくは、ベンチャー企業などではレイアウトが異なることが多い。

最近では固定的な座席を決めないフリーアドレスを採用する企業もある。フリーアドレスは、その日に出社した順番で座席の割り当てが行われる制度で、営業職など企業外にいることが多い職種を中心にして採用され、オフィス面積の縮小＝コスト削減に貢献している。（図 4-3 および図 4-4 を参照されたし）

(8) 外資系企業

企業の海外進出の最も大きな障害は国境である。一国の政府は国内の産業を守るために国境を越えてやってくる企業に対してさまざまな障壁を設ける。海外企業はその障壁を避けるために進出先国で直接投資によって企業を設立し、工場を作り、製品を作ることで、国内企業と同じ立場になろうとする。外資系企業の誕生である。

もう少し詳しく見ると以下のようになる。a) アメリカ企業が日本市場に参入しようと思ったとき、最初は日本企業（主に商社）に代理店としての依頼を行い、製品・サービスを輸出する形式でビジネスを開始する。b) 代理店ビジ

第4章・企業と産業

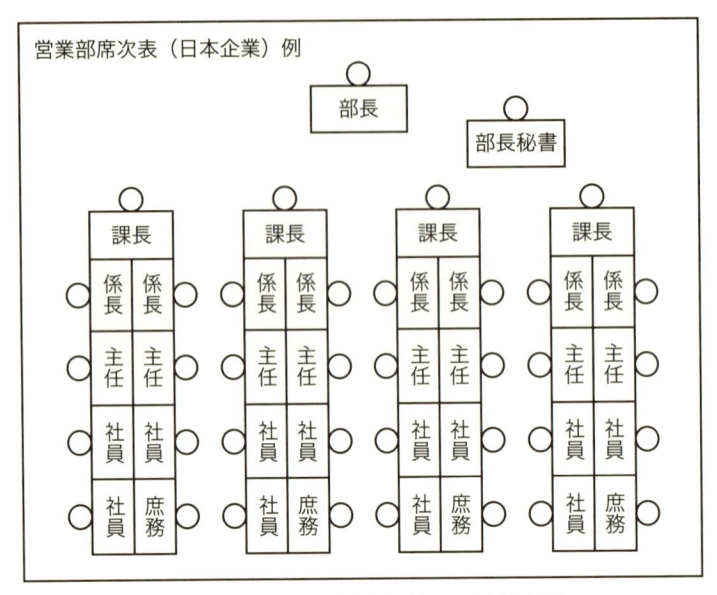

図4-3：日本企業の座席例（出典：筆者作成）

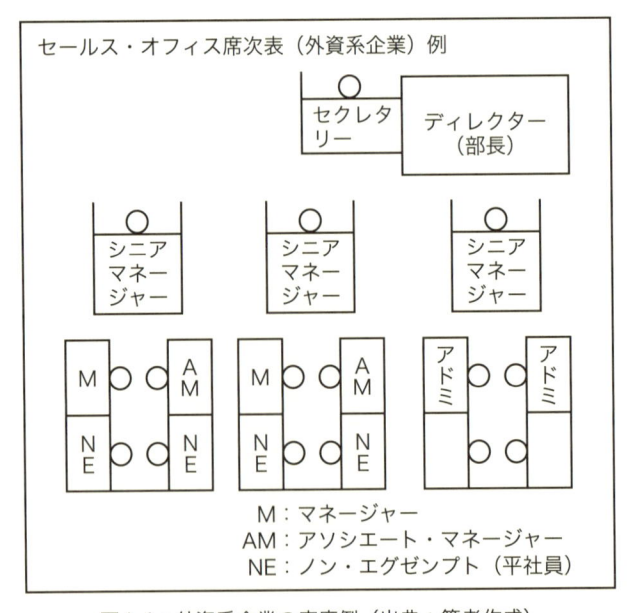

図4-4：外資系企業の座席例（出典：筆者作成）

第 1 節　企業とは

ネスが好調になってくると、ライバルの日本企業から不満が生まれ、関税が上がったり、輸入手続きを遅らせるなどの非関税障壁が現れたりする。c）日本市場に魅力を感じているアメリカ企業は日本法人を設立し、日本で直接、代理店を統括し始める。輸入が不調になってくると、日本に大きな倉庫を設立して在庫量を増やしたり、工場を設立して現地生産を始めたりする。

　国際というのは、国の際（きわ：境界）で国と国の主張がぶつかり合う場所のこと。その境界線を国境と呼ぶ。ヨーロッパは、イメージとしては大きいが、実際の面積は小さい（地球儀をみて確認せよ）。この小国同士が国際問題でぶつかり合うのは百害あって一利なし、と考えたヨーロッパ人が、EU（ヨーロッパ・ユニオン）設立に執念を燃やした。

　しかし、EU は、まだまだ道半ば。これからどうなるか、成り行きに注目すべきである。目をアメリカに向けてみると、カナダ・アメリカ合衆国（USA）・メキシコの参加国が結成した地域連合を「NAFTA（North American Free Trade Agreement：北アメリカ自由貿易協定）」という。

　NAFTA は、EU に対抗するための地域連合だが、現状では関税の撤廃など貿易に関する自由化のみが行われており、EU のユーロのように通貨統合までは発展していない。カナダ・USA・メキシコの域内では自由にモノが移動できるため、地域内の賃金格差を利用して新たなビジネスが生まれている。

　従来、アメリカ国内に自動車工場を作っていた日本やヨーロッパの自動車会社はメキシコに工場を移転し始めている。メキシコの方が人件費は安いので、製造コストを削減することができるからだ。

　ソフトウェア産業などモノではなくサービスを商っている企業ではモノを移動させることで発生するコストがないので、世界中のどこにでも会社を作り、インターネット回線などを利用してサービスを提供することができる。これが近年のグローバル化の一因である。日本にある外資系企業の情報サービスはインド企業が請け負っていることが多くある。みなさんがこういった外資系企業で働き、自分の PC が壊れたときに内線電話で情報システム部に電話すると、その電話はそのまま情報システム部の業務委託を受けたインドの会社のヘルプデスクにつながり、あなたはインド訛りの日本語で「どうしましたかぁ」という声を聴くことになる。インド人担当者はインドからインターネットを介して

あなたのPCを操作し、問題を解決してくれる。

　現在のグローバリゼーションはICTの発達によってビジネスがICT基盤の上で行われていることに紛れもなく由来する。クラウドサービスのほとんどはアメリカ企業によって牛耳られており、日本企業は、そのアメリカ企業と提携して彼らのサービスを日本に提供している。

　グローバリゼーションが進展しても各国は徴税権をしっかり行使する。例えば、日本の税務署は日本企業が世界中から得た収入に対して課税を行う。企業はこの課税から逃れようとしてさまざまな方策をとる。欧米の企業は日本進出に際して、本国からの課税を逃れることを目的として、タックスヘイブンと呼ばれる国を経由した企業設立を行うことがある。

　外国企業はなぜ、日本にくるのであろうか。以下、4つの理由をみていこう。a) 日本市場は大きい。世界第10位の人口（1億2千5百万人／2010年）を保持している。b) 日本人はお金持ちである。1世帯あたりの平均金融資産額は1,657万円（出典：家計調査年報（貯蓄・負債編）平成22年　貯蓄・負債の概況）である。（中央値は995万円である）。c) 日本人は外国産に弱い。d) 日本を変えるには外国からの圧力が手っ取り早い（日本企業が外資を招くパターン）。

　このように日本市場は世界的にみて魅力的な市場であり、多くの企業が進出してくる。

　反対に有望企業を世界に探しに行く日本企業という側面もある。海外の最先端製品・サービスを日本に導入する活動をしている。総合商社などの日本企業は、世界各国に支社や駐在事務所を設置し、現地企業を巡って日本に未だない製品やサービスを調べ、採算が取れると判断したら、日本での販売権を得る。販売権を得た製品・サービスを日本で販売し、売れ行きが好調である場合、さらに代理店権を得て、日本での販売を強化する。総代理店権が入手できれば、日本での独占販売が可能になる。製品・サービスの製造元企業は、日本で販売が好調だと日本に支社を設置し、その支社に総代理店権を与え、販売権や代理店権を持つ日本企業をその日本支社の管理下に置くようになる。さらに販売が好調であれば、販売権や代理店権を日本企業から取り上げ、独自に販売網を日本国内に構築する。

　総合商社にいた人などが独立して、海外製品・サービスを日本に導入する仕事を専門にすることがある。日本と海外を頻繁に行き来して、日本に進出した

い海外企業から依頼を受けて日本企業に紹介したり、日本企業の依頼を受けて海外企業と交渉したりする。海外企業の日本法人設立の手伝いをし、日本法人の社長など経営陣の人選を行う。ときには、海外企業の日本法人の社長を自ら行うこともある。一攫千金が狙える狩猟型のビジネスである。

## 第2節　マネジメント

### (1)　総論：利益を追求する組織運営

　営利企業には3つの経営資源がある。ヒト・モノ・カネになる。資本家によって出資されたカネ（資本）を使って工場を建てたり、店舗を建てたりする。その後、原材料や商品というモノを仕入れて雇い入れたヒトを使って加工して新たなモノをつくったり、販売したりする。企業にはこのヒト・モノ・カネが適正にないと経営できない。

　企業がヒト・モノにかけるお金を費用と呼ぶ。費用をかけてモノやサービスを売ることで収益（売上）をあげる。収益から費用を引いたものが利潤（利益）になる。3つの経営資源を使っていかに利潤をあげるかが企業経営の命題である。

　大多数のみなさんは大学を卒業したあとに企業に就職すると思うが、企業は新卒社員をどのように考えているのだろうか。初任給20万円の企業ではみなさんにいくら稼いでほしいと考えているのだろうか。多くの企業は給料の3倍以上の稼ぎを期待している。企業はみなさんに給料以外もお金をかけていることを忘れてはいけない。みなさんの使う机やPCなどを購入する費用やオフィスの運営費用やみなさんの教育費などにもお金がかかる。企業の目的である利潤分を加えるとだいたい給料の3倍になるといわれている。

　新卒社員の場合、新入社員研修が行われる。新入社員研修の期間は企業にとって費用しか発生しない。収益はあがらないのである。企業にとってはみなさんに先行投資している、ということになる。多くの企業は新卒社員には最低3年は働いてもらわないと割に合わないと考えている。石の上にも3年ではないが、新卒で就職したら3年は働くべきである。転職を考えている場合、既に何処かの企業で3年勤めていることが重要な採用基準となる。3年勤めれば、あなたの市場価値はあがるのである。

たくさんいる社員は1つの目標に向かって働くことでモチベーションをあげることができる。このため、多くの企業は、社是や企業理念を掲げ、社員のモチベーション維持に努めている。新卒採用人事でもこの社是や経営理念は重要視されるので、入りたい企業の社是や経営理念は暗記するくらいの気持ちで覚えることが求められる。

⑵ ヒ ト

企業を動かすのは経営者と従業員である。また、企業は他の企業、組織社会とつきあってビジネスを行う。これらの中心は人間である。ビジネスで必要になる人間のことをヒトと表す。経営者は人脈も必要になる。ビジネスを円滑に行うためには人と人のつきあいを大切にし、人脈を育むことも重要な仕事になる。

ビジネス上必要な人と人の関係をフォーマル・ラインといい、ビジネス上でつきあいのある人とビジネス以外の関係を持つこと、例えば、隣の部署の人と趣味の話しをして仲良くなる、をインフォーマル・ラインという。人は機械ではないので、フォーマル・ラインだけの関係よりもインフォーマル・ラインの関係を持っていると日常業務を円滑に行うことができる。

なお、人事施策に関しては第5章と重複するのでここには書かない。第5章を参照されたし。

⑶ モ ノ

企業の中にあるモノ全てを指している。製品の製造や企業の事務作業などに必要な工場や事務所などの土地や建物、自動車、製造機械や備品、制作途中の仕掛かり在庫、これから販売される製品、不良在庫、原料、材料などで構成される。

企業の中にあるモノは、すべて現金化したときの価値で企業会計上記録される。貸借対照表（図4-6）の右側の負債と純資産の合計額が左側の資産と一致するようになっている。資産は、モノと現金・預金等の金融資産になる。なお、モノの中にはソフトウェアなどの無形資産（一部サービスに属するもの）も入っている。

土地など購入してから時間が経っているものは購入時の価格と現在の価格（時価）が異なっていることがあるが、時価で評価するようになっている。

## 第2節　マネジメント

　モノは流動資産と固定資産に分けられ、流動資産は購入時に全額が費用として計上され、固定資産は法律によって定められた償却率によって何年か掛けて費用化されていく。例えば、1千万円したコンピュータは固定資産になり、この1千万円を5年に分けて、毎年2百万円ずつ費用として計上していくなどの方法が取られる。

### (4) カ ネ

　企業におけるお金の流れを記録することを簿記という。英語では、Book Keepingになる。世界中のほとんどの企業は複式簿記を採用している。例えばジュースを購入したときにノートに「ジュース　150円」というようにモノやサービスを購入して記録することを単式簿記という。お小遣い帳と同じ原理になる。国や地方公共団体の会計はこの単式簿記によって行われている。しかし、この方法は支払方法が分からない欠点がある。現金で買ったのか、クレジットカードで買ったのか、小切手を使ったの分からない。そこで企業では「ジュース150円を現金で購入した」という記述方法をとる。これが複式簿記になる。企業内で現金もしくは現金に換算できる財・サービスは、複式簿記で用いる勘定科目に分類される。勘定科目というのは、資産、負債、資本、費用、収益という5つの分類からなる項目である。例えば「現金」は資産に分類され「借入金」は負債に分類される。企業が何か取引をした場合には勘定科目で分類されたものを仕訳する。仕訳は、モノやサービスを借方（左側）と貸方（右側）で相殺する行為である。例えば、現金1千万円で、土地を買った場合は、借方：土地10,000,000円、貸方：現金10,000,000円となる。土地も現金も勘定科目は資産である。資産は原則として借方（左側）に記入される。現金1千万円で土地を購入するというのは、現金が1千万円減少して土地が1千万円分増えたということなので、仕訳では、増えた土地を借方に書き、減った現金を貸方（右側）に書く。

| 借　方 | 貸　方 |
|---|---|
| 土地　10,000,000 | 現金　10,000,000 |

図4-5：仕訳の例（出典：筆者作成）

仕訳された情報を基にして最終的に貸借対照表や損益計算書という財務諸表が作成される。企業や社会におけるお金の流れを理解するには簿記3級の勉強が近道になる。どんな仕事をする上でも簿記3級の知識は邪魔になるどころか、必ず役に立つ。勉強自体は3週間くらいでできるので大学時代に挑戦すると良い。

図4-6は、貸借対照表になる。表の左側は、企業を運営する上で日々必要な財・サービス、現金、預貯金などが資産として記載されており、その資産を購入するための資金が右側に記載されている。その資金は入手方法によって二分されており、借入金によって入手した返済義務のある資金を負債、資本家から出資された資金と企業自身が稼いだ利益の中から企業のために使うと株主総会で決めた資金を純資産と呼ぶ。貸借対照表の左側合計金額と右側の合計金額は一致する。英語で貸借対照表のことをBalance Sheetと呼ぶのはこのことに由来している。冷静に考えれば左右が一致するのは当たり前だと分かるだろう。右側の資金が豊富で余剰しているのであれば、それは左側では現金、預金などで表され、左側の資産が多すぎる場合は、右側の負債、もしくは投資家からの資本金として資金調達され帳尻を合わせる。

| 資　産 | 負　債 |
|---|---|
| 会社の日常業務に必要なもの。<br>現金・預金<br>商品・製品<br>社屋・社用車<br>産業機械<br>土地<br>コンピュータなど | 借金のこと。<br>1年以内に返済する借金<br>（短期借入金）<br>1年以上かけて返済する借金<br>（長期借入金） |
| | **純資産**<br>資本金と利益を貯めたもの。<br>会社を経営するために必要なお金を出資者から投資してもらい、それを資本金として起業する |

図4-6：貸借対照表

図4-7は、損益計算書になる。損益計算書は1年間の売上などの収入から費用を引き、利益もしくは損失を計算するための書類である。企業の収入は、

## 第2節　マネジメント

| 売上高 (A) | | | 営業外収益 (F) | 特別利益 (I) |
|---|---|---|---|---|
| 売上原価 (B) | 販売費および一般管理費 (C) | | 営業外費用 (G) | 特別損失 (J) |
| | 売上総利益（粗利）(D) = (A) − (B) | | | |
| | 営業利益 (E) = (D) − (C) | | | |
| | 経常利益 (H) = (E) + (F) − (G) | | | |
| | (G) | 税引き前当期純利益 (K) = (H) + (I) − (J) | | |

図4-7：損益計算書

売上高、営業外収益、特別利益から成り、費用は売上原価、販売費および一般管理費、営業外費用、特別損失からなる。これらを使って、売上総利益（粗利）、営業利益、経常利益、税引き前当期純利益などが計算される。

資金繰り表は主に中小企業において日々の現金の出し入れを管理するために使われる。未収金は回収されて現金収入となった時点で記入する。（表4-2を参照のこと）

企業が各部署に予算を配ることを予算配賦（よさんはいふ）という。予算配賦は一年の始まり（期初）に行われ、事務所代や人件費は1か月経つごとに企業に回収され、1年が終わるとき（期末）に0になる。企業の1年は年度と呼ばれる。日本企業の年度は4月に始まり、翌年の3月に終わることが多い。

企業によっては各部署でモノやサービスを購入する際には購買部を通して行わなくてはいけない場合がある。各部署は買いたいものを購買部にリクエストして購入してもらう。

情報システムなどの場合は、購入したい部署が情報システム部に開発依頼し、情報システム部が外部の業者と交渉して開発プロジェクトを決定し、それを購入したい部署が承認する。情報システム部は外部の業者から提出された見積書

表 4-2：資金繰り表の例（出典：筆者作成）

| ABC株式会社資金繰り表 | | | 4月1日 | 4月2日 | 4月3日 |
|---|---|---|---|---|---|
| 前日繰越 | | | 1,000,000 | 1,220,000 | 170,000 |
| 収入 | 売上入金 | 現金売上 | 50,000 | 50,000 | 50,000 |
| | | 売掛金回収 | 60,000 | 0 | 0 |
| | | 受取手形期日入金 | 0 | 0 | 0 |
| | | 手形割引 | 255,000 | 0 | 0 |
| | 借入金 | | 0 | 0 | 0 |
| | 雑収入 | | 0 | 0 | 0 |
| | 計 | | 365,000 | 50,000 | 50,000 |
| 支出 | 仕入支払 | 現金仕入 | 100,000 | 100,000 | 100,000 |
| | | 買掛金仕入 | 0 | 0 | 0 |
| | | 支払手形決済 | 0 | 0 | 0 |
| | 人件費支払 | | 0 | 650,000 | 0 |
| | 販売費支払 | | 0 | 350,000 | 0 |
| | 支払利息・割引料 | | 45,000 | 0 | 0 |
| | 雑支出 | | 0 | 0 | 0 |
| | 固定資産現金払 | | 0 | 0 | 0 |
| | 借入金返済 | | 0 | 0 | 0 |
| | 計 | | 145,000 | 1,100,000 | 100,000 |
| 翌日繰越 | | | 1,220,000 | 170,000 | 120,000 |

を購買部に回して、開発プロジェクト契約の締結を依頼する。購買部は外部の業者を呼び、契約を締結する。契約が締結されると契約書は情報システム部に渡され、情報システム部管理のもと開発プロジェクトが実施され、購入したい部署のシステムが開発される。開発が完了すると購買部は経理部に対して支払いを依頼する。経理部は、契約書にある条件で外部の業者に支払いを行う。

　企業と企業が取引を行ってお金が動く場合、その場で現金が動くことはあまりない。多くの場合、掛け売り・掛け買いを行う。何故なのだろうか。それは各従業員が会社から現金をもらい、支払いに充てる作業が煩雑で手間が掛かり、最悪の場合、現金の紛失や盗難が起きるからである。

## 第2節　マネジメント

　掛け売り・掛け買いの取引では、掛け売り側が、見積書、納品書、請求書を発行し、掛け買い側は、受領証を発行し、請求書に書かれた条件で銀行振込や手形、小切手などにより支払いを行う。この条件は支払サイトと呼ばれ、毎月20日締めの翌々月末払いなどが企業ごとに決まっている。概して、大企業ほど購入から支払いまでの期間が長いのが特徴になっている。

　掛け売り・掛け買いを行ったとき、掛け売り側には未収金が発生する。未収金は、今は現金ではないが、ある期間が過ぎたら現金になるお金のことである。反対に掛け買い側には未払い金が発生する。未払い金は将来支払わなければならないお金になる。

　小さな企業や設立したての企業の一部では「黒字倒産」が起きる場合がある。会計上は黒字なのに銀行の不渡りを2回起こして銀行取引停止となり、倒産してしまうことが起きる。小さな企業や設立したての企業は信用がないので原材料を購入する際に掛け買いできずに現金で購入しなくてはいけない場合が多くある。しかし、自社製品を販売した場合は掛け売りになり、入金まで2か月以上になることが多くある。材料を購入して製品を作り販売して現金が入るまでには3か月から6か月位掛かることになる。この間に企業の運転資金が無くなってしまい、取引先に支払いができなくなることが起きる場合がある。

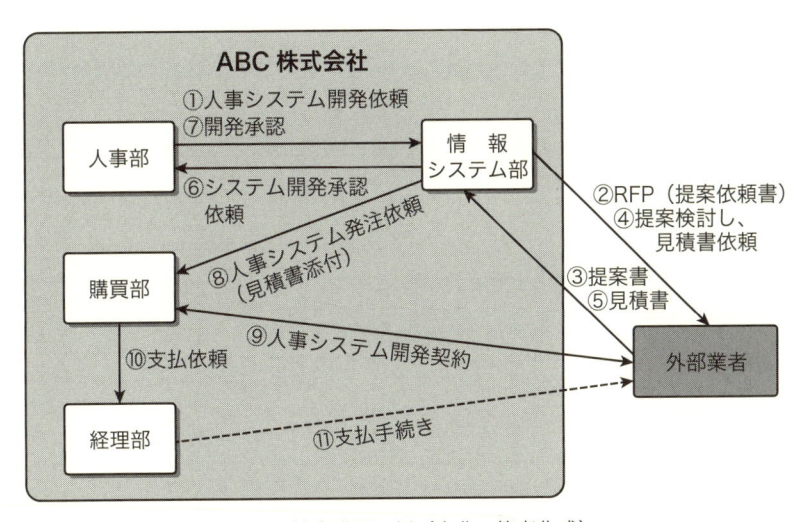

図4-8：社内購買の例（出典：筆者作成）

支払いができないことを不渡りといい、不渡りを続けて2回起こすと銀行取引が停止されて事実上の倒産状態になる。

(5) 情　報

情報は近年加えられた経営資源である。企業経営では、情報がなくてはすぐに倒産してしまう。

財務情報は企業内のお金に関する情報である。企業内のお金の動きはすべて複式簿記で記録され、その情報を基に貸借対照表、損益計算書、キャッシュフロー計算書などが作成される。企業経営者にとって最も重要な情報になる。

経営者（役員）や従業員に関する情報が人事情報になる。労働組合の動向なども入る。企業に忠誠を尽くして働いてくれる従業員にするための人事施策の立案・実行のために正確な人事情報が必要になる。

製品を作って売るためには原材料が過不足なく供給される必要があり、購買・物流情報が重要な役割を果たす。生産計画に基づいて工場での原材料の消費状況を把握し、欠品が起きる前に購入し、工場に運び入れる。

自社製品が市場でどれくらい評価され、どれくらい売れているかなどを調べて、さらに売れる仕組みを作るのに必要な情報がマーケティング情報である。販売促進施策は製品在庫とも連動し、適正な在庫量を保つように生産計画を勘案しながら広報・宣伝プランを策定し、実行する。営業が製品を販売した情報もマーケティング情報の一部として集約される。

自社技術が同業他社から劣っていないか、最先端技術の動向を把握しながら、自社製品に必要な技術情報を収集する。自社が開発した技術の情報は漏洩しないように適切に管理する。

社会における自社の立場を把握し、地域住民などから反発を受けていないか、不買運動が起きていないかなどの業界や社会の動向に関する情報を集め、CSR（企業社会責任）を果たすための施策を立案し、実行する。

(6) 広報と宣伝

広報は、自社の経営理念や人事戦略、製品情報など企業が社会に広く知ってもらいたいことを伝える役目を担っている。予算額は大きくなく、0円から3

## 第2節　マネジメント

千万円程度。社員は少なく、予算のほとんどは PR 企業への業務委託費。PR は、パブリック・リレーションズの略で企業と社会を繋ぐ役目を意味している。PR 企業は、企業が広報したい内容をヒアリングし、ニュース（プレス）リリースを作成し、記者クラブに配信したり、メディアの編集部等にニュースリリースを届けたりする。その他、記者との懇話会を開催し、企業と記者との関係を築く。企業の広報部は記者に対して、原則として飲食を共にするような接待はしない。代表的な PR 企業は、共同 PR、電通 PR 等。大手企業の中にも広報を PR 企業に丸投げする企業があり、部長と秘書しかいない広報部が存在する一方、多くの社員を配置し、PR 企業を雇わず、すべての PR 業務を自前で行う企業も存在する。

　起業したての企業にとっては、自社製品をニュースで取り上げてもらうことは費用の掛からない宣伝であり、絶大な効果を生む（行列のできるラーメン店等）。しかし、情報を社会に発信するかどうかは、マス・メディアの一存である。

　広報はニュースリリースを発行する。多くの企業が日々ニュースリリースを行うが、ニュースバリューのあるニュースリリースのみがメディアに取り上げられる。ニュースバリューは、a) 新しいまたはエッジな感じ、b) 意外に感じる、c) 変わっている、d) ドラマ性がある、e) 時代に合っている、f) 将来性がある、などになる。例えば、今さら魚介系つけ麺を新発売してもニュースにならないが、それがイカスミで真っ黒にしたスープとつけ麺であれば、取り上げてもらえるかもしれない。ニュースリリースを発行するときは、この6項目を必ず検討し、メディアが流すニュースに値するかどうか、考えなくてはならない。平凡なものではニュースにならない。

　ニュースリリースは、中学生が読んで分かるレベルの内容にしよう。ニュースリリースの書き手は、自分の属する業界や自社の用語をニュースリリースの文中に使ってしまうことがあるが、これらの用語は社会的に通用しないことが多くある。記者も理解できないかもしれず、このニュースリリースを受け取った記者は、一読してそれを捨ててしまうかもしれない。よって、専門用語は使わない方が良い。どうしても使わなくてはいけない場合は、注釈をつける。

　ニュースリリースはどこに渡すのだろうか。メディアに直接郵送したり、Eメールで送付したり、記者にあって説明し、手渡したりすることが一般的である。その他、記者クラブと呼ばれるメディアが集まっている場所で記者会見を

開いたり、記事を各社のポストに投げ込んだりする。記者会見を開くには会見場の手配などが必要になり、10〜100万円の費用が発生する。記者クラブで「投げ込み」を行うと多くのメディアにニュースリリースを届けることができ、掲載チャンスも広がりそうだが、ライバル企業も同じことを考えるので多くの投げ込みが発生し、競争率が高くなる。

多くのニュースリリースは没になり、報道されない。ニュースリリースは送付後、すぐにニュースとして報道されることは稀である。記者の目に留まった記事は、記者や編集部の都合で掲載時期が決定される。さまざまな事情による記事の差し替えが発生したときにこれらのニュースリリースが使われることがある。忘れた頃に記事になるということはよくあることである。例えば、月刊誌であれば、ニュースリリース発行後3〜6か月で掲載ということもある。ファッション誌の路上撮影は、雑誌発行の3か月以前に行われるのが一般的で、さらに雑誌掲載時には1〜2か月先のファッションを載せる。そうすると、半年先のファッションを撮影することになるので、モデルは真冬の大手町や丸の内で夏用ファッションの撮影をしていることが起きる。

宣伝は、企業が費用負担し、自社が社会に流したい情報を流す行為。予算額は非常に大きく、関わる社員も多い。パナソニックは、2011年度の1年間で746億円の広告費を使っている。同時期の売上高は3兆8724億円なので、売り上げの約1.9%、花王は同518億円／7,245億円で売り上げの約7.1%が広告宣伝費となっている。マス・メディアに広告を掲載するには多額の費用が掛かる。例えば、日経新聞の真ん中のページ2枚全部に広告を出す（見開き全面広告）と朝刊1回の掲載料だけで4千万円掛かる。マス・メディアの広告料は原則として何人がみるか、という基準で費用が決まる。ちなみに新聞は1面で15段あり全面広告のことは15段広告ともいう。新聞記事の中に小さく社名だけ出す広告でも50万円掛かる。なお、グループ企業全体（連結決算）でみた場合の第1位はソニーで、広告費3,572億円、売上高6兆4,932億円（5.5%）となっている。（参考URL：http://adweb.nikkei.co.jp/paper/ad/index.html）

企業の宣伝部では、大抵、毎年、もしくは、イベントごとにコンペを行い、メインとなる広告代理店を選ぶ。代表的な広告代理店は、電通、博報堂、東急エージェンシー等。大企業では、宣伝部に広告代理店の社員を常駐させることもある。

## 第2節　マネジメント

　広告代理店は、企業の宣伝案件ごとに宣伝企画を立てて、媒体を選び、作業に必要な企業を集める。例えば、モーターショーなどのイベントであれば、イベント運営業者を選び、イベントの仕切りを任せる。イベント運営業者は、オスカー・プロモーションなどのナレーター・コンパニオン派遣業者やブース組立業者、什器レンタル業者などを集めて、イベント運営を行う。また、広告代理店は、モーターショー関連の広告をマス・メディアに対して実施する。新聞や自動車雑誌などへの広告は半年以上前から計画し、ラッピング・バスなどを走らせ、招待券のDM発送なども行う。顧客企業は、仕切りをすべて広告代理店に丸投げし、報告を随時受けて進捗に問題ないことを確認するに留める場合が多い。顧客企業宣伝部の主な仕事は、社内各部署、特にマーケティング部との連絡調整を行うことであり、モーターショーの場合であれば、製品コンセプトや訴求点をマーケティング部の担当者がイベント関係者に伝える場を持つ。

　広告代理店にとっては、顧客企業の宣伝部はいわば「大きなお財布」であり、顧客企業に対して過剰な接待攻勢をかけることが多い。バブル期の銀座は、広告代理店と顧客企業で持っていたと揶揄されるほどである。IBMの元宣伝部長は「宣伝部長の仕事は部下が広告代理店から過剰な接待を受けないように見張ること」と語っていた。

　広告代理店社員の給料は高い。しかし、そのほとんどは、顧客企業からの売上と下請け企業からの搾取（安い費用しか支払わない）で成り立っており、バブル崩壊後、企業の広告宣伝費が縮小したことにより、以前より収入は減っている。

　新聞社や雑誌社では、広告を出稿した企業の広報記事を優先的に誌面で取り上げることがある。例えば、雑誌の場合、表側の表紙を表1といい、その裏を表2、雑誌の裏表紙を表4といい、その内側を表3という。表1は雑誌名や記事の見出しが書かれていることが多く、広告が入らない場合が多いが、裏表紙は広告が入っていることが多い。裏表紙は店頭で本をひっくり返すだけで誰の目にも留まるので、広告効果が高いとされていて、有名雑誌の表4への出稿は順番待ちの行列ができるほど人気がある。また、新聞や雑誌の中のページには、記事体広告というのがある。記事体広告はページの上や下に（全面広告）などの表示があるものの記事と同じ文体で記述されているので読者は記事と間違えることがある。こういった広告の出稿が多い企業ほど本紙誌面の中で

ニュースリリースを取り上げてくれることがある。

　本来、編集部にとって記事の内容は第三者に影響されない独自なものであらなければならないが、新聞社や雑誌社も営利企業であるので、広告主との関係を考えて大切な広告主の広報を優先して記事内で紹介することがある。最近では、原発事故後の東電関係の記事が東電に優しいのは、東電が多くの広告を出稿し、新聞社や雑誌社の利益の源泉の1つとなっていることが指摘されている。

## 第3節　企業倫理

(1)　社会との共存を考える

　大航海時代にイギリスやオランダから帆船がアフリカやアジアに渡り、香辛料などを持って帰るという行為が行われていたことを知っている学生は多いと思うが、これが株式会社の始まりであったと理解している学生は少ないだろう。

　帆船を仕立てて、乗組員を集めて、航海に必要な物資を調達するには、結構なお金が掛かる。しかし、当時、香辛料は現在の宝石並みの価値を持っていたので、航海が成功した際には持ち帰った物資を売ることで莫大な利益を得ることができる。これらの帆船の出航をひとつの貿易会社の起業として出資を募り、必要資金が溜まったところで、航海を行い、航海が終了して持ち帰った品を売りさばいて、費用を差し引いて利益を計算して貿易会社を清算し、出資割合に応じて分配するというプロジェクト型のビジネスが株式会社の最初である。やがて、1回だけのプロジェクトで終わりになる会社ではなく、何年も継続して事業を行う会社の形態（ゴーイング・コンサーン）に変わっていき、現在の株式会社に至る。

　このように企業は利益を得ることを目的にして出資された存在であるので、利益を損なう行為である費用を増やすことは御法度であった。日本でもイタイイタイ病や光化学スモッグなど、過去に企業による災害が起きているが、これは企業が利益優先に動いた結果であった。この企業行動に対して、まずは行政が法律によって制限を設け、地域住民の健康を守った。地域住民も声を上げ、裁判を起こし、多額の賠償金を企業は支払うことになり、利益を損なう要因である費用の増大を招いた。地域住民の声や裁判の行方、行政の対応などがマス・メディアを通して全国に広がると公害企業の製品を買わないという不買運動などが始

第 3 節　企業倫理

まり、企業は利益を損なうもう 1 つの要因である売上減少にも見舞われた。
　費用対効果の観点からも企業は社会と対立するのではなく、社会から信頼される存在になる必要が生じた。企業と社会は地球環境の上で共存する存在である、という認識がなされた。

## (2)　CSR って何？

　CSR は、コーポレート・ソーシャル・レスポンシビリティの略で企業の社会的責任と訳される。企業は、元々利益を確保するためだけの存在であったので最低限の法令遵守が義務とされたが、企業が社会に与える影響が大きくなると地域社会への利益貢献が求められるようになり、社会的存在としての姿が大きくなった。企業が巨大化し、多国籍化されると地域社会のみならず、国家レベル、地球レベルでの社会的存在として、より高次の社会的責任を保持し、さらなる社会貢献や情報公開などを行うべきであるという考えによって、CSR の概念ができた。
　企業は利益をあげるために財・サービスを販売するが、その財・サービスを購入する顧客が迷惑と感じる、もしくは、不快に思う行為をすれば、売上が鈍化することや全く売れなくなってしまうことが起きる。こういったことをリスクとして認識し、その対策を行うところから CSR はスタートし、現在では、これを逆手にとり、良い行いをする企業というイメージを社会に植え付けることで売上向上を目指す方向にある。
　筆者はアメリカ系ソフトウェア企業の経営企画室で働いていたことがあるが、企業経営者や幹部従業員は CSR が必要であるのは認識しているが、実際の活動を開始する段階になると費用を出すことを渋る傾向がある。費用が嵩むことは利益の圧迫を意味し、利益が低くなることは株主の同意を得られないことにつながり、株主の不評を買うことは経営者としての自らの地位を危うくするからである。よって、CSR は、関連法規の遵守やコンプライアンスの強化、良い製品・サービスの提供、雇用創出・維持、税金の納付などの利益確保の効果のある施策から実施される。次の段階で、従業員のボランティアや文化的施設の提供などのメセナ活動、フィランソロピー活動などのいわゆる社会貢献活動が始まる。最終的に地球環境への配慮、環境や個人情報保護の実施などを行

い、社会から信頼される企業を目指す。

　CSR は株主の動向の変化も生んだ。株式市場や格付機関が企業評価の尺度としてCSR の視点を取り入れるようになってきている。ヨーロッパ諸国などでは年金の投資先評価の際に、環境・社会・倫理面の評価を加えることを法律で義務付けている。国際機関におけるCSR に関しては、国連は1999 年に「グローバル・コンパクト」を提唱し、OECD（経済開発協力機構）の「OECD 多国籍企業ガイドライン」が2000 年に更新され、国際規格としては国際標準化機構によるISO26000 シリーズで企業の持続的発展の基礎として社会的責任を採用している。

### (3) 環境経営

　環境経営（Environmental Management）とは、企業と社会が持続可能な発展をしていくために、地球環境と調和した企業経営を行うという考え方になる。

　現在の経済社会は市場原理主義の台頭により、市場参加者の自己責任が問われるようになり、企業経営におけるリスク管理の強化が重要となった。経営リスクは多様ではあるが、その中で公害排出などによる環境汚染などの環境リスクが極めて重要になってきている。世間の耳目が集まる中、企業の環境問題に対する取組みは変化せざるを得ず、製造業などの地球に環境負荷を与えている企業が健全な物質循環と経済社会の持続可能な発展のために責任を果たすことが社会から要求されるようになってきた。

　環境省は平成12 年5 月に「環境会計システム導入のためのガイドライン」（以下「ガイドライン」という）を公表した。以下、同著によれば、環境省は環境保全のためのコストとその効果を金額、または物量単位で集計し、公表することを推奨し、このガイドラインによって、多くの企業が環境会計を公表するようになった。その企業数は、約350 社にのぼり、導入を検討している企業も600 社以上に及んでいる。

　企業にとって環境問題は、費用のかかる問題であるが、適切に対処しないと不買運動や賠償金の発生など利益を圧迫する要因になり、最悪の場合、事業継続の妨げになることもある。よって、環境会計を実施して、環境保全コストや環境保全対策の効果を把握することが企業経営を健全に進めるための不可欠な

## 第3節　企業倫理

要素になる。また、環境会計を公表することが企業の環境経営への取組み姿勢を外部に表すことになり、社会の目に応える方法となる。

環境省が公表した環境会計の集計方法は、環境保全のための「コスト（費用）」と「効果」を対比して示す様式になっている。「コスト」は、その特質に応じて6つ（事業エリア内コスト、上流・下流コスト、管理活動コスト、研究開発コスト、社会活動コスト、環境損傷コスト）に分けて把握し、「効果」には、事業活動により環境負荷をどのくらい抑制・回避できたかを示す「環境保全効果（物量単位）」と事業収益にどのくらい貢献できたかを示す「環境保全対策に伴う経済効果（貨幣単位）」がある。

### (4) 社会貢献活動

企業の社会貢献活動には、ボランティア、フィランソロピー、メセナがある。ボランティアとは、従業員が自発的に自由意思でなんらかの奉仕行為などを行うこと。報酬の有無は基本的には関係ない。volunteerの語源は「義勇兵・志願兵」という意味であり、欧米では現在でもその意味で使われる場合が多い。フィランソロピーはギリシャ語のフィリア（愛）とアンソロポス（人類）を語源とする合成語で、直訳すると人類愛、慈善のことだが、日本では「社会貢献」の意味で使われている。アメリカでは個人や企業による社会貢献活動や、寄付行為に対する呼称として定着している。メセナは、企業が行う文化活動あるいは文化支援活動のこと。具体的な活動としては、コンサートホールや美術館を設立、運営する、各種イベントを主催する、財団を設立して文化や学術への助成を行うなどがある。

現代の企業では、SRI（社会責任投資）などでの企業評価を高くすることを目的に、自社のCSRを定めて自社のフィランソロピーを決め、フィランソロピーに基づいてコーズ・リレーテッド・マーケティングを実施している。コーズ・リレーテッド・マーケティングとは、社会貢献活動と結びついた企業利益を誘導するマーケティング活動のことである。コーズ・リレーテッド・マーケティングでは、社員が自らの意志で実施するボランティア活動を支援したり、音楽ホールを建立するなどのメセナ活動を行ったりしている。

従来の日本企業は社会貢献を行うための財団法人を設立し、企業はその財団

法人に寄付を行うことで CSR を果たしていると考えていたが、財団法人による社会貢献活動は所轄官庁による規制のため自由度が低く、社会の景気が悪く、低金利状態が続いていると財団法人の活動資金が賄えないという事態が生じる。財団法人は、寄付されたお金を基金として積み立て、この基金を信託銀行などが運用し、その結果として毎年支払われる利子のみが活動費となる。(例：100億円の基金があり、金利1%／年で運用すれば1億円が活動費となる。日本はバブル崩壊後、超低金利状態が続いているので満足な活動費を捻出できていない)

## 第4節 産　業

(1) 概　要

　人間が生きていくうえで必要なモノやサービスを作る行為をすべてまとめて産業と呼ぶ。みなさんは、小学校時代に第1次産業、第2次産業、第3次産業という産業分類を学んだことだろう。第1次産業は農林水産鉱業になる。おもに原材料となるモノを採取したり、作成したりする産業である。第2次産業は製造業になる。モノを作る産業である。第3次産業はサービス業になる。サービス業は、直接にモノを作成するのではなく、サービスを受ける人（享受者）が身体的もしくは精神的満足を得る行為を行う産業である。サービス業には、陸海空運業、流通業、対人サービス業（理容や接客業など）、知識・情報サービス業などがある。製造業の弱くなった日本はこれから知識産業で生きていかなくてはいけない、とも言われている。

　表4-4は、日本標準産業分類になる。大分類で20種類の産業に分かれている。

　平成24年経済センサス－活動調査（出典：http://www.stat.go.jp/data/e-census/2012/kakuho/gaiyo.htm）によれば、平成24年2月1日現在の日本における企業等数は、412万8,215企業であり、平成23年1年間の売上（収入）金額は1,335兆5,083億円、付加価値額は244兆6,672億円であった。付加価値額とは新たに生まれた価値である。同事業所数は576万8,489事業所、従業員数は5,583万7千人であった。

## 第4節　産　業

表 4-4：日本標準産業分類（大分類）

| A 農業，林業 | K 不動産業，物品賃貸業 |
|---|---|
| B 漁業 | L 学術研究，専門・技術サービス業 |
| C 鉱業，採石業，砂利採取業 | M 宿泊業，飲食サービス業 |
| D 建設業 | N 生活関連サービス業，娯楽業 |
| E 製造業 | O 教育，学習支援業 |
| F 電気・ガス・熱供給・水道業 | P 医療，福祉 |
| G 情報通信業 | Q 複合サービス事業 |
| H 運輸業，郵便業 | R サービス業（他に分類されないもの） |
| I 卸売業，小売業 | S 公務（他に分類されるものを除く） |
| J 金融業，保険業 | T 分類不能の産業 |

　イギリスで起きた産業革命のことをどれくらい知っているだろうか。イギリスの産業革命は、工業革命と農業革命の2つから成っている。工業革命は、木綿工業から始まった。1733年のジョン・ケイの飛杼（とびひ）の発明が織布工程の能率を上昇させた。飛杼とは、縦糸と横糸を通す杼（ひ）が片手でひもを引くことで交互に動く機能をもった機械のことである。TVドラマで出てくる機織り機や紡績工場をイメージすると分かりやすいかもしれない。飛杼により織布の生産が増大し、糸の需要が高まり、それがまた紡績工程の技術変化を促した。1764～67年のハーグリーブスのジェニー紡績機、69年のアークライトの水力紡績機、79年のミュール紡績機、85年のカートライトの力織機などが次々に発明された。紡糸、仕上げの両工程の機械化とその後まもなく蒸気を動力に用いることによって1840年までに木綿工業は機械化への移行を完成した。

　農業革命は、16世紀末から18世紀のヨーロッパで支配的であった経済政策である。保護貿易で育成した輸出産業で国富を増大させようとした重商主義政策の影響を受けて、法律の保護によって大土地・大借地農業が盛んになった。

　農業革命の意義を簡単に説明すると、法律や技術革命によって地主の権力が大きくなり、新たな農法によって農業生産が増加したことで食料供給が増えて養える人口が増え、増えた人口は都市における工場労務者となったことで、産業革命に必要なヒトを生み出した、ということになる。

　産業革命はなぜ、木綿織布の機械が中心だったのか。産業革命当時、ヨーロッ

パでは高価な絹織物や毛織物が作られていた。イギリスは、絹織物や毛織物はフランスなどヨーロッパの他の国から輸入し、木綿織布はインドから輸入していた。商売人の論理で考えれば、安い木綿を作る機械を開発するより、高い絹織物や毛織物を作る機械を開発したほうが儲かりそうだが、木綿織布の機械が開発された。実は、イギリスの商売人のずる賢さがここに表れている。

もし、イギリスが絹織物や毛織物用の紡績機械などを開発していたら、その技術はいとも簡単にフランスなどヨーロッパのライバル国に漏れてしまい、イギリスの優位性を確保することは難しくなる。しかし、相手がイギリスの植民地でイギリス本国から遠く離れたインドであれば、事情は異なる。植民地政策によって木綿織布関連機械をインドに輸出しないように、もしくは、インドが輸入できないようにすることは、そう難しいことではない。最新の機械によって競争力を身に付けたイギリスの木綿織布産業は、インドからの輸入品を凌駕する。しかも、イギリスの木綿織布の原材料はアメリカ木綿を輸入していたので、インドは大打撃を受けた。しかし、しばらくしたのち、アメリカで南北戦争が起き、木綿の栽培が戦争の被害を受けてうまくいかなくなり、イギリスは原材料の木綿の調達をアメリカからインドへ変更し、インドは木綿織布ではなく、原材料としての木綿をイギリスに輸出するようになった。

花形産業とは、人気があり、注目を集めている産業という意味である。花形産業は時代と国によって異なる。例えば、日本にまだ稲作が無かったときに中国・朝鮮半島などの大陸から稲作が伝えられると、それまでの狩猟・採取型の生活から稲作によって作物を作って収穫する形の農業が花形産業になった。また、第2次世界大戦後には石炭産業が花形産業となった。石炭は黒いダイヤとまで呼ばれた。(ちなみにダイヤモンドは炭素なので、石炭が黒いダイヤというのはあながち間違いではない)

その後、鉄鋼業が花形産業となった。今、70歳くらいの方、みなさんのおじいさん・おばあさんにとっての花形産業は鉄鋼業であった。新日鉄、神戸製鋼など、大手の製鉄会社(高炉を持っている会社)が大学生の人気就職先であった。花形産業は大学生の就職先としても人気がある。その後、自動車産業のような製造業が花形産業となり、世界を駆け巡る総合商社が花形産業となり、み

第4節　産　業

　みなさんのご両親の若い頃には金融業が花形産業となり、都市銀行に総合職で入行することが大学生のステータスとなっていた。広告業界はここ30年くらいの花形産業である。この20年間はIT産業が花形産業となっている。これまでの花形産業は社会的な注目を集めるとともに、大学生の就職先としても人気があったのだが、IT産業は例外的に大学生には人気が無く、仕方なく就職するところであった。しかし、1990年代までにIT産業に就職した人は、多かれ少なかれ、花形産業の恩恵に浴した。

　残念ながら、現在の日本では、分かりやすい花形産業はない。強いて言えば、高齢者向けの産業が花形産業になる。お金を持っている高齢者向けの商品や旅行、政府予算のついている介護関係ビジネスが花形産業と言えるかもしれない。また、アニメ、アイドルなどのヲタク文化系ビジネスもこれからの花形産業と言えるかもしれない。今、世界中で、日本のアニメが見られている。アニマックスは、BS放送、スカパー、CATV等で見られるのだが、世界中に配信されていて、多くの国で見る事ができる。先日、インドにいったときもホテルで見る事ができた。「けいおん！」は"K-ON"という名前で放映されていた。現在の日本では製造業が不振なので、製造業に代わり、サービス業である知識産業を日本の輸出産業にすることが重要になっている。

⑵　農林水産鉱業

　第1次産業である農業、林業、水産業、鉱業は、自然を利用した産業である。田畑で作物を作る農業と山野で木を育成して木材を作る林業に関しては、農林水産省が、農林業センサスという統計を5年に一度公表している。

　2010年世界農林業センサス（出典：http://www.maff.go.jp/j/tokei/sokuhou/census10_kakutei/）から以下引用する。

　農林業経営体数（平成22年2月1日現在）は172万7千経営体で、5年前に比べて17.2％減少した。このうち、農業経営体数は167万9千経営体、林業経営体数は14万経営体となり、5年前に比べてそれぞれ16.4％、30.0％減少している。農業就業人口は260万6千人で、5年前に比べて74万7千人（22.3％）減少し、平均年齢は、65.8歳となった。農業経営体の経営耕地面積は363万2千haとなり、5年前に比べて6万1千ha（1.7％）減少したにも

かかわらず、農業経営体の経営耕地面積のうち借入耕地面積は106万3千ha となり、5年前に比べて23万9千ha（28.9％）の大幅増加となった。1経営体当たり平均の経営耕地面積は2.2ha（北海道は23.5ha、都府県は1.6ha）となり、5年前に比べてそれぞれ増加した。農業従事者が高齢化して引退した際に耕地を貸し出して引退後の生活費にするなどによって耕地の集約が進められている、と同著では報告している。

農林水産省水産庁が発行している2013年漁業センサスの概要（出典：http://www.maff.go.jp/j/tokei/kouhyou/gyocen/pdf/gyocen_13_gaisu-1.pdf）によれば、全国の海面漁業の漁業経営体数は9万4,522経営体で、東日本大震災の影響もあり、平成20年の前回調査に比べ2万674経営体（17.9％）減少した。経営組織別に見ると、個人経営体は8万9,485経営体、団体経営体は5,037経営体で、前回に比べそれぞれ18.2％、12.3％減少した。漁期・漁法の規制、藻場・干潟の維持管理等、計画的に資源管理に取り組む漁業管理組織数は、1,825組織で前回調査に比べ87組織（5.0％）増加している。漁業就業者数は、18万1,253人で前回に比べ4万655人（18.3％）減少したが、年齢階層別に見ると、44歳以下の若い階層の占める割合が前回に比べ高くなっている、と同著では報告している。

平成24年経済センサス-活動調査（出典：http://www.e-stat.go.jp/SG1/estat/List.do?bid=000001049897 & cycode=0）によると、鉱業、採石業、砂利採取業（以下「鉱業」という）の事業所数は2,286事業所、従業者数は2万1,427人、売上（収入）金額（以下「売上高」という。）は5,710億円となっており、生産金額は4,326億円、鉱業活動に係る費用額は2,155億円、付加価値額は2,171億円となっている、ということである。

(3) 製造業

製造業はモノ（財）を製造する産業であり、第2次産業に分類されている。製造業には、食料品製造業、飲料・たばこ・飼料製造業、繊維工業、木材・木製品製造業（家具を除く）、家具・装備品製造、パルプ・紙・紙加工品製造業、印刷・同関連業、化学工業、石油製品・石炭製品製造業、プラスチック製品製造業、ゴム製品製造業、なめし革・同製品・毛皮製造業、窯業・土石製品製造

## 第 4 節　産　業

業、鉄鋼業、非鉄金属製造業、金属製品製造業、はん用機械器具製造業、生産用機械器具製造業、業務用機械器具製造業、電子部品・デバイス・電子回路製造業、電気機械器具製造業、情報通信機械器具製造業、輸送用機械器具製造業、その他の製造業などがある。一口に製造業といっても非常に幅広い。

平成 24 年経済センサス−活動調査、産業別集計（製造業に関する集計）（出典：http://www.e-stat.go.jp/SG1/estat/List.do?bid=000001049898 & cycode=0）から以下引用する。

平成 23 年の従業者 10 人以上の事業所数は 12 万 723 事業所、前年比−3.0％と 5 年連続の減少、従業者数は 680 万 7,864 人、同−3.6％と 4 年連続の減少となった。製造品出荷額等は 276 兆 5,669 億円、同−2.1％と 2 年ぶりの減少、付加価値額は 87 兆 4,416 億円、同横ばいとなった。

事業所数を産業別に前年比（寄与度順）で見ると、食料品製造業（前年比−7.8％）、金属製品製造業（同−3.5％）、プラスチック製品製造業（同−4.6％）など 24 産業中 21 産業が減少、生産用機械器具製造業（同＋2.6％）、輸送用機械器具製造業（同＋2.5％）、電子部品・デバイス・電子回路製造業（同＋4.0％）の 3 産業が増加となっている。事業所数の産業別構成比を見ると、食料品製造業（1 万 7,129 事業所、構成比 14.2％）が最も高く、次いで金属製品製造業（1 万 3,747 事業所、同 11.4％）、生産用機械器具製造業（1 万 601 事業所、同 8.8％）、プラスチック製品製造業（8,254 事業所、同 6.8％）、輸送用機械器具製造業（7,639 事業所、同 6.3％）の順となっている。

従業者数を産業別に前年比（寄与度順）で見ると、食料品製造業（前年比−8.1％）、情報通信機械器具製造業（同−8.8％）、プラスチック製品製造業（同−4.7％）など 24 産業中 23 産業が減少、生産用機械器具製造業（同＋0.6％）が増加となっている。従業者数の産業別構成比を見ると、食料品製造業（96 万 5,231 人、構成比 14.2％）が最も高く、次いで輸送用機械器具製造業（92 万 329 人、同 13.5％）、生産用機械器具製造業（48 万 7,285 人、同 7.2％）、金属製品製造業（47 万 7,649 人、同 7.0％）、電気機械器具製造業（45 万 474 人、同 6.6％）の順となっており、製造品出荷額等を産業別に前年比（寄与度順）で見ると、輸送用機械器具製造業（前年比−6.9％）、情報通信機械器具製造業（同−20.1％）、電子部品・デバイス・電子回路製造業（同−6.3％）など 24 産業中 13 産業が減少、生産用

機械器具製造業（同+13.5％）、石油製品・石炭製品製造業（同+10.2％）、鉄鋼業（同+2.7％）など 11 産業が増加となっている。製造品出荷額等の産業別構成比を見ると、輸送用機械器具製造業（50兆2,863億円、構成比18.2％）が最も高く、次いで化学工業（26兆576億円、同9.4％）、食料品製造業（23兆3,029億円、同8.4％）、鉄鋼業（18兆3,617億円、同6.6％）、石油製品・石炭製品製造業（16兆2,866億円、同5.9％）の順となっている、と同著では報告している。

(4) 卸売業、小売業

卸売業は、農家などの生産者や製造業企業などから、生産物、製品などの物品を仕入れ、小売業企業に販売する形態のビジネスである。通常、製造業企業から製品を仕入れ、小売業企業に販売することを「卸す」という。卸売業企業は消費者に直接販売することはしない。小売業は、消費者に物品を販売する形態のビジネスである。生産者もしくは製造業者から卸売業者が物品を仕入れ、卸売業者はそれを小売業者に卸して、小売業者が消費者に販売する関係になる。なお、卸売業者は小売業者以外に別の卸売業者に販売することもある（一次卸し、二次卸し、などという）。

平成24年経済センサス－活動調査、卸売業、小売業に関する集計（出典：http://www.e-stat.go.jp/SG1/estat/List.do?bid=000001051403＆cycode=0）を以下引用する。

卸売業および小売業の事業所数は140万5,021事業所（前回比-9.7％）であり、従業者数は1,122万5千人（同-6.9％）となっている。全産業に占める卸売業および小売業の事業所数の構成比は25.8％、従業者数は同21.3％と、サービス業（事業所数の構成比29.5％、従業者数同29.9％）に次いで大きな割合を占めている。平成21年基礎調査と比べると、事業所数は0.6％低下、従業者数は同0.5％低下している。卸売業の事業所数を産業中分類別に見ると、「機械器具卸売業」が9万4,024事業所（卸売業に占める構成比25.3％）と最も多く、次いで医薬品・化粧品、家具・建具・什器などが含まれる「その他の卸売業」が8万5,404事業所（同23.0％）、「建築材料、鉱物・金属材料等卸売業」が8万4,467事業所（同22.7％）、「飲食料品卸売業」が7万3006事業所（同19.6％）などとなっている。産業小分類別に見ると、「食料・飲料

## 第4節 産 業

卸売業」が3万6,924事業所（同9.9％）、次いで「産業機械器具卸売業」が3万6448事業所（同9.8％）、「建築材料卸売業」が3万5,280事業所(同9.5％)、「農畜産物・水産物卸売業」が3万5,066事業所（同9.4％）となっており、それぞれ卸売業全体の約1割を占めている。

小売業の事業所数を産業中分類別に見ると、医薬品・化粧品、燃料、書籍・文房具などが含まれる「その他の小売業」が38万6,453事業所（小売業に占める構成比37.4％）と最も多く、次いで「飲食料品小売業」が31万7,983事業所（同30.8％）、「織物・衣服・身の回り品小売業」が14万7,703事業所（同14.3％）などとなっている。産業小分類別に見ると、コンビニエンスストアや料理品などが含まれる「その他の飲食料品小売業」が13万8,295事業所（小売業に占める構成比13.4％）と最も多く、次いで「医薬品・化粧品小売業」が8万5,263事業所（同8.3％）、「自動車小売業」が7万7,647事業所（同7.5％）、「婦人・子供服小売業」が6万9698事業所（同6.7％）、「菓子・パン小売業」が6万2077事業所（同6.0％）となっており、これら5産業で小売業全体の4割強を占めている、と同著では報告している。

### (5) 飲食・生活関連サービス業

飲食・生活関連サービス業は小売業の一形態になる。消費者に飲食の提供、理容・美容の提供などを行う形態のビジネスである。大学生のアルバイト先としてポピュラーな企業も多いので学生にはなじみがあると思う。

平成24年経済センサス−活動調査、卸売業、小売業に関する集計（出典：http://www.e-stat.go.jp/SG1/estat/List.do?bid=000001051403 & cycode=0）を以下引用する。

「飲食サービス業」の売上高を見ると、13兆5572億円となっている。産業細分類別に売上高を見ると、「食堂、レストラン（専門料理店を除く）」が1兆7,337億円と最も多く、次いで「配達飲食サービス業」が1兆6,886億円、「酒場、ビヤホール」が1兆6,558億円などとなっている。従業者1人当たり売上高を見ると、439万円となっている。産業細分類別に常用雇用者数の内訳を見ると、正社員・正職員は、「配達飲食サービス業」が6万4千人と最も多く、次いで、「日本料理店」が5万6千人、「食堂、レストラン（専門料理店を除く）」

が5万4千人などとなっている。一方、正社員・正職員以外は、「食堂、レストラン（専門料理店を除く）」が28万7千人と最も多く、次いで、「配達飲食サービス業」が22万4千人、「日本料理店」が19万6千人などとなっている、と同著では述べている。

同著によれば、「生活関連サービス業」の売上高は、11兆8,422億円となっている。産業細分類別に売上高を見ると、「旅行業（旅行業者代理業を除く）」が5兆2,180億円と最も多く、次いで「美容業」が1兆2,574億円、「葬儀業」が1兆360億円などとなっている。従業者1人当たり売上高を見ると、1,043万円となっている。産業細分類別に従業者1人当たり売上高を見ると、「旅行業（旅行業者代理業を除く）」が9,139万円と最も多く、次いで「旅行業者代理業」が3,059万円、「葬儀業」が1,768万円などとなっている、としている。

⑹ 金融：銀行・証券・保険、その他金融

金融業は主に銀行、証券、生命保険、損害保険、ローン・消費者金融、クレジットカード、リース、その他金融業に分かれる。銀行はお金を預かり、預かったお金を貸し出して金利・手数料を取り、預かったお金の支払い金利と貸し出し金利・手数料の差額や企業間取引の決済手数料などを得ている。証券は、顧客の証券取引に関する手数料収入や法人の上場手続き、コンサルテーションなどによる収入、自己勘定での証券取引による収入等を得ている。生命保険は人の健康に関する保険料と支払い保険金の差額および自己勘定による投資や貸し出しなどで利益を得ている。損害保険は財の価値に掛けた保険の保険料と支払い保険金の差額および自己勘定による投資や貸し出しなどで利益を得ている。ローン・消費者金融は、法人、経営者、もしくは消費者個人に金銭を貸し付けて金利を取ることで利益を出している。クレジットカードは、現金ではなく、後払い方式による決済での手数料収入、リースは財の貸し付けによるリース金収入などによって利益を得ている。金融業は金融サービスを行う業態であり、金融サービスの種類によって区分されている。金融業を志望する学生は多いが、一口に金融業といっても中身は全く異なるので、それぞれの業態を詳しく把握すべきである。

また、銀行業であっても行内では、性格の異なる業務が行われている。学生

第 4 節　産　業

の多くが知っている銀行は、支店の窓口で、預金、ローン、振込、外国為替などを扱っているところだと思うが、それ以外に法人相手に貸し出しを行う部門、貸し出しなどの銀行業務が適正に行われているかを審査する部門、国際の入札など資金を運用する部門、焦げ付いた債権（貸し出したお金を期限内に返さない）を回収する部門などに分かれている。

(7)　情報通信業、IT サービス、IT 活用サービスなどのデジタル関連ビジネス

　情報通信業、IT サービス、IT 活用サービスは、電話などの通信サービス、スマホのゲームなどのアプリケーション利用サービス、企業向けの電算センターなどのビジネスになる。クレジットカードなどの利用代金を計算するサービスなど企業向けのビジネスと、スマホのゲームなど消費者向けのビジネスの双方が含まれる。IT サービスなど設備の要らないビジネスでは経験者の起業も盛んに行われている反面、電話会社など巨額のインフラ整備費用が必要な企業まで企業規模は零細から巨大まで大きく異なる。

　平成 24 年経済センサス – 活動調査、産業別集計（建設業、医療・福祉、学校教育及びサービス業に関する集計）（出典：http://www.stat.go.jp/data/e-census/2012/kakuho/pdf/service.pdf）を以下引用する。

　情報通信業のうち事業所単位に売上高を調査している「情報サービス業」及び「インターネット附随サービス業」の売上高を見ると、20 兆 1,980 億円となっている。産業細分類別に売上高を見ると、「受託開発ソフトウェア業」が 8 兆 8,305 億円と最も多く、次いで「情報処理サービス業」が 3 兆 1,515 億円、「その他の情報処理・提供サービス業」が 2 兆 198 億円などとなっている。1 事業所当たり売上高を見ると、7 億 5,838 万円となっている。産業細分類別に 1 事業所当たり売上高を見ると、「その他の情報処理・提供サービス業」が 9 億 5,229 万円と最も多く、次いで「受託開発ソフトウェア業」が 7 億 6,707 万円、「情報処理サービス業」が 7 億 252 万円などとなっている。従業者 1 人当たり売上高を見ると、2,446 万円となっている。産業細分類別に従業者 1 人当たり売上高を見ると、「インターネット利用サポート業」が 3,875 万円と最も多く、次いで「その他の情報処理・提供サービス業」が 3,155 万円、「ポータルサイト・サーバ運営業」が 3,108 万円などとなっている、と報告している。

日本の情報通信業は、ガラパゴス化が激しく、グローバル標準とは距離があると言われている。その最も大きな理由は日本語であり、グローバル標準の英語とは隔たりがある。さらに日本独自の商習慣や文化の違いなど、日本企業が外国企業の力を借りなくてもサービスを実施できる力を持っていることから、長年、日本独自の方法が採用され、グローバル標準とは隔たりができてしまった。しかし、1991年の不動産バブル崩壊後は日本の力が弱まり、外国企業が日本に進出して、グローバル標準を広めたため、日本の情報通信業の弱体化が起き、ソフトウェアを中心としてアメリカ等の外国製品が日本を席巻し、日本企業はそれに追従している現状がある、としている。

⑻ **医療・福祉**

医療・福祉に関するサービスは、みなさんにとっても身近なクリニックや医院、高齢者が利用する介護施設など健康で元気であれば利用しなくともよいサービスであるが、いったん、病気や怪我をしたときに無くては困るサービスである。公益的なサービスといえるだろう。日本の高齢化はこれからまだまだ進展していく。今後ますますの需要が見込めるビジネスである。医療・福祉分野のビジネスには細かい法規制がなされている。

平成24年経済センサス−活動調査、産業別集計（建設業、医療・福祉、学校教育及びサービス業に関する集計）（出典：http://www.stat.go.jp/data/e-census/2012/kakuho/pdf/service.pdf）を以下引用する。

「医療、福祉」の売上高を見ると、58兆6,407億円となっている。産業細分類別に売上高を見ると、「社会保険事業団体」が21兆3,634億円と最も多く、次いで「一般病院」が14兆7,512億円、「無床診療所」が5兆9,360億円などとなっている。1事業所当たり売上高を見ると、2億2,604万円となっている。産業細分類別に1事業所当たり売上高を見ると、「社会保険事業団体」が169億143万円と最も多く、次いで「一般病院」が28億122万円、「精神科病院」が14億4,907万円などとなっている。従業者1人当たり売上高を見ると、1,243万円となっている。産業細分類別に従業者1人当たり売上高を見ると、「社会保険事業団体」が7億5,117万円と最も多く、次いで「その他の医療に附帯するサービス業」が1,704万円、「一般病院」が1,197万円などとなっている、としている。

⑼ 社会起業

　最近、話題のビジネス形態に社会起業（ソーシャル・アントレプレナー）がある。社会問題を解決することや社会変革を目的に設立される組織のことである。社会起業家フォーラム（出典：http://www.jsef.jp/about/evolution.html）によれば「社会起業家とは、社会貢献と社会変革の志と使命感を持ち、さまざまな社会的立場から、そして、さまざまな職業的分野において、現在の事業の革新と新たな事業の創造に取組み、新しい社会の実現を目指す人々」となっている。

　多様化した現代社会では、行政の追いつかないスピードで物事が進展してしまう場合があり、立法、司法が後追いになってしまうことが多い。これらのギャップを埋めるためにビジネス手法が用いられる。ビジネス手法とは経済原則に基づく手法であり、直接金融により資金を募り、特定の問題に対する解決策を提示し、実行する。費用は掛かるが、売上はあまり見込めず、利益をあげることは無いか、少ない。しかし、結果として社会変革を促し、より良い社会が生まれる手助けを行っている。例えば、東南アジアの教育が遅れた地域に学校や図書館を作る社会起業がある。学校を作るには2百万円程度のお金が掛かるが、シリコンバレーなどで成功した起業家が自分の名を冠した小学校を作るためにその2百万円を出資する、などがある。

## 第5節　まとめ

　就職を念頭において、産業を考えるときに参考になるのが、顧客が個人か、法人かという切り口とその顧客に繰り返し売れるのか、売れないのかになる。個人客に財・サービスを売るビジネスをコンシューマ・ビジネス、法人客に財・サービスを売るビジネスをホールセール・ビジネスという。

　コンシューマ・ビジネスは、ひとりの顧客に対してひとりの営業員が対応する個人営業が多く、ホールセール・ビジネスは、1つの法人に1つの営業チームで対応することが多い。チーム営業は新人にとっては心強い営業方法になる。現場に配属された後もチーム内で先輩や上司から営業方法についての指導を受けることができ、個人での売上目標（ノルマ）の設定がチーム全体と同じになることが多い。

## 第4章・企業と産業

　反対にコンシューマ・ビジネスで多い個人営業は、現場に配属された後、先輩や上司からの指導は受けられるが半年もすれば、ひとりで行動することが多くなり、個人での売上目標が設定されるようになり、年度、半期、四半期での目標達成が課される。

　もう1つの切り口である繰り返し販売は、新規顧客を開拓し、既存顧客となった顧客に、繰り返し財やサービスが売れるのかどうか、の問題である。一般的に新規顧客開拓の方が、既存顧客への再販売より難しい場合が多い。一軒家を売るビジネスは、常に新規顧客を開拓することが多いが、その一軒家に火災保険を販売すれば、通常は長期間、毎月保険料を売り上げることができる。

　個人客・法人客、繰り返し販売の有無で四象限に分ければ、法人客で繰り返し販売あり、法人客で繰り返し販売なし、個人客で繰り返し販売あり、個人客で繰り返し販売なし、の4つに分けることができ、就職を希望する産業や企業をこのマトリックスに当てはめると、入社後の仕事をイメージすることができる。

　企業の経営活動はすべて有価証券報告書に記載されて公開される。ただし、一般に公開されるのは、東京証券取引所などの株式市場に株式を公開している企業だけになる。株式を公開するというのは、会社の資本金を分割した株券を誰にでも販売するということである。企業（出資者）から販売された株券は株式市場で自由に取引される。株価というのは、最初は資本金を分割した価値しかないが、そこに企業の将来性という夢が価値を押し上げたり、引き下げたりする。「この企業は、今後10年間は儲かるな」と考える人が多ければ、株価はうなぎのぼりになるが、「この会社は、あかんな」と皆が思えば、株価はどんどん下がり、倒産が近いときには70円以下になると言われている。

　株を公開すると企業情報も公開しなくてはならない。なぜなら、株を購入する投資家に情報を開示しなくては誰も株を買ってくれないからである。

　有価証券報告書は一定の基準に則って企業情報を公開するための報告書である。法律によって罰則があるので、この報告書には嘘を書くことができない。有価証券報告書には、ヒト・モノ・カネなどの情報がすべて記載されている。この報告書を読むことでその企業のすべてが分かる。

　これを就活に使わない手はない。企業からの求人票やマイナビ情報には企業

の都合の悪いことは書かれていない。しかし、有価証券報告書には事実であれば、企業の都合の悪いことも書かなくてはいけない。ブラック企業かどうかを判断するのにも使える。従業員の処遇についても記載がある。同業他社と比較することで人事的な待遇がいいのか、悪いのかなどが分かる。また、就活の面接時などで、有価証券報告書に記載されていた情報を使っての質問や「自分の希望と合っている」などのアピールをすることは、他の就活生との差別化に役立つ。

<参考文献>
* 2010年世界農林業センサス結果の概要（参照日：2014/8/30　参照URL：http://www.maff.go.jp/j/tokei/sokuhou/census10_kakutei/）
* 2013年漁業センサスの概要（参照日：2014/8/30　参照URL：http://www.maff.go.jp/j/tokei/kouhyou/gyocen/pdf/gyocen_13_gaisu-1.pdf）
* 平成24年経済センサス−活動調査 調査の結果（参照日：2014/8/30　参照URL：http://www.stat.go.jp/data/e-census/2012/kakuho/gaiyo.htm）
* −−−−−−−−−− 事業所に関する集計 産業別集計 鉱業、採石業、砂利採取業に関する集計（参照日：2014/8/30　参照URL：http://www.e-stat.go.jp/SG1/estat/List.do?bid=000001049897 & cycode=0）
* −−−−−−−−− 卸売業、小売業に関する集計（参照日：2014/8/30　参照URL：http://www.e-stat.go.jp/SG1/estat/List.do?bid=000001051403 & cycode=0）
* −−−−−−−−− 製造業に関する集計（参照日：2014/8/30　参照URL：http://www.e-stat.go.jp/SG1/estat/List.do?bid=000001049898 & cycode=0）
* −−−−−−−−− 建設業、医療・福祉、
* 学校教育及びサービス業に関する集計（参照日：2014/8/30　参照URL：http://www.stat.go.jp/data/e-census/2012/kakuho/pdf/service.pdf）
* 日経AD Web（参照日：2014/8/30　参照URL：http://adweb.nikkei.co.jp/paper/ad/index.html）

# 第5章 多国籍企業における人事施策と企業行動

## 第1節　人事に関する企業行動

(1) 労働事情

① 人口と労働力

　多国籍企業における人事施策と企業行動を考える前に、一般的な企業についての人事に関する企業行動をみておこう。企業が従業員を雇って業務を行わせて賃金・給与を支払うという雇用システムが成り立つ前提として、従業員となりうる人口が存在し、農産物等の食料が市場において調達できる環境があることがあげられる。自給自足の農村社会では企業は存在することができない。商品をお金で購入する社会がなくては、企業は存在できない。

　日本で生まれ育ったみなさんは、生まれたときから資本主義社会の中で生活している。日本円で買い物をし、商品を得て、それを消費しているが、多くのみなさんが初めて触れた日本円は、保護者が稼いできたお金だったことだろう。お金を稼ぐには、大きく分けて、資本家（雇用主）か、労働者（雇用者）のどちらかになる必要がある。誰にも雇われず、誰も雇わない、自営業主（個人事業主）という形態もあるが、自営業主は資本家の一種といえるだろう。

　資本家は、資本を出して企業を設立し、自分自身か、プロの経営者がその企業を経営し、ヒト・モノ・カネ・情報という経営資源を駆使してビジネスを行い、利益を出すことを目的にしている。労働者はその資本家の目論見の中でヒトという経営資源となる。労働者は労働力を企業に提供し、対価を得る。労働者の現状を公的統計で見てみよう。

　2013年の日本の総人口は1億2,729万8千人（平成25年総務省人口推計）であり、15歳以上の労働力人口は6,577万人（平成25年総務省労働力調査、

以下同じ）であり、2013年平均の就業者数は6,311万人で、雇用者は5,553万人である。

　労働力調査では、日本の総人口のうち、15歳以上の人口を労働力人口と非労働力人口に分ける。労働力人口は就業者と完全失業者に分けられ、就業者は、従業者と休業者に分けられる。従業上の地位は、個人経営の事業を営んでいる者を自営業主、自営業主の家族でその自営業主の営む事業に無給で従事している者を家族従業者、会社・団体・官公庁または自営業主や個人家庭に雇われて給料・賃金を得ている者および会社・団体の役員を雇用者としてそれぞれ定義されている。

　会社・団体等の役員を除く雇用者は、勤め先での呼称によって「正規の職員・従業員」「パート」「アルバイト」「労働者派遣事業所の派遣社員」「契約社員」「嘱託」「その他」の雇用形態に分けられている。これらのうち「正規の職員・従業員」以外をまとめて「非正規の職員・従業員」という。正規の職員・従業員数は、3,302万人、非正規の職員・従業員数は1,906万人、完全失業者数は265万人である。

　② 雇用構造

　前項でみたように、現代日本社会は雇用者社会である。日本以外のほとんどの国も雇用者社会である。労働力人口の多くは資本主義国においては会社・団体等に雇用されており、共産主義国や社会主義国においても企業の経営主（雇用主）が民間（資本家）から国家に変わるだけで、労働力人口の多くが雇用者であることには変わりがない。

　雇用者は正規雇用者と非正規雇用者に分かれている。厚生労働省の「平成25年賃金構造基本統計調査（全国）結果の概況」[1]の雇用形態別の月額の賃金を見ると、正社員・正職員314.7千円（年齢41.4歳、勤続12.9年）、正社員・正職員以外（非正規職員・従業員）195.3千円（年齢45.5歳、勤続7.1年）となっている。男女別に見ると、男性では、正社員・正職員340.4千円、正社員・正職員以外216.9千円、女性では、正社員・正職員251.8千円、正社員・正職員以外173.9千円となっている。正社員・正職員の賃金を100とすると、正社員・正職員以外の賃金は、男女計で62、男性で64、女性で69となっている。

　正規・非正規および男女で賃金・給与に格差があるのは、業務内容に違いが

## 第1節　人事に関する企業行動

あるからにほかならない。男女雇用機会均等法は1986年に施行された法律で、職場における男女差別を禁止している。実態は女性が男性と同じ業務を行うのであれば男性と同等に扱うという側面が強いが、同一職種同一賃金の原則に則っている。経済には一物一価の法則があり、これを労働市場に応用したのが同一職種同一賃金の原則であり、同じ業務を行うのであれば、同じ賃金を払わなくてはいけない、というルールであるので、実態として正規・非正規および男女で賃金・給与に格差があるのはそれぞれが同一職種ではない、という認識になる。

　企業などで行われる業務にはさまざまなものがあり、専門的な技術が必要なもの、総合的な判断が必要なもの、熟練が必要なものなどがある反面、知識や熟練が必要ない仕事もある。これらの業務に必要な能力や勤務時間などの諸条件によって正規社員もしくは非正規社員のいずれかで雇われる。一般的には建設現場や飲食店サービスなどでの単純作業など代替可能性が高く、労働市場において人材の調達が簡単な職種は非正規であることが多く、キャリア官僚など労働市場において調達が困難な高度人材ほど正規社員として雇われることが多い。

　正規社員であっても産業、企業規模などにより賃金・給与は異なる。日本では同一職種同一賃金は企業を超えて達成されることは少ないが、アメリカなど産業別の労働組合のある場合は企業を超えて同一職種同一賃金が達成されている場合もある。

　日本における新卒採用においては、産業・企業規模を超えて同一職種同一賃金水準であることが多い。厚生労働省平成25年度「大学等卒業者の就職状況調査」によれば、平成26年3月の大学卒業者数は56万3千人、うち就職希望者数は40万6千人、うち就職者数は38万3千人であった。前述の厚生労働省賃金構造基本統計調査によれば、平成25年の企業規模千人以上の大卒男子初任給は20万3千6百円、同100〜999人は19万9千1百円、同10〜99人以下は19万4千6百円であった。企業規模の違いによる格差は9千円ということになる。これは大学新卒者の労働市場での需要（企業求人）が約38万人、供給（学生）が約40万人であり、このときの価格（初任給）が約20万円であったことを示している。また、リクルートワークス研究所による

第 5 章・多国籍企業における人事施策と企業行動

調査[2]では、2013 年卒の求人倍率は 1.27 倍であり、この倍率を用いると大学新卒の労働市場の需要が約 51 万人、供給が 40 万人であったが、雇用のミスマッチがあり、実際の需要は 38 万人で打ち止めになってしまった、とみることもできる。もちろん大卒者は初任給のみで企業を選んでいる訳ではないが、労働市場として見たときはある程度の需給均衡が見られる。

(2) 人事施策の変遷
① 賃金の仕組み

　企業の利益は収益（売上）から費用を引いたものになる。労働者の賃金は費用の一部として計上される。資本家は利益を目的にしているので、費用を抑えようとする。費用の一部である労働者の賃金も低く抑えようとする。経営者が労働者を求めて賃金を提示し、労働者が賃金を求めて労働提供の意志を示し、両者の間で需給関係が生まれて労働市場が存在する。もちろん魚市場などのように物理的な市場が設置されている訳ではなく、概念としての市場であり、市場の実態は各企業がそれぞれ求人を出し、就職希望者が応募して審査の結果、賃金が提示されることであり、賃金構造基本統計調査などにより収集された情報によって労働市場の実態が浮き彫りになる。

　一般的な市場に比べて労働市場には特殊な要因がある。需要側となる経営者が供給側となる労働者より優位に立っている。職種によっては、経営者が提示した賃金がある程度安くても労働者が労働の供給を行わないことは少なく、低賃金のまま労働契約を結ぶことが多い。経営者に対抗するために労働組合をつくる場合もある。日本の場合は最低賃金が法律によって決まっており、最低賃金を下回る賃金を設定することはできない。賃金には下方硬直性があり、いったん決まった賃金が下がることも少ない。労働者の目的は労働の対価として賃金を得ることであり、その賃金は生活費として使われる。経営者の提示した賃金が生活費以下なら労働者はその経営者の下では働かず、条件の良い経営者の下に向かう。企業の中ではさまざまな職種があるが、非熟練労働ほど労働者の代替が簡単なので低賃金となる。

　供給者たる経営者は、製品・サービスの競合他社との販売競争によって自社製品・サービスの販売価格設定を行い、その価格での需要者が現れて製品・サー

## 第1節　人事に関する企業行動

ビス市場での価格が決まる。資本家から企業経営を任された経営者は、資本家から投下資本のリターンを配当という形で求められ、一定の利益（利潤）をあげることが必要になる。売上と利益が決まれば、費用も決まってしまう。費用は大きく分けて、原料・材料の費用、加工に掛かる費用、販売や管理に関わる費用、労働者への賃金・給与などになる。これらの費用にはそれぞれ市場があり、需要と供給でその価格が決まる。売上から利益を捻出するために費用を予算内に納める努力が日々行われ、万が一予算内に収まらない場合は利益が減ることになり、資本家から経営者への責任追及が行われる。

　この費用構造の中で賃金・給与は、労働者の生活水準を満たし、かつ、製品・サービスの価格競争力を高める水準に設定される。競合他社の製品・サービス価格が低い場合や国内での生産では製品・サービスの価格競争力が保てないときに、その企業は生産費用の低い外国に出て行く場合がある。これは企業を多国籍化する理由のひとつとなる。一般的に先進国よりも発展途上国のほうが生活費用の水準が低い場合が多く、経営者はより多くの利益をあげることを目的に発展途上国に工場を置くことや発展途上国から企業内国際労働力移動を行う。

②　能力開発

　企業は利益をあげる目的のために従業員を教育する。従業員を教育することによって直接的には競争力のある製品・サービスを市場に提供することが可能になり、間接的には教育された従業員の満足感を高めて離職を防ぐ効果がある。教育には費用が掛かり、その費用は従業員にとっては賃金・給与と同等の働きをする。

　大学教員としては誠に残念ではあるが、学校を卒業したばかりの新入社員は企業では使いものにならないと考えられているので、新入社員研修を1〜6カ月程度の時間をかけて行う。その後も継続的にOJTや集合研修を行う。これらの社内教育では技術のみならず、コミュニケーション能力などの社会人基礎力も育成され、経営理念や創業者の人となりを通じた愛社精神を育成する教育も行われる。

　日本においては、高度成長期から不動産バブルの崩壊までは各企業とも従業員の能力開発に力を入れていた。この背景には、終身雇用制度があげられる。

第5章・多国籍企業における人事施策と企業行動

　この期間の日本企業は、メインバンクを中心とした企業グループ制の中にあった。メインバンクは当時の大蔵省（現　財務省）の管轄にあり、護送船団方式と呼ばれる管理体制の中にあった。官僚が管理する銀行に管理される企業群という構図であった。これらの企業ではより良い人材を確保するために終身雇用制度がとられ、その終身雇用制度を可能にする年功序列賃金制度がとられていた。

　年功序列賃金制度は、若いときは低く、勤務年数が長くなるに従って高くなる賃金制度である。具体的には35〜40歳程度を境にして、これより若い者には労働対価の適正水準よりも低い賃金を支給し、会社を辞めると損をする仕組みにして若年層の退職を防ぎ、結婚・出産によって家族を持つ年齢層の給与を高くして生活の安定を図ることによって離職を防いでいた。勤続年数によって金額の多寡が決まる退職金制度と合わせて、早く辞めると損する制度になっていた。

　1991年に不動産バブルが弾け、不況により業績の悪くなる銀行が相次ぎ、メインバンク制度の維持が難しくなり、株式持ち合い解消による企業グループの解体が始まり、終身雇用制度の崩壊と労働力の流動化が起きた。外資系企業を中心にして、能力の高い者に高い賃金・給与をオファーする企業が現れて年功序列賃金も無くなりつつある。年齢に関係なく職種・役職別の賃金制度をとる企業が増えてきている。

　現在では、企業は従業員に対して必要最低限の能力開発を行い、従業員が個人的に英語やMBA、職業に必要な資格などを取る風潮になっている。労働力の流動化により労働者の二分化が進んだ。能力のある者は高待遇を受け、能力の無い者は昇給昇格の停止やリストラによる失業などが待っている。労働者は必然的に自己投資による能力開発にいそしむことになり、政府も厚生労働省所管の雇用保険の教育訓練給付金制度により、労働者の能力開発を後押している。

③　モジュール化による企業と個人の変化

　今後の雇用はどのようになっていくのであろうか。企業では製品・サービスのモジュール化が進み、組織形態もそれに合わせてこれまでの分業体制を見直してモジュール化しつつある。職種ごとに求められる能力が定められ、従業員に公開され、従業員は自分自身のキャリアパスを考えて能力開発を行う仕組み

ができ始めている。開発された能力が企業に認められると、人事システム内のタレント・マネジメント・アプリケーションなどによってその能力が記録され、配属などに活かされるようになってきた。入社当時から業務内容に見合った賃金・給与が支払われるようになり、高額な退職金は廃止され、会社の業績により年2回の賞与が上下する制度から年俸制度に変化し、プロフィット・シェアリングやストック・オプションによる企業業績に連動した報酬制度が合わせて用いられるようになった。日本版401K制度といわれる確定拠出型年金の採用企業も増えてきた。この制度はいわば、退職金の持ち歩き制度であり、転職を繰り返しても退職金が目減りしない制度となっている。

企業の人事評価も変わってきた。従業員は個人別の年間目標の達成度合いや360度評価で上司・同僚・部下・自分自身の評価をそれぞれ受けるように変化してきた。労働者も1社に一生を捧げることは少なくなり、自分の能力を高く買ってくれる企業に就職を希望するようになってきた。

先進的な企業においては、非熟練低賃金工場労働者から従業員のモジュール化が進み、今や高度人材であっても企業の能力管理システムを駆使した人材のモジュール化がなされている。人材のモジュール化は製品・サービスのモジュール化に則した組織のモジュール化がなされた上で、個々の組織モジュールの中で必要な人材の定義が行われ、細分化された社内資格や職種定義、昇進ルールなどが盛り込まれた社則がデザイン・ルールとして従業員に示され、従業員はデザイン・ルールを理解した上で、自己研鑽に励み、人材モジュールとなる。人材モジュールは必要な要件が整えば、社内での異動も従来より自由に行うことができる。

## 第2節　多国籍企業

### (1) 多国籍企業論の流れ

現在では多国籍企業という言葉は日常的に使われており、世界企業や国際企業と区別されることは少ない。しかし、多国籍企業の定義は多岐にわたっている。多国籍企業に関する研究は、直接投資の理由を探る研究からスタートしている。直接投資は、外国における永続的な利権を確保するために行われる投資

## 第5章・多国籍企業における人事施策と企業行動

で、外国における一時的な利益を目的とした間接投資と呼ばれる証券投資と区別する呼び方である。ある企業が国境を越えて進出し、永続的な支配権を行使できる企業を設立するには直接投資が必要となる。直接投資は永続的な権益（経営権）を得ることを目的に行われる。配当・金利等のキャピタルゲインを求めることを目的とした投資は、間接投資と呼ばれる。国内企業が外国において行う投資を対外直接投資と呼び、外国企業が国内において行う投資を対内直接投資と呼ぶ。近年では発展途上国への直接投資が増えている。

初期の直接投資理論では、より大きな利益を求めて資本が豊富な国から資本が乏しい国へ資本が移動することである、という Macdougall［1960］による理論が有名であり、Hymer［1976］は冒頭で直接投資と証券投資について述べている。Hymer［1976］の対象とした多国籍企業は、先進国においてすでに技術力、製品差別化能力などをもった大企業である。

Kindleberger［1969］は、直接投資の理論をアメリカ中心にして論じている。Kindleberger［1970］は、1969年にMITスローン経営学部で行われた国際企業に関するセミナーから生まれた書で、Hymer、Dunning、Vernonらが寄稿している。本書の中では、a) Hymer は Rowthorn とともにアメリカ企業に遅れを取っているヨーロッパ企業は成長率ではアメリカ企業を凌駕し、今後、収益の再投資や合併によって規模が大きくなり、海外に膨張していくとしている、b) レディング学派の Dunning は、ヨーロッパに対するアメリカの直接投資は最も急速に成長している産業および国に向けられており、ヨーロッパ企業による技術開発でアメリカ企業との技術的格差を埋めようとすることに反対して、アメリカからヨーロッパに対する直接投資が経済成長を促している、と直接投資の必要性を主張している、c) Vernon は直接投資の理論と投資国および受け入れ国政策の国際化について論じている。Vernon の論文には、自身のプロダクトサイクル論がベースとして使われており、アメリカ企業の海外進出の行動原理を説明している。

Vernon［1966 : pp.190～207］のプロダクトサイクル論は、アメリカの製造業が関税・非関税障壁などの理由によりヨーロッパの製品輸出先国に進出してその国内で製造・販売をする過程を論じたものだが、当初は先端技術の採用によって売れていた製品が、時の経過によってその技術の先端性を失い、一

## 第2節　多国籍企業

般的な技術になっていく過程で、模倣者による生産が増えてくることを明らかにした。このように多国籍企業論は直接投資からスタートしており、現在に至るまで直接投資を分析の根底に置いている。

　Dunning の属するイギリスのレディング学派は、直接投資のみではない要素を取り入れた内部化理論を展開した。内部化理論とは、何らかの事情により市場取引で資源の効率的な分配が行われないとき（市場の失敗）に、市場の効率的統制を目的として企業が多国籍化し、市場の開放的で恣意的な市場価格から経営を守る理論である。Hymer や Kindleberger の直接投資を用いた多国籍企業論が、不完全市場である国際市場と規模の経済によって多国籍化が決まる、という本国主導の見方に対して、内部化理論は本国と進出先国（以下、現地と称す）の双方向経営をみている。

　内部化理論の理論家のひとりである Rugman は、多国籍企業論の中に取引コストの概念を導入した理論を構築している。Rugman［1981：翻訳書 21 頁］では、内部化理論は国内的関連では R. H. Coase［1937］が、国際的次元では Hymer［1976］が提唱したもので、Buckley and Mark Casson［1976］と Dunning［1977］によって総合された内部化は多国籍企業の海外生産・販売の理由を決定するのに役立つ、としている。

　Rugman［1981：翻訳書 97 頁］は「多国籍企業は自社内部に企業特殊的優位（FSA）を包摂するが、これを維持するには、代替的外国市場供給方式たる輸出やライセンシングに頼らず、対外直接投資を用いるしかないということだ」としている。取引コストの高低によって直接投資を多国籍化の理由にしていることが見て取れる。

　小島清［1990］は、自身の説を交えながら内部化理論を検討している。雁行型経済発展論など卓越した洞察力と理論化で知られる小島清と内部化理論の軋轢に関しては、伊田昌弘［2011］がその回顧と今日的意義を述べている。伊田［2011］、は 1970～80 年代中盤にかけて徐々に形成された、国際貿易と直接投資を同じ比較生産費説によって統合したマクロ経済理論であるいわゆる「小島理論」が、レディング学派との論争によって、内部化理論の取引コストによる企業の競争優位という比較優位では扱えないリアリティを取り入れることで、自らの理論の精緻化を図ったとしている。

## 第5章・多国籍企業における人事施策と企業行動

　Heenan and Perlmutter［1979］は、多国籍企業の基本姿勢を本国志向（Ethnocentric）、現地志向（Polycentric）、地域志向（Regiocentric）、世界志向（Geocentric）の4つで分類したEPRGモデルを論じた。

　亀井正義［2001：103～4頁］は、直接投資を中心にして、競争戦略と組織構造の変遷から多国籍企業の発展を説明している。同著には企業のモジュール化企業に関する記述がある。

　大石芳裕、安田賢憲［2008］では多国籍企業論を「寡占的優位理論（Hymer, 1979、Kindleberger, 1970, 1971）やIPLC理論（Vernon, 1973）、資源移動理論（Fayerweather, 1975、小宮隆太郎, 1975）、内部化理論（Dunning, 1970, 1981、Buckley/Casson, 1993、Rugman, 1983）」と分類している。

　この他、關智一［2002］では、多国籍企業論と国際経営論の理論研究を振り返り、ライセンシングの観点から両論の違いを述べており、川上義明［2003］には、諸国際機関および研究者による「現地法人を通じて経営活動を行っている企業の名称・規定」を表で著しており、これまでの多国籍企業研究を総括している、などここではすべてを紹介できないくらい多岐にわたった多国籍企業の研究が現在までに行われており、直接投資をベースにおいた研究がその中心を占めている。

　しかしながら、これら伝統的な多国籍企業研究は、先進国を本国とする企業、特に製造業を念頭においたものが多い。近年は新興国もしくは発展途上国の企業も多国籍化しており、先進国以外を本国とする多国籍企業論も検討されるべきである。

　多国籍企業学会［2012］は、多国籍企業と新興国との関係をテーマにした著作であり、この中の藤澤武史［2012：57～71頁］により新興国多国籍企業の市場参入戦略モデルが論じられている。先進国多国籍企業と新興国多国籍企業のOEM契約から出発し、やがて合弁事業に変化し、M&Aに行き着く、としている。

　大石芳裕、安田賢憲［2008］は、発展途上国の多国籍企業を説明する理論としてCDE理論を提唱している。大石芳裕、安田賢憲［2008：52～53頁］ではC（Capability）は、a）経営者の危機感「絶対劣位化回避理論」、b）企業内外の経営資源を生かす能力、c）先進国企業とのネットワークなどの企

## 第2節　多国籍企業

業のケイパビリティを表し、D（Domestic Environment）は、a）モジュラー（組み合わせ）型アーキテクチャに適合した条件、b）政府の積極的支援、c）急成長だが小さな国内市場などの母国環境要因を表し、E（External Environment）は、a）インテグラル（擦り合わせ）型アーキテクチャに適合した条件、b）低成長だが巨大な市場、c）高度技術産業と高精度消費者の存在などの受入国環境要因を表しているとし、インド系ソフトウェア企業の場合、先進国企業のオフショア・アウトソーシングでインドに居ながらにして順調に仕事を獲得しているものの、そのままでは先行きが危ないと判断した経営者が果敢に先進国進出を決定している、と図示している。

　Williamson［2014：pp.19～24］は、新興国企業の多国籍化の理由として、これまでRugman and Verbeke［2001］にあるような本国での低賃金労働者などのCountry Specific Advantages（CSAs）モデルが支持されてきたが、本国に比較優位がないにもかかわらず多国籍化をして成長を続けることは貿易障壁などの市場の不完全性が継続していくことを前提にしているこのモデルに疑問を持った。新興国多国籍企業に適用できる理論を求めて、新たな分析枠組みを模索し、BRIC's諸国で共同調査を行った結果、新興国多国籍企業の持つ移動可能な能力と競争的利点に着目した。多国籍企業が新しい市場に入り、規模の経済を獲得して、市場占有率を上昇させる際にM&Aの潜在的役割として、新しい知識にアクセスして、学習の速度を上げて、最新、もしくは、より効率的な垂直統合したサプライチェーンを構築することがあげられる、と指摘し、新興国多国籍企業はa）M&Aなどによって外国のテクノロジー、ノウハウと経験豊かなスタッフのサービスを得ることから始めて、本国で彼らの競争的利点を強化し、b）構築した新しく強力なプラットフォームを適切な海外市場へ展開し、c）国際的に拡大することで世界的な競争的有利を確立して、より高水準で世界的な統合、より先進の通信技術、世界中の資本から情報までのより自由な流れを新興国多国籍企業は戦略的に利用している、としている。

　これまでの新興国多国籍企業の研究で明らかになったことのひとつに、新興国多国籍企業の国際展開の出発点が先進国多国籍企業のそれとは異なっている、ということがある。新興国多国籍企業はその出発点の国内市場ですでに進出してきた先進国多国籍企業と競争もしくは協業しており、先進国多国籍企業

が自社製品の国際展開のためにやったように、直接投資のみでは国際市場に打って出ることが難しく、その他の優位性が必要になっている。その他の優位性のひとつは知識の流れになる。これは知識を含めた経営資源を豊富に持っている先進国企業が多国籍化した歴史がすでにあり、発展途上国や新興国企業が、進出してきた先進国多国籍企業の資本から情報までを OEM 提携、合弁事業、M&A という形で利用し、徐々に力を付け、先進国多国籍企業と肩を並べて海外進出できるレベルに達し、多国籍化することを示唆している。

ホワイトハウスの Web サイトに掲載されたファクト・シート[3]によれば、新興国インドからアメリカへの 2009 年の直接投資は 44 億ドルであり、IT や医薬品など知識経済に関連する産業に対して行われた、としている。USTR の Web サイト[4]によれば、2012 年のインドからアメリカへの直接投資は 284 億ドルであり、2011 年から 6.7％伸びている。インドからアメリカへの直接投資は近年大きく伸びており、アメリカ政府は今後もこの傾向が続くとしている。

夏目啓二［2014：3～77 頁］は、ICT 多国籍企業について、先進国多国籍企業とアジア（新興国）多国籍企業の比較を行い、ICT 人材の形成について論じており、著書の中でこれまでの多国籍企業研究の流れと問題点、今後の新興国における多国籍企業研究の推進の必要性が述べられている。

Athreye［2013：pp.135～6］によれば、インド系ソフトウェア多国籍企業の直接投資は 165 社で 80 億ドル以上あり、645 カ所の海外支社・子会社を持っている。地域別の割合は、対アメリカと対カナダに 37％、対ヨーロッパに 25％、対アジアに 22％、対中東に 5％、対オセアニアに 3.5％、対アフリカに 2.6％、対ラテン・アメリカに 2.3％などとなっている。国別の海外支社・子会社の数では、アメリカに 221 カ所、イギリスに 83 カ所、シンガポールに 60 カ所などとなっている。企業別では TCS 社が 47 カ所、HCL 社が 41 カ所などとなっている。

さらに Athreye［2013：pp.138～9］では、a）インド系ソフトウェア多国籍企業のグローバル・バリュー・チェーンは複数社によるサプライチェーンではなく、企業別に構築されている、b）海外支社・子会社の規模は大きくなく、海外顧客から受注したソフトウェア開発等の作業は本国で行われる、c）企業文化等の違いによる弊害から国際的な買収には保守的である、としている。

## 第 2 節　多国籍企業

　インド系ソフトウェア多国籍企業のグローバル拠点は販売拠点的な性格が強く、現地顧客に販売したサービスの開発は本国で行うので、現地には本国から専門技術者を移動して顧客対応業務を行わせている。

　Ramamurti［2013：pp.239～41］では、a）インド系ソフトウェア多国籍企業の競争優位は他の新興国多国籍企業に比べて、CSA（国家特殊優位）やGSA（政府特殊優位）よりもFSA（企業特殊優位）を多く保持している、b）インドはロシアやブラジルと違って本国に自然資源を持っていないが、巨大な国内市場、大きな労働市場を持っている、c）国内インフラは貧弱であり、教育システムも悪く、ビジネスに友好的な政策も持っていないのでGSAも弱い、と指摘している。本国の教育レベルが低く、巨大な労働市場があるということは、労働者を雇った後に企業内研修によって戦力となるレベルの専門技術者に育てる必要がある、ということになるが、インド系ソフトウェア多国籍企業の教育システムによって一人前の専門技術者になる頃には企業文化にどっぷり浸かった従業員となり、企業内でのコミュニケーションが円滑にいくようになる。

　インド系ソフトウェア多国籍企業がビジネスの中心に置いているグローバル・デリバリー・モデルでは、アメリカやヨーロッパの現地顧客から要件を聞く現地駐在の専門技術者と、その専門技術者から顧客の要件を聞く本国の専門技術者の間で密なコミュニケーションが行われる。分析書や設計書などの書き方は企業内で統一されている。これがデザイン・ルールとなり、開発作業の分析・設計・構築・テストなどの各段階がクローズ・モジュラー型になっている。この中では微妙なニュアンスのやり取りも行われる。

　Govindarajan and Trimble［2012：翻訳書9～10頁］は、途上国で最初に生まれたイノベーションを先進国に逆流させるリバース・イノベーションについて著している。例えば、アメリカの病院に比べて治療費が1/10にもかかわらず、アメリカの病院の平均的な純利益率を上回っており、手術の成功率等の品質も世界レベルにあるインドのナーラーヤナ・フリーダヤーラヤ病院の秘密はプロセス・イノベーションにあり、このプロセス・イノベーションは先進国工業分野で使われてきた理論を病院業務にあてはめて資源の有効活用をすることにより成し遂げられた。

　次に日本に進出している多国籍企業について考えてみよう。日本には、アメ

リカやヨーロッパなどの先進国、ブラジル、ロシア、インド、中国などの新興国、東南アジアなどの発展途上国など世界中の国々から多国籍企業が進出している。

　進出形態は、a）日本に直接投資を行って子会社や支社と呼ばれる株式会社を設立する形態、b）日本国内に事務所を借りて外国会社として支店を置く形態、c）日本企業へ出資、買収、または共同で合弁企業を設立する形態、d）日本企業と代理店契約を結んで製品・サービスのみを提供する形態、などが考えられる。

　日本に直接投資を行って株式会社を設立する形態は、日本法人として日本国内の他の企業と同じ立場になる。日本国内の工場で製造した製品は、日本製品となる。この形態をとる多くの企業は、本国の親会社と日本の子会社の間で製品供給に関するライセンス契約を結んでおり、子会社の売上に応じて親会社にライセンス料の支払いがなされる。例えば、あるアメリカ系ソフトウェア企業では日本でのソフトウェア製品価格の40〜55％をアメリカの親会社に支払う契約になっていた。さらに親会社は子会社が利益を出している場合は、株主への配当金として利益の一部または全部を得ることができる。

(2) 貿易と比較優位

　多国籍企業が国境をまたいでビジネスを行うのは、さまざまな理由があるが、はるか昔に企業が多国籍化する前は貿易によって国境を越える取引が行われていた。貿易とは、国境をまたいで行われる財・サービスの取引（売買）をいう。ある国から別の国への財・サービスの取引（販売）を輸出、その逆を輸入という。本国内で余ったものを外国に売ることから輸出が始まり、本国内で入手することができないものを持って来ることから輸入が始まった。

　日本はアメリカ、中国、EUに次ぐ世界第4位の「貿易立国」である。貿易（輸出入）は、国内外の経済動向や産業の構造変化などによって、取り引きされる品目が変化している。日本は資源が乏しく、原油などの燃料資源や工業原料などの大部分を海外から輸入して、それを加工・製品化して輸出する加工貿易を得意として経済成長を遂げてきたが、日本の貿易構造はさまざまな変遷を経て今日に至っている。

## 第２節　多国籍企業

　２国２財モデルを考えてみよう。２つの国にそれぞれ商品が２つあり、この２つを貿易するパターンを通して、比較優位という概念を考える。現実の世界では往々にして絶対優位により貿易が行われている。例えば、日本と中国の間で、衣料品とパーソナルコンピュータ（PC）という２品が貿易されていると仮定する。衣料品も PC も日本より中国の生産費が安いので、日本は中国からどちらの商品も輸入することになる。これを絶対優位という。絶対優位の状態よりも双方の国にとって良い方法はないか、と考えたとき、国際分業と比較優位という考え方が生まれた。絶対優位では片方の国はもう片方の国から買うしかなく、やがて購入資金がついえてしまい、貿易ができなくなり、双方の国がダメージを受けることになる。そこで、２国間の劣位にある国の生産品２品のうち、相対的優位（比較優位）にある生産品の生産を増やし、もう片方の国はもうひとつの生産品に特化することによって絶対優位の時よりも合計した生産量が増える理論が生まれた。リカードが唱えた「比較優位説」である。比較優位説では、２国２財の生産量合計が、絶対優位よりも増えることにより、双方の国にメリットのある貿易となっている。

　次にリカードの比較優位説（リカードモデル）を発展させたヘクシャー・オリーンモデルを紹介する。ヘクシャー・オリーンモデルはリカードモデルと同じ２国２財モデルだが、a) 生産技術は同水準、b) 投入される生産要素は労働力に加えて資本、という点が異なっている。リカードモデルは、２国２財１生産要素モデルであったが、ヘクシャー・オリーンモデルは、２国２財２生産要素になる。ヘクシャー・オリーンモデルの例を日本と中国の比較でみると、中国の人口が明らかに多く、労働力が豊富にあるといえるだろう。対照的に日本の方は中国と比べると人間ひとりあたりの資本の蓄積が大きい。このような場合、日本は資本集約的に生産されるハイテク品（自動車、エレクトロニクス、産業機械など）を作ることが得意で、中国は労働集約的に生産されるローテク品（ぬいぐるみ、衣服、スニーカーなど）を作るのが得意であると考えられる。このように、ヘクシャー・オリーンモデルでは、生産要素の豊富さと財によって生産する際の生産要素集約性が異なることの関係を考える。

　ヘクシャー・オリーンモデルだけでなく、国際貿易のモデルを多くに共通している仮定をまとめておこう。財や要素の移動可能性に関しては、以下のよう

に考えることが標準である。産出物、生産財（outputs）は国際的に移動可能である。そして一般的には貿易とはoutputsの国際取引を表す。また、生産要素（factors of productionまたはInputs）は同じ種類なら均質で、国内のみ産業間移動は自由であると考える。原則として、資本や労働などの生産要素は国境を越えて海外には移動しない。

　この話しをすると、多くの人が反発する。現実社会では、生産要素の質が均一ということは無く、資本主義国では資本や労働等の生産要素は自由に国境を越える。国際貿易に限らず、経済学ではさまざまな共通仮定を置く。それは、複雑な社会現象をすっきりさせ、構成要素のそれぞれについて、どのような働きをしているか、について議論するためだ。国際貿易ではoutputsの国際取引にフォーカス（焦点）をあてるために他の要素については同条件にする、という共通仮定を置く。経済学では多くの共通仮定を置き、単純なモデルを構築して理論上の検討を行い、検討が完了し、完璧なモデルができてから、共通仮定を徐々に緩めて、現実問題に対処できるモデルにまで成長させる。

　リカードモデルやヘクシャー・オリーンモデルは、静的なモデルであるが、時間軸を取り入れた動的なモデルのひとつとして、プロダクトサイクル論がある。

　ハーバード大学のVernonは、1965年に開始したプロジェクトを通じて対外直接投資の発生要因を明らかにするためプロダクト・サイクルモデルを構築した。このモデルでは、国際ビジネスを「新製品開発段階」「成熟段階」「標準化段階」の3段階に分類し、各段階の需要と供給の特性が変化するにつれて生産活動の地理的分布が変化すると説いている。新製品は消費者の所得が高く、市場が大きい最先進国（当時はアメリカ）で開発・生産される。

　製品需要が拡大する第2段階の「成熟段階」では、製品の標準化が進み価格競争が生じる。規模の経済を狙った大規模投資が行われ、価格の下落が進んでアメリカ以外の先進国への輸出が拡大される。そして、輸出市場で模倣をしてくる制御不可能な競争相手を脅威と見なして対外直接投資が行われる。多国籍企業の誕生である。

　製品の「標準化段階」という第3段階に入ると、量産技術も確立し価格競争がより激しくなる。発展途上国の需要も増加する中、より安い要素コストを

第 2 節　多国籍企業

求め、インフラの整ってきた発展途上国へと生産拠点をシフトする。その結果、最先進国はその途上国で作られた製品の輸入先となっていく。

　近年では最初から新製品を本国と海外で同時に生産・販売する企業も見られ、先進国間の差も縮まってきた。アメリカを頂点として海外に波及するという考え方も当てはまらない事例が増えているなど、プロダクト・サイクルモデルの説明力は限定的となってきた。このモデルをベースに自社の海外展開の理論武装をしてきた日本企業も少なくなかったが、新たなパラダイム（認識の枠組み）が必要となっている。

### (3)　サービス貿易

　1995 年に、「世界貿易機関（WTO）を設立するマラケシュ協定（通称 WTO 設立協定）」の一部として「サービスの貿易に関する一般協定（GATS）」が発効したことにより、サービス貿易統計の整備がなされた。長い間、貿易といえば、形あるもの＝財の輸出入であったが、近年、知的財産権やデジタル情報を使ったサービスの輸出入が増えてきたこともあり、サービスの貿易に関するルールの整備が必要となった。

　GATS[5]ではサービス貿易を、a）国境を超える取引、b）海外における消費、c）業務上の拠点を通じてのサービス提供、d）自然人の移動によるサービス提供の 4 つのモードに分けて定義している。世界貿易センターの統計[6]によれば、2010 年のサービス貿易輸出世界計は 38 億 6,200 万 US ドルであり、財貿易輸出世界計の 150 億 5,500 万 US ドルに対して 1/5 程度になっている。サービス貿易のうち、IT–BPO 産業の主要な輸出カテゴリーとなる Computer and information services の輸出世界計は 2 億 1,600 万 US ドル、同インド計は 5,700 万ドルになっている。

　インドのソフトウェア輸出を GATS の 4 つのモードに倣って説明すると、a）国境を越える取引は、1989 年にアメリカ企業のコダック社が採用した例[7]などを皮切りにして始まった。1990 年代に入るとアメリカでコンピュータ 2000 年問題が起き、その解決のために d）自然人の移動によるサービス提供として、専門技術者が大量にインドからアメリカに渡った。2000 年問題が解決すると、企業システムのトレンドとして ERP 等の統合アプリケーション・

ソフトウェアが市場をにぎわし、Windows95 の登場以来、分散協調型システムが主流を占めていた市場にサーバー統合による集中化システムが広がりを見せ、インターネットを利用したクラウド・システムに発展した。インド系 IT–BPO 多国籍企業を中心にして、アメリカ国内拠点でのオンサイト・サービスの提供とそこを通じてのインドへのオフショア BPO の受注が始まった。これはサービス貿易の 4 つのモードのうち、c）業務上の拠点を通じてのサービス提供にあたる。顧客であるアメリカ多国籍企業は、海外においてもインド系 IT–BPO 企業のオフショア BPO サービスを受けている。インドに進出したこれら顧客企業は、b）海外における消費にあたるサービス貿易も実施していると考えられる。

## 第 3 節　組織と人材のモジュール化

(1) 組織のモジュール化

　サービスを扱うソフトウェア多国籍企業をはじめ、多くの多国籍企業が従来の自然法則を用いた製品・サービス開発からソフトウェアリッチな製品・サービス開発に移行している。デジタル技術を応用し、ソフトウェアによってさまざまな機能が実現される状況がソフトウェアリッチな状態である。ソフトウェアリッチな製品・サービスではその機能を実現しているコア領域を秘匿し、その利用方法だけを公開することができるので、他社からの模倣を防ぐことができる。デジタルにすることで製品の統合も可能になる。例えば、スマートフォンの中には、時計、カメラ、ビデオなどが組み込まれているが、これらの製品は、以前は独立した製品としてそれぞれが大きな市場を持っていた。携帯ゲーム機ビジネスも今やスマートフォンが主力なプラットフォームとなっている。多くの機能がソフトウェアを中心とした技術でモジュール化され、スマホに実装されている。製品・サービスのモジュール化はもはや止めることのできない潮流である。

　製品・サービスをモジュール化する流れの中では、その製品・サービスを生み出す組織についても議論されてきた。藤本隆宏 [2004：176 〜 7 頁] には、アメリカ企業とオープン・モジュラー型の適合性に関する記述がある。世

## 第3節　組織と人材のモジュール化

界中から集めた移民をアメリカ企業のルールで競争させて選抜し、能力のあるものを即戦力としてきたことで世界一の国力を持ったアメリカを単純化すれば「ルール、競争、即戦力の社会」であり、これはオープン・アーキテクチャーである、という指摘は、アメリカ企業自体がオープン・モジュラー型で作られていることを表している。企業における分業に適した組織分割はルールに基づいた分割であり、モジュール化と同じアーキテクチャを用いて行うことができる。企業内で分割された組織はそれぞれに目的を持ち、その目的達成のためのルールが決められている。

　青木昌彦、安藤晴彦［2002：36〜41頁］では、増大する複雑化への回避策として、IBM社の例を用いて、明確なデザイン・ルールを作成して世界各地の設計チームに遵守させた旨の記述がある。それぞれの設計チームはデザイン・ルールを遵守しなくてはいけないが、他のモジュールに影響を与えない範囲であれば、それぞれの設計チームは自由に設計することができる、というモジュール化の特徴を活かした開発体制は、社内の別々のチームでも異なる企業間でもひとつの製品を完成させることのできる体制である。これは、インテグラル型製品の開発にも応用できる。自動車、特に乗用車は今でもインテグラル型製品の代表格であるが、その設計開発においては、モジュール化を応用した設計チーム体制がとられている例がある。藤本隆宏［1997：161〜84頁］ではトヨタ自動車の例を用いて、自動車部品サプライヤーシステムにおいて、自動車メーカと部品メーカの間で使用している承認図方式やブラックボックスによる開発方式の記述があるが、これはデザイン・ルールを元にしたモジュール化（クローズ・モジュラー型）に他ならない。藤本隆宏［1997］のトヨタ自動車の例は、柴田友厚［2012：93〜7頁］が論じているように、すり合わせ（インテグラル型）でデザイン・ルールが作られ、そのデザイン・ルールの使用時にはクローズ・モジュラー型で作業を行っている、と考えられる。このように考えるとインテグラル型とモジュラー型は対立する概念ではなく、組織において使い分ける概念である、と言えるかもしれない。

　藤本隆宏・武石彰・青島矢一［2001：64〜7頁］では、製品アーキテクチャと組織アーキテクチャは同型化する傾向がある、と指摘している。同著［67頁］では、大企業がしばし苦境に陥って新興国企業や中小企業のビジネス・チャン

## 第5章・多国籍企業における人事施策と企業行動

スとなることがさまざまな産業に関して報告されているが、大企業における製品アーキテクチャと組織アーキテクチャの静的な関係が足枷(かせ)となり、技術変化時に両アーキテクチャの動態的な不適合を起こすことがその原因である、という指摘がある。技術の変化が起きたときにその技術変化を捉えた製品・サービスを開発する組織体制がすぐに取れることが、ビジネス・チャンスを掴むためには必要であるのだが、大企業は硬直化した縦割り（垂直統合型）組織の弊害から組織変更を柔軟にすることができず、結果として、技術変化への対応が遅くなる、という指摘である。

亀井正義［2001：100〜6頁］は、水平的組織とアウトソーシング戦略を論じている。1980〜90年代にかけて競争優位を得る戦略としてアウトソーシング戦略をとり、ヒエラルキー構造を排し、水平的ネットワークの利用を促進する企業をモジュラー企業と呼んでいる。モジュラー企業は自社のコア能力に資源を集中し、その他の活動をアウトソーシングにより調達する企業であり、これは90年代の主要な傾向である、と記述している。別の言葉で置き換えればコア・コンピタンスである。コア・コンピタンスと共にソフトウェア製品・サービスを中心にして市場の細分化が行われた。市場の細分化は競合企業の数を減らす効果があり、小さなセグメントごとに独占もしくは寡占企業が現れた。

市場の細分化は市場1位企業を量産する効果を持つ。市場1位という言葉は顧客に響く。共通プラットフォームの上で動くモジュールを提供する企業は、デザイン・ルールを遵守してプラットフォームとの親和性を図り、モジュールの内部をブラックボックス化して秘匿することで「模倣させない技術」の仕組みを作り、プラットフォームの普及度合いによる規模の経済を使って使用者を増やしていくことができる。このとき市場1位の肩書きが役に立つ。

このように製品・サービスのモジュール化は、アーキテクチャとデザイン・ルールを規定したプラットフォーム提供企業のみでなく、そのプラットフォームの上で自社製品・サービスを展開する企業に対してもビジネス・チャンスをもたらしている。

亀井正義［2001］の指摘するモジュラー企業は、モジュール化された製品・サービスの販売に適した組織体制と言える。安室憲一［2012］は、さらに踏み込んだ組織のモジュール化論を展開している。安室憲一［2012：12頁］で

第３節　組織と人材のモジュール化

は組織のモジュール化について「組織の機能を標準化し、職務の関係性を共通の仕組み（OS）上で定義し、仕事の内容を標準化してデジタル表記すれば「仕事の束」を括りだし、モジュール化することが可能になる」と論じている。ERP、SCM や CRM など現在のクラウド・サービス上に構築されている企業向けの統合アプリケーション・システムは、安室憲一［2012］の指摘を実現している。2000 年代前半に、これらのアプリケーション・システムを販売するアメリカ系ソフトウェア多国籍企業の販売戦略としてコスト削減をうたい文句にして顧客企業の組織改革を促したため、顧客企業がこれらのアプリケーション・システムを採用する際には組織の改革が伴うことが多かった。この組織改革により、安室憲一［2012：12 頁］に指摘されているようにモジュール化された組織の業務を外部委託することが容易になり、それを請け負う ITO および BPO 企業が生まれた。

インド系ソフトウェア多国籍企業は BPO を中心とした企業が多く、伝統的な多国籍企業よりも柔軟な組織としてモジュール化された組織を作っている。

例えば、インド系ソフトウェア多国籍企業大手 4 社の一角を占める HCL 社は、『従業員第一主義―EFCS（Employees First, Customers Second）』を経営理念として掲げている。顧客の価値創造を現場で行う従業員のことを第一に考えて従業員への権限委譲を行い、業務サポートを行う体制を経営陣がとることが従業員第一主義であり、これは顧客第一主義へつながる、としている。HCL 社の組織体制は通常、一般的な企業が描く経営陣を頂点に置くピラミッド型の経営構造を逆さまにした逆ピラミッド構造を採用している。（逆ピラミッド構造の図は HCL 社 Web サイトを参照されたし）

以上見てきた組織のモジュール化は、経営理念がアーキテクチャとなり、デザイン・ルールが社則などで決められ、全従業員が平等にデザイン・ルールに従うクローズ・モジュラー型ということができるのではないだろうか。

(2)　人材のモジュール化

前項で見たように組織のモジュール化が進展している例が報告されているが、さらに一歩推し進めた人材のモジュール化も進展していると筆者は考えている。例えば、先程の HCL 社の例では、従業員第一主義のツールとして全世

## 第 5 章・多国籍企業における人事施策と企業行動

界で行われているボトムアップ型の意見取り込み制度を採用している。その代表的なものがバリューポータルとマッドジャムになる。(HCL 社 Web サイト参照)

　バリューポータルは、顧客と HCL 社の従業員がアイディアを交換できるポータルサイトであり、最前線の従業員のアイディアを経営陣がサポートし、顧客の価値創出へとつなげる仕組みである。顧客の承認を受けた優れたアイディアについては、経営陣のサポートの元、そのアイディアによって生み出される価値とコストが算出・推定され、実施・導入の判断が下される。HCL 社によれば、2013 年 6 月までに 2 万件以上のアイディアが生まれ、そのうち 4,500 件以上が実行に移され、4 億 7 千万ドルの価値が生まれたとしている。

　マッドジャム (MAD Jam = Make a Difference Jamboree) は HCL 社従業員によるアイディアコンテストになる。マッドジャムに登録された従業員のアイディアを経営陣が審査し、従業員投票の対象となる候補を絞り、その候補の紹介ビデオがそれぞれ作成され HCL 社のイントラネット上で公開し、従業員はそのビデオを参考にして最もイノベーティブで革新的なアイディアに投票し、最終選考に残る候補を決める。最終選考は HCL 社経営陣とマッキンゼー社のアソシエイトパートナーによって行われ、最優秀賞を獲得したアイディアは事業化資金を得て、HCL 社の新たなサービスとして顧客に提供される。過去 3 回のマッドジャムでは 859 件のアイディアのエントリーがあり、51 本の最終候補アイディアがビデオを作成し、3 つのマッドアイディアが生まれている。HCL 社は、マッドジャムはアイディアを実現させるのは経営陣というそれまでの組織の在り方を変革し、従業員によるアイディア創出・実現のリードを可能にする仕組みである、としている。

　この 2 つの事例は、HCL 社におけるバリューポータルとマッドジャムというデザイン・ルールを全従業員に適用した、クローズ・モジュラー型の人材管理といえる。このデザイン・ルールの特徴は従業員の職位に関係なく全従業員に適用される部分にあり、人材のフラット化がなされている。人材のフラット化は組織内の役職等による上下関係を無効化し、従業員個人の能力を全社で利用できるようにする、すなわち人材のモジュール化がなされることを意味している。

第3節　組織と人材のモジュール化

　Nayak［2011：p.14］は、日本企業の終身雇用について取り上げ、Tata 財閥がトヨタ経営に近いやり方をしている、と指摘しているが、筆者もインド企業の人事管理戦略を聞くにつれ、日本企業におけるピラミッド型階層の人事管理制度との類似性を感じている。しかし、これらの企業はピラミッド型階層の人事管理制度だけではなく、全従業員を対象にしたフラットな人事管理制度も併せて行っている。

　この2系統の人事管理制度から生まれたのが、プロジェクト・ベースの業務で採用されるマトリックス型組織による人事管理制度である。従業員は本来の上司の他にプロジェクト・リーダー等別の上司を持ち、それぞれの上司に業務の報告を行う。組織図上では、本来の上司とのつながりを実線で表し、プロジェクト・リーダー等とのつながりを破線（ドッテッド・ライン）で表している。従業員はそれぞれがモジュールとして機能しており、デザイン・ルールに基づいて複数の上司や部下と報告・連絡を行う。インド系ソフトウェア多国籍企業の従業員の場合、相談はメンターと呼ばれる第三者に行うことが多い。

　IMR社などのアメリカ系スタートアップ企業は、賃金が安いインドの専門技術者を大量にアメリカに輸出してアメリカ国内で作業にあたらせた。これはインドのソフトウェア産業が未熟であったことに由来し、低賃金で優秀な専門技術者をメインフレーム機からクライアント・サーバー機へのプログラムの書き換えなどの作業に従事させた。その後、2000年問題で顧客企業がこれらの企業を通じてインド人専門技術者にプログラムの書き換えを依頼した。これらはオンサイト・ビジネスと呼ばれ、プログラマのレンタルに過ぎないことが多かった。Arora［2006：pp.7〜9］によれば、この時期にTCS（Tata Consultancy Services）社を始めとするインド企業はビジネス規模を拡大していったが、従業員管理はその初期においては重要視されていなかった。

　Ramadorai［2011：p.10］によれば、TCS社では、1990年代より従業員管理システムの導入を行っている。TCS社において、従業員の重要性の認識は1990年代中盤の成長が軌道に乗り始めた時期になる。同著［p.103］によれば、従業員が企業にとって重要な資産であり、従業員が辞めることは、知識の流出になることに気づき、それまでにあった従業員管理システムは経理システムの一部であり、プロジェクトの成果や人事評価とは切り離され、給与に反

映されることはなかった。

　TCS 社における専門技術者は細かく時間管理されている。同著[pp.104～6]では1日の勤務時間を Billable と Non-Billable に分けてタイムシートを記入しなくてはならない。Billable は顧客への課金可能時間のことで、プロジェクト内のシステム構築作業など顧客に関係した作業を行った時間になり、Non-Billable は、OJT や図書館での自学自習など専門技術者の技術力を付けるための時間や書類作成などの雑務を行った時間になる。それまでの従業員管理システムは顧客に請求するための作業時間計算の意味しか持たなかった、としている。

　同著［pp.106～7］では、TCS 社は 1996 年から新たなアプローチに拠る HR（人材管理）システムの導入が行われ、2003 年以降、毎年 500～1,000 人で従業員が増加し、2004 年に株式公開したことでさらなる規模拡大における従業員増に対応した、としている。

　新たな HR システムでは、プロジェクトに適切な人材を配置できるようにするために各専門技術者のスキルを登録し、プロジェクトでの実績記録も同時に保持し、給与待遇面に反映させた。

　TCS 社では、従業員教育に関してモジュール化によるテーラーメイド教育を実現している。同著［pp.107～11］では、専門技術者従業員に対しての専門的な技術教育のみではなく、ビジネスの急激な増加に拠る人材不足の解消を目的とした、エンジニアリング学士を持たない者に対する専門技術者教育の必要性や外国語や異文化統合のようなグローバルで働く上で必要な要素の教育モジュールをいくつも用意し、従業員個人が必要としている社内教育をこれらのモジュールを組み合わせて受講させている。これらのテーラーメイド・モジュールは、新規雇用従業員に対する 2 ヵ月半の教育やその後の継続的な教育で使われ、従業員がこれらの教育で習得した技術は HR システムに記録され、プロジェクトへの人員配置に用いられている、と記述している。各従業員は年に 2 回業績評価を受ける。業績が良ければ昇給昇格する。このように TCS 社では均一化された従業員を用意し、プロジェクトに配属し、その業績を随時評価することでビジネス上必要な労働資産を確保し、従業員はグローバルな TCS 社社内で教育を受け、グローバルに異動することで TCS 社を辞めずに自己実現

第 4 節　インド系ソフトウェア多国籍企業内部での頭脳循環

を図ることができる。技術の漏洩防止と離職率を下げる 2 つの効果をあげている仕組みである。

　TCS 社の人材活用に関しては石上悦郎［2009：135 〜 8 頁］も分析している。旺盛な M&A 等により規模拡大した同社は、海外子会社での雇用およびオンサイト（顧客企業での勤務）が重要であり、離職率が 12％程度である旨が論じられている。離職率に関して筆者が 2012 年にインドで行った現地調査[8]でも、TCS 社を始め、Wipro 社、Infosys 社、HCL 社の大手 4 社すべてにおいて同様の 12％程度の回答を得ている。

　以上見てきた HCL 社や TCS 社のみならず、インド系企業は従業員を第一に考えている。Cappelli et al［2010：翻訳書 80 〜 114 頁］は、経営者の関心は人材のマネジメントと開発にあり、インド系企業は人的資源のパフォーマンスに関する記録を詳細につけているという調査結果を著している。経営者はきわめて優れた人材、高いモチベーションを持つ従業員、個人が会社のために行動するように奨励する組織文化を重要視していることがその調査結果に現れている。

　以上のように、インド系ソフトウェア多国籍企業では、企業の中で従業員のフラット化を通じて人材のモジュール化を行っている。

## 第 4 節　インド系ソフトウェア多国籍企業内部での頭脳循環

(1)　モジュール化された従業員の頭脳循環

　インド系ソフトウェア多国籍企業が従業員をアメリカへ移動させていることは、齊藤豊［2013］で論じた。その一部を改変して以下に掲げる。

　インド系 IT–BPO 多国籍企業で行われるオンサイトもしくはオフショア BPO プロジェクトで使われる情報技術は、最先端の技術を開発する類いのものではない。多くは顧客企業の経理・人事・総務・情報システムといった間接業務システムの開発・運用・管理を業務委託で請け負うものなので、マイクロソフト社やオラクル社等のソフトウェア・ベンダーが開発し、販売しているソフトウェア製品を組み合わせて、顧客要件を満たすアプリケーション・システムを開発することが専門技術者の業務目的となる。専門技術者のレベルは上位

## 第 5 章・多国籍企業における人事施策と企業行動

数％といった高いものではなく、理系大学で専門技術者としての教育を受け、インド系多国籍企業における新入社員研修および定期研修を受講することで身に付くレベルになる。業界標準やデファクト・スタンダード製品というコモディティ化した IT を適切に使用することのできる能力を身に付けた専門技術者は、いわば規格化された存在であり、モジュール部品と同等に扱うことができる。雇用企業から見れば、企業内において代替可能な存在であり、代替可能な汎用的専門技術者が社内にたくさんいることで要員配置が容易になる状況をつくるのが人事管理の目的のひとつである。インド系 IT–BPO 多国籍企業では、業界標準および自社独自の標準開発技法を身に付けた数多くの汎用的な専門技術者を社員として雇用することで、専門技術者の個人能力の優劣に頼らずにプロジェクトを推進することのできる体制を構築し、組織化した。経験年数などを考慮してジョブ・ローテーションすることにより、専門技術者のモチベーションを保ち、退職率を 12％以下に保つようにしている[9]。IT–BPO 産業において、インドが中国などに差をつけているひとつの理由が、コモディティ化した IT を適切に扱う汎用的な専門技術者を育成し、長期雇用しておく秘訣を企業組織として有していることになる。人材のモジュール化戦略と言えるだろう。

　インド系 IT–BPO 多国籍企業が先行者利益を得る形でスタートした IT–BPO 産業は、中国やフィリピン、メキシコ、ロシアなどが後を追っている。コモディティ化した IT の恩恵はインドのみならず、後続国の企業にももたらされている。後続国とインドの違いは、アメリカにおけるインド人専門技術者の数になる。低コストは後続国のほとんどがインドと等しく、技術力では中国、英語力ではフィリピンなどインドと同等か上をいく国がある。しかし、アメリカにいる母国人専門技術者の数はインドが圧倒的に多い。H–1B ビザ制度の適用は公平であり、後続国とインドに差はないにもかかわらず、アメリカにおける H–1B ビザ発給数は、表 5–1 のように確認ができただけでもこの 10 年近くの間はインドが他国を圧倒している。

　H–1B ビザでは初回取得と 1 回限りの更新によって 6 年間の滞在が可能なので、H–1B ビザを保持してアメリカ国内にいるインド人専門技術者はおおよそ 32 〜 40 万人ということになる。これらの専門技術者は H–1B ビザの受給資格からインドにいるときから一定の技術を持った専門技術者であることにな

## 第4節　インド系ソフトウェア多国籍企業内部での頭脳循環

表5-1：H-1Bビザ発給数 2001～11年度（単位：人）
H-1B Petitions Approved by Type of petition; Fiscal Years 20010 to 2011

| Petitions approved | FY2001 | FY2002 | FY2003 | FY2004 | FY2005 | FY2006 | FY2007 | FY2008 | FY2009 | FY2010 | FY2011 |
|---|---|---|---|---|---|---|---|---|---|---|---|
| World | 331,206 | 197,537 | 217,348 | 287,418 | 267,131 | 270,981 | 281,444 | 276,252 | 214,271 | 192,990 | 269,653 |
| India |  |  | 79,166 | 123,567 | 118,520 | 135,329 | 147,559 | 149,629 | 103,059 | 102,911 | 159,317 |
| Initial Employment |  |  |  |  |  |  |  |  |  |  |  |
| World | 201,079 | 103,584 | 105,314 | 130,497 | 116,927 | 109,614 | 120,031 | 109,335 | 86,300 | 76,627 | 106,445 |
| India |  |  | 29,269 | 60,062 | 57,349 | 59,612 | 66,504 | 61,739 | 33,961 | 34,617 | 55,972 |
| Continuing Employment |  |  |  |  |  |  |  |  |  |  |  |
| World | 130,127 | 93,953 | 112,026 | 156,921 | 150,204 | 161,367 | 161,413 | 166,917 | 127,971 | 116,363 | 163,208 |
| India |  |  | 49,897 | 63,505 | 61,171 | 75,717 | 81,055 | 87,890 | 69,098 | 68,294 | 100,345 |

出典：USCIS [2005] [2008] [2011] [2012]

表5-2：2007～09年度　H-1B初回取得者の雇い主企業トップ10
Number Of H-1B Petitions Approved By USCIS For Initial Beneficiaries

| | FY2007 | | FY2008 | | FY2009 | |
|---|---|---|---|---|---|---|
| Rank | Employer | Initial Beneficiaries | Employer | Initial Beneficiaries | Employer | Initial Beneficiaries |
| 1 | Infosys Technologies Limited | 4,559 | Infosys Technologies Limited | 4,559 | Wipro Limited | 1,964 |
| 2 | Wipro Limited | 2,567 | Wipro Limited | 2,678 | Microsoft Corp | 1,318 |
| 3 | Satyam Computer Services Ltd | 1,396 | Satyam Computer Services Limited | 1,917 | Intel Corp | 723 |
| 4 | Cognizant Tech Solutions Us Corp | 962 | Teta Consuatary Services Limited | 1,539 | IBM India Private Limited | 695 |
| 5 | Microsoft Corp | 959 | Microsoft Corp | 1,037 | Patni Americas Inc | 609 |
| 6 | Tata Consuitancy Services Limited | 797 | Accenture Llp | 731 | Larsen & Toubro Infotech Limited | 602 |
| 7 | Patni Computer Systems Inc | 477 | Cognizant Tech Solutions Us Corp | 467 | Ernst & Young Llp | 481 |
| 8 | Us Technology Resources Llc | 416 | Cisco Systems Inc | 422 | Infosys Technologies Limited | 440 |
| 9 | I-Flex Solutions Inc | 374 | Larsen & Toubro Infotech Limited | 403 | Ust Global Inc | 344 |
| 10 | Intel Corporation | 369 | IBM India Private Limited | 381 | Deloitte Consulting Llp | 328 |

（単位：人　出典：USCIS [2010b]等[10]を参照して筆者作表）

## 第 5 章・多国籍企業における人事施策と企業行動

る。

　表5-2 は、2007 ～ 09 年度 H–1B（専門職）ビザの初回取得者の雇用主企業のトップ 10 であるが、FY2009 の 1 位の Wipro をはじめ、インド系企業が多く、その他の非インド系企業もインドにオフィスを展開している企業が多くを占めている。FY2009 のトップ 10 企業の合計人数は 7,404 名になる。この資料はインド以外の出身者も含まれた表になるので一概には言えないが、トップ 10 企業すべてがインドに関係する企業であり、USCIS［2010a］によれば、同年度のインド初回取得者総数は 33,961 名であるので、トップ 10 企業がインド出身の FY2009H–1B ビザ初回取得者の 20％程度を雇用していると推測できる。USCIS［2010b：p.1］によれば、FY2009H–1B ビザ取得企業数は 27,288 社で FY2009H–1B ビザ初回取得者 85,133 名を雇用している。このうち、企業数全体の 0.2％にすぎないトップ 50 社（大学等非営利団体も含む）で約 15,000 名（全初回取得者の約 23％）、同 0.4％のトップ 100 社で約 20,000 名（同約 30％）と、1％に満たない少数の大手多国籍企業が初回取得者を数多く取り込んでいる実態が分かる。

　以上のように、インド系ソフトウェア多国籍企業を中心にして H1–B ビザを利用した専門技術者のアメリカ移動が見られる。これらの人材のうち、アメリカに残り、永住権を取得する者もいるが、多くは 3 ～ 6 年で会社命令によりインドへ帰国している。このインド・アメリカ間の専門技術者の国際循環を、筆者は企業内頭脳循環と呼んでいる。

　これらの専門技術者の多くは、アメリカ国内のインド系ソフトウェア多国籍企業のオフィスか、顧客企業のオフィスに駐在し、顧客企業向けのシステム開発などの業務を行っている。例えば、グローバル・デリバリー・モデルを適用した業務では、アメリカの顧客企業の要望を聞き、インドの専門技術者に伝えて、インドの専門技術者がシステム開発を行い、成果物をアメリカに送り、アメリカに駐在している専門技術者が顧客企業にインストールし、説明を行う、という国際連携業務を行っている。

　このような国際連携業務はモジュール化された業務をデザイン・ルールによって連結し、ひとつの完成した業務にする作業である。作業をスムーズにす

## 第4節　インド系ソフトウェア多国籍企業内部での頭脳循環

るためには組織もモジュール化し、クローズ・モジュラー型で連携する方法が採られている。

2012年にインドで実施したインタビューによって、Infosys社等のインド系ソフトウェア多国籍企業ではアメリカで専門技術者を雇うことは多くなく、企業内頭脳循環による専門技術者のローテーションにより業務をこなしていることが分かっている。

人材のモジュール化を行って企業内頭脳循環がインド系ソフトウェア多国籍企業で利用される理由は、a) 専門技術者の賃金（トータルコスト）が現地（アメリカ）より本国（インド）の方が安い、b) 専門技術者の量が現地より本国の方が多い、c) 専門技術者の質が現地より本国のほうが高い、d) 現地人より本国人の方が使いやすい（言語・文化・その他）、e) 顧客ニーズを的確に吸い上げる、f) 現地の技術を習得して本国へ持ち帰る、などが考えられる。

インド系ソフトウェア多国籍企業では社内教育により、自社業務に特化した専門技術者を育成しており、社内資格を取らせ、タレント・マネジメントが行えるHRツールを使って、従業員管理をしている。この従業員管理は従業員にはその仕組みが公開されており、デザイン・ルールの役割を果たしている。従業員はデザイン・ルールに則って社内資格を取り、プロジェクトへのアサインを待つ。人事管理担当者はデザイン・ルールによって集めた従業員情報を用いてプロジェクトへ従業員を配置する。このとき、病気等の理由により、アサインした要員の代替が必要になっても、同じような従業員を簡単に見つけることができる。このような人事管理によって人材のモジュール化がなされていると言えるのではないか、と筆者は考えている。

### (2) インド系ソフトウェア多国籍企業の人事管理

インドのソフトウェア産業に属する企業は大手を中心にして成長基調にある。同産業は、1990年後半から順調に輸出ビジネスを伸ばした後、サブプライム問題の影響を受け減速したが、2008年度から2012年度は年率6～18％で売上高を伸ばしている[11]。2009年度以降は国内市場も立ち上がってきている。今年度は対GDP比で7.5％を占めると予測されており、インドにとって外貨を稼ぐ重要な産業になっている。

第 5 章・多国籍企業における人事施策と企業行動

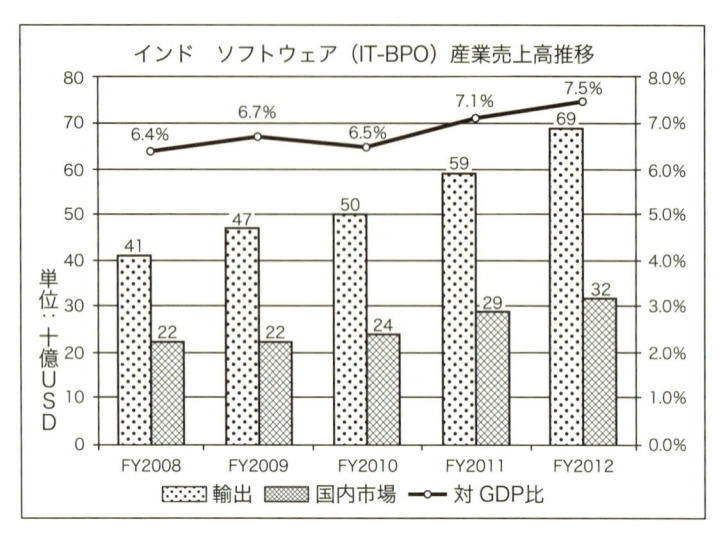

図5-1: インド・ソフトウェア産業売上高推移
（出典：NASSCOM　※2012年度は予測）

　企業の人材戦略は、企業の成長に基づいて企画立案され、実施される。新卒採用において文系学部生をシステムエンジニアとして多く採用する日本のソフトウェア企業とは違い、インドのソフトウェア企業は主に Bachelor of Engineering（BE：工学士）を採用している。インドには 355 の総合大学と 18,064 のカレッジがあり、推計 1,100 万人の学生が 50 の学部で学んでいる[12]。2005 年にはトップクラスの IIT から 3 千人、第二層の工学技術専門大学校から 20 万 7 千人が卒業している[13]。トップクラスと第二層の間には人材の質に大きな隔たりがある。トップクラス卒業生がアメリカ等の先進国でも即戦力としてそのまま通用する技術力を持つのに対し、第二層卒業生は企業でそのまま通用する技術力を持っていない。インドのソフトウェア産業は売上高推移を見て分かるように成長を続けており、人材採用を積極的に行っている。トップクラスからの 3 千名の卒業生だけでは人材需要を満たすことができず、第二層卒業生も積極的に採用している。

(3)　インド 4 大ソフトウェア企業の人材戦略
　本項は、2012 年 9 月に阪南大学経営情報学部伊田教授のインド視察[14]に

## 第4節　インド系ソフトウェア多国籍企業内部での頭脳循環

連携研究者として同行した際に得た情報を元にしている。本視察では、2012年9月3〜9日の間にインド4大ソフトウェア企業のInfosys社、Tata Consultancy Services社、Wipro Technologies社（以上、バンガロール）、HCL Technologies社（デリー郊外）に訪問し、ヒアリングを行った。なお、このヒアリング結果は伊田昌弘・齊藤豊［2013］にまとめられている。

### ① Infosys社

Infosys社は、ITコンサルティング業界の「次世代型」グローバル・リーダー企業のひとつと呼ばれ、売上高68億2,500万ドル（2011年度第3四半期）をあげている[15]。

Infosys社でのヒアリングは、2012年9月6日にバンガロールのElectronics CityにあるInfosys Corporate Headquartersで、人事担当者のM.I.氏に対して行った。以下、ヒアリング内容になる。

従業員数は、Infosys社単体で124,600名、グループ企業は26,600名、全体で151,200名になる。グローバルの内訳は、アメリカに約15,500名、ヨーロッパに約5,000名、インドに約105,000名、中東とアジアパシフィックに4,000名、日本は100名等となっている。

採用は、新卒と既卒に分けて行われている。1年間で新卒・既卒合わせてMBAを1,000名雇い、MS、PhD、ME等の大学院修了レベルが採用全体の5％を占め、残りの新規雇用のほとんどの者がBE（工学士）を持っている。新卒は35,000名採用され、6カ月間の仮採用中にマイソールにある巨大なトレーニングセンター等でトレーニングを受ける。新卒で採用されるには、最低合格ラインが60％の2つのテストと1つのインタビューによる採用試験に合格しなくてはならない。

新規採用社員は、採用された地域をBase Hired（雇用拠点）として雇用条件が決まる。いったん決まったBase Hiredは、プロジェクト等で他の地域に転属しても変わらない。他の地域に転属している社員のことをDeputyといい、Deputyの期間は転勤先の政府等が決めた雇用水準に準拠して処遇されるが、Deputyが終了したあとはBase Hiredに帰り、雇用条件も戻る。例えば、アメリカ国内企業でのオンサイト業務等のプロジェクトが発生してその要員としてアサインされてアメリカに転勤する場合は、H−1Bビザ発給の前提となる平

均年俸が支給される。このDeputyが国際的な企業内頭脳循環を行う者である。
　新卒採用のひとつとして、世界20大学にインターンシップのリクルーティングを行っている。各大学から学部生1名、院生1名をインドに招き、10週間程度のインターンを実施している。インターンに参加した学生の中にはインドのInfosys社に就職する者もいる。しかし、アメリカ留学の後にインドに戻ってInfosys社に入るのは稀である。アメリカ留学者は留学終了後もそのままアメリカに残る傾向があるという。
　アメリカのInfosys社には15,500名の従業員がおり、そのうち約3,500名がアメリカで雇われ、12,000名がインドその他の国からアメリカに派遣されたDeputyになる。インド国内の従業員は90％以上がインド国籍で、7.2％が外国国籍になる。
　Infosys社の離職率は14.9％。しかし、景気の動向等で会社が社員を解雇することはなく、終身雇用を維持している。パフォーマンスの低い人間には、マネージャによる指導を行い、改善がない場合のみ解雇する。女性従業員は35％で、Director（部長）クラスが2名いる。1名はHRのヘッド。シニアマネージメント（役員）にも女性が1名いる。
　昇進は、上司の評価、役割、コンピタンス、経験年数などのさまざまなパラメータにより決定。おおよそ2〜4年で昇進可能になり、空きができたときに昇進する。

② Tata Consultancy Services社

　TCS社は2008年以降、顧客に対して効果的なコンピテンシーの提供、および、顧客の問題を解決するソリューション・プログラムを提供することで業績を伸ばし、クラウド、ビッグデータ、モバイル、アプリケーション、ソーシャルネットワーク分野にフォーカスしたビジネスを展開している。インド国内市場ではSME（中小企業）のサポートが伸び始めている。
　TCS社へのヒアリングは、2012年9月7日の午後にバンガロールのVYDEHI RC-1 BLOCK 82, EPIP, Whitefieldにあるオフィスで、HR担当者のB.S.氏と社会貢献担当のJ.S.N.氏の2名と行った。ヒアリングの内容は以下の通り。
　従業員数は、グローバルで248,000名強、バンガロールには3,700名がいる。

## 第4節　インド系ソフトウェア多国籍企業内部での頭脳循環

　2年間の TCS 社成長プランに基づいて採用計画が立案され、今年は 45,000 名強を採用した。多くの新卒が BE（工学士）であり、MBA は少ない。毎年、新卒採用候補者の 80～85％が入社する。今年は約 60,000 名にオファーレターを出し、約 15,000 名が辞退し、45,000 名を採用した。離職率は 12％以下。障害者も雇用している。80 カ国から従業員を雇っている他、インド以外の現地雇用は約 10～12％で、ビジネスの中核を成す Global Network Delivery Model（以下、グローバル・デリバリー・モデルと称す）により世界中に従業員を動かしている。オフサイトとオンショアの組み合わせをコントロールするグローバル・デリバリー・モデルによりコストの最適化が可能であり、グローバル人材を育成している。このグローバル人材が国際的な企業内頭脳循環をする者となる。

　昇進の基準は業績、職能、勤続年数になる。原則として、最低 2 年は同じポジションに滞留しなくてはならない。従業員の男女比率は、男性 70：女性 30 で管理職は男性 85～90：女性 10～15 となっている。

　女性従業員への配慮として出産休暇（マタニティ・リーブ）が 4 カ月あり、状況により 1 年に延長可能で、自宅で勤務するワークアットホーム制度もある。

　従業員の福利厚生およびチームワーク醸成のひとつとして金曜の夕方に従業員パーティがある。この他、DAWN Initiative (Diversity And Women Network Initiative) という家族を巻き込んだ福利厚生の取り組みがある。ビジネスの成長に合わせた従業員雇用を維持するために、女性従業員向けの施策も手厚い。

③　Wipro Technologies 社

　Wipro Technologies 社へのヒアリングは、2012 年 9 月 7 日の午前にバンガロールの Doddakannelli Sarjapur Road にある本社オフィスで、マーケティング担当者の A.A. 氏と S.J.S. 氏、HR 担当の S.M. 氏の計 3 名と行った。ヒアリングの内容は以下の通り。

　Wipro Technologies 社の売上は 7,000 億 US ドル。グローバルの従業員数は 136,000 名で 54 カ国に展開している。ビジネスは、ソフトウェア、ハードウェア（インド国内のみ）、サービスの提供で、ビジネス分野をバーティカル（業種）とホリゾンタル（技術）に分けてマトリックス型組織を形成している。

第5章・多国籍企業における人事施策と企業行動

バーティカルは、金融、リテール、メディア、化学（石油）、製造、ヘルスケアなどの業種であり、ホリゾンタルは、アナリシス、クラウド、オペレーテッド、BPO、BAS、コンサルティング、プロダクト・エンジニアリング等の技術になる。グローバル・ビジネスは、インドのWipro本社がグローバル統括にあたり、Wipro Technologies社がアメリカ、ヨーロッパを担当し、Wipro Infotech社がインド、中東を担当している。2008年のサブプライム・クラッシュから提供サービスの形態をオンサイトおよびオフショアビジネスからクラウドに集中し始めている。

　CSR、教育、サスティナビリティといった社会との関わりにも力を入れている。ダイバーシティ（多様性）施策にも積極的に取り組んでおり、エントリーレベル社員のうち、女性は約50％になる。出産や結婚で辞めても呼び戻す制度があり、家族問題などのカウンセリング制度もあり、障害者雇用も行っている。女性マネージャの比率は約10％となっている。

　昇進は、カテゴリー別職制をとっており、2年以上で上位カテゴリーへ上がることができる。昇進の基準は4つあり、技術、経験年数、パフォーマンス、ロール（役割）になる。

　従業員の雇用では、1年前は8,000名、2年前は13,000名の経験者採用を行い、年間で12,000名以上の新卒雇用を行い、3カ月間のトレーニング後に現場へ配属している。就職活動として大学4年生向けのインターン制度がある。配属（職場）に関しては、従業員の70％がオフショアビジネスに従事し、30％がオンサイト（海外含む）で働いている。オンサイトの70％はUSで行われ、次いでUKになる。オンサイト従業員のうち、約10％は現地でのダイレクト・ハイヤード（現地雇い）であるが、現地雇いがインドに移ることは少ない。オンサイト従業員が国際的頭脳循環を行う者である。世界中のオフィスに勤める営業は、現地雇いが多い。現地での買収や合併もある。

　離職率は約12％であり、Wipro Technologies社に限らず、インドのソフトウェア企業はこの12％という離職率を気にしている、とコメントがあった。

　④　HCL Technologies社

　HCL Technologies社は、HCLグループの情報テクノロジー＆ソフトウェア・サービス企業として、世界中に広がるオフショア・インフラと26カ国に展開

## 第 4 節　インド系ソフトウェア多国籍企業内部での頭脳循環

するネットワーク拠点を活用し、製造、金融、ヘルスケア、コンシューマー向けサービス、公共事業などの業界に対して、エンジニアリング R&D、エンタープライズ＆カスタム・アプリケーション、インフラ・マネジメント、BPO、ビジネス・トランスフォーメーションなどのサービス分野で統合的なソリューション・ビジネスを行っている[16]。

　HCL Technologies 社へのヒアリングは、2012 年 9 月 4 日にデリー郊外の A-9, Sector 3, NOIDA にあるオフィスでマーケティング担当者の N.A. 氏他 3 名と行い、HR 担当者とは事前に送った質問に紙ベースの回答を貰う形で行った。

　HCL Technologies 社は、日本語で自社の人事戦略を説明するビジネス書を出している。今回のヒアリングでは、この著書を献本いただき、著書に沿った説明が行われた[17]。HCL Technologies 社が従業員を大切にし、ピラミッドを逆さまにする形の権限委譲を行い、透明性を高めることによりビジネスを推進している旨の説明があった。

　人事に関しての回答は、以下の通りである。

　新卒採用はインド以外の国際キャンパスでも採用しており、その中にはインド出身者も含まれている。従業員はリクワイヤメント（要求仕様）とポジション（職種および役職）により国際移動させている。アメリカではアメリカ国民を雇っている。海外での採用の 82％はアメリカで行っており、海外で雇った社員は教育やビジネスレビューの目的でインドに来ることはある。（インドで働くことはないという隠喩かと思われる）

　HCL Technologies 社では従業員がそれぞれのプロフェッショナル・ゴールに達することを業務内容やプロジェクトを通してさまざまな方法でサポートしている。他の地域への異動はスキルセット、顧客要求、パフォーマンスによって行われる。全ての従業員は、Profile Generator for being evaluated for IJP's と呼ばれる従業員評価システムによって評価されている。従業員は、自身のプロフェッショナル／キャリアゴールを達成するためにキャリア・パワーと呼ばれるユニークなプラットフォームを通してキャリア機会を与えられている。キャリア・パワーは、HCL の従業員が豊かな職業経験をするために職務遂行能力を管理し、開発するための自己管理ツールであり、従業員の技術力を

前提として、組織が顧客に対する従業員のサービス能力と評価レートを決める基準を保持している。

⑤ 4社ヒアリングまとめ

これら4社でのヒアリングを通して得た知見の最も重要な点は、アメリカ・インド間での専門技術者の国際労働力移動は、インドで雇われた者が会社命令でアメリカやイギリスに渡り、プロジェクト終了後にインドに戻る国際的な企業内頭脳循環が大多数であったことになる。アメリカに留学し、起業し、インドに戻る国際的頭脳循環者は少数である。インドのソフトウェア産業企業の人材戦略は、エンジニア個人が自己責任で国際的頭脳循環者とならないように策定されており、それは25年前の日本のソフトウェア産業の人事戦略に似ている。新卒社員を大量に採用し、長期間の新入社員教育と定期的な社員教育で、ビジネスに必要な技術、コミュニケーション力などを養っていき、経験年数と業績によって昇進していく人材戦略が採られ、途中で退社することが得策でない制度にしている。社員は給与および福利厚生と長期間の雇用保証で厚遇され、アメリカやヨーロッパへの長期出張や配置転換など知的好奇心を刺激するプログラムが用意されており、長期間のキャリア形成が可能になっている。個人で冒険する必要がない。

離職率は、年率11〜15%程度であり、平均離職率12%というのが人事戦略の目安になっている。日本の離職率は『平成23年雇用動向調査[18]』によれば情報通信業が12.1%であり、インドは日本と同等と見ることができる。国内市場が大きかったために日本国内に特化したソフトウェア・サービスを行い、国際競争力を持つことができなかった日本企業と、国内市場が存在せずアメリカ市場を中心にしたソフトウェア・サービスを行い、国際競争力を持つことができたインド企業ではあるが、ソフトウェア・ビジネスの人材戦略は共通点が多い。

## 第5節　まとめ

近年、新興国多国籍企業の発展が目覚ましい。先進国多国籍企業がかつて進出した発展途上国において、現地企業が先進国多国籍企業とのOEM契約、合

弁、買収などによって力を付け、自らが多国籍企業となって先進国に進出し、活動している。本章で取り上げたインド系ソフトウェア企業もそういった新興国多国籍企業になる。企業の多国籍化においては、直接投資が重要な要素になるが新興国多国籍企業には直接投資以外にも人材戦略を基にした従業員管理など重要な要素がある。

インド系ソフトウェア多国籍企業は、インド本国とアメリカやヨーロッパなどの現地の間で企業内頭脳循環を行っている。インド系ソフトウェア多国籍企業にとって企業内頭脳循環は、FSAのひとつであり、利益の源泉のひとつともなっている。インド系ソフトウェア多国籍企業では、企業内頭脳循環を効率よく行うために人材のモジュール化を行っている。

ソフトウェア産業における製品・サービスはモジュール化を採用している割合が非常に高く、製品・サービスのみならず、それを生み出す企業やその組織にもモジュール化を適用し、さらに従業員のモジュール化も図っている。本章では、多国籍企業における企業行動を論じてきた。特に人事施策が重要であり、近年の変化として従業員のモジュール化を明らかにし、インドからアメリカへの企業内頭脳循環に関して具体的な人数を示した。インド系ソフトウェア多国籍企業は、モジュール化を最大限に活かし、アメリカやヨーロッパで多国籍化しており、直接投資の額も急激に増やしている。

企業内頭脳循環を用いたビジネスはサービス貿易の範疇に入るので、国際収支上は経常収支に含まれるサービス収支として計上される。新興国多国籍企業論の展開においては、直接投資とともにこの企業内頭脳循環をどのように考えるかを明らかにする事で、新興国多国籍企業論の新たな道筋の導出につながると考えられる。

&lt;参考文献&gt;

[1] Arora, Ashish, 2006 'The Indian Software Industry And Its Prospects.' Social Science Research Network pp.7-9 参照日：2013/10/20 URL：http://papers.ssrn.com/sol3/papers.cfm？abstract_id=964457
[2] Athreye. 'Value-chain configurations of Indian EMNEs' in Williamson P.J et al.The competitive advantage of emerging market multinationals. Cambridge

University Press, 2013
［3］Buckley, Peter J. and Casson, Mark. The Future of the Multinational Enterprise. MacMillan, 1976. 翻訳書：清水隆雄訳『多国籍企業の将来』文真堂、1993 年
［4］Cappelli, P. et al The India Way：How India's Top Business Leaders Are Revolutionizing Management. Harvard Business Press Books, 2010
［5］Coase, R.H. The Nature of the Firm. Economica,Volume 4, Issue 16, pp. 386-405, 1937 参照日：2014/9/1 参照 URL：http://www3.nccu.edu.tw/~jsfeng/CPEC11.pdf
［6］David A. Heenan, Howard V. Perlmutter Multinational Organization Development. Addison-Wesley Publishing Company, 1979
［7］David Hounshell From the American System to Mass Production, 1800-1932：Development of Manufacturing Technology in the United States. Johns Hopkins Univ Press,1984
［8］Dunning, J.H. 'Trade, Location of Economic Activity and the MNE：A Search for an Eclectic Approach' in B. Ohin, P-O Hesselborn and P. Wijikman eds. The International Allocation of Economic Activity. Macmillan,1977
［9］Gawer, A. and Cusumano M.A. Platform Leadership：How Intel, Microsoft, and Cisco Drive Industry Innovation, Boston, Massachusetts, Harvard Business School Press, 2002 翻訳書：小林 敏男訳『プラットフォーム・リーダーシップ—イノベーションを導く新しい経営戦略』有斐閣、2005 年
［10］Govindarajan and Trimble. Reverse Innovation：Create Far From Home, Win Everywhere. Harvard Business Press Books,2012 翻訳書：小林 喜一郎解説、渡部 典子訳『リバース・イノベーション』ダイヤモンド社、2012 年
［11］HCL 社 Web サイト 参照日：2014/8/25 URL：http://www.HCLjapan.co.jp/company/employees.html
［12］Heenan and Perlmutter. Multinational Organization Development. Addison-Wesley,1979
［13］Hounshell. From the American System to Mass Production, 1800-1932：The Development of Manufacturing Technology in the United States. Johns Hopkins University Press,1984 翻訳書：和田 一夫訳、藤原 道夫訳、金井 光太朗訳『アメリカン・システムから大量生産へ 1800-1932』名古屋大学出版、1998 年
［14］Hymer, S.H. The international operations of national firms：A study of direct foreign investment, 1976, Cambridge, Mass., MIT Press 参照日：2014/8/25 URL：http://teaching.ust.hk/~mgto650p/meyer/readings/1/01_Hymer.pdf
［15］Kindleberger, Charles Poor. American Business Abroad：Six Lectures on Direct Investment. Yale University Press, 1969
［16］---------- The international corporation：A symposium. Cambridge, Mass., The M.I.T. Press, 1970

<参考文献>

[17] Macdougall, G. D. A., 'The benefits and costs of private investment from abroad : a theoretical approach.' Bulletin of the Oxford University Institute of Economics & Statistics, Volume 22, Issue 3, August 1960, Pages : 189-211.
[18] Mark A. Dutz編、村上美智子訳［2008］『転換を迫られるインドのイノベーション戦略』一灯社
[19] Nayak, Amar Indian Multinationals : The Dynamics of Explosive Growth in a Developing Country Context. Palgrave Macmillan,2011
[20] Ramadorai, S. The TCS Story … and Beyond. Portfolio Penguin Books, India, 2011
[21] Ramamurti. 'Cross-boarder M&A and competitive advantage of Indian EMNEs' in Williamson P.J et al, The competitive advantage of emerging market multinationals. Cambridge University Press, 2013
[22] Rugman. Inside the multinationals : The economics of internal markets. Columbia University Press,1981
[23] Rugman and Verbeke. Subsidiary-specific advantages in multinational enterprises. Strategic Management Journal 22-3 pp. 237-250, John Wiley & Sons, Ltd. 2001
[24] USCIS Characteristics of Specialty Occupation Workers (H-1B) : Fiscal Year 2004, 2005　参照日：2010/8/12　URL：http://www.uscis.gov
[25] USCIS Characteristics of Specialty Occupation Workers (H-1B) : Fiscal Year 2007, 2008　参照日：2010/8/12　URL：http://www.uscis.gov
[26] USCIS Characteristics of H-1B Specialty Occupation Workers, Fiscal Year 2009 Annual Report. USCIS, 2010a　参照日：2010/8/12　URL：http://www.uscis.gov/USCIS/Resources/Reports%20and%20Studies/H-1B/h1b-fy-09-characteristics.pdf
[27] USCIS Number of H-1B Petitions Approved by USCIS in FY 2009 for Initial Beneficiaries. 2010b　参照日：2012/10/11　参照URL：http://www.uscis.gov/portal/site/uscis/menuitem.5af9bb95919f35e66f614176543f6d1a/？vgnextoid=d020756fe6b66210VgnVCM100000082ca60aRCRD
[28] USCIS Characteristics of Specialty Occupation Workers (H-1B) : Fiscal Year 2011, 2012　参照日：2014/11/2　URL：http://www.uscis.gov/portal/site /uscis/menuitem.eb1d4c2a3e5b9ac89243c6a7543f6d1a/　？vgnextoid=9a1d9ddf801b3210VgnVCM100000b92ca60aRCRD & vgnextchannel=9a1d9ddf801b3210VgnVCM100000b92ca60aRCRD
[29] Vernon, Raymond 'International investment and international trade in the product cycle.' The Quarterly Journal of Economics, Harvard University, 1966, pp.190-207.
[30] Vijay Govindarajan and Chris Trimble. Reverse Innovation : Create Far from Home, Win Everywhere. Harvard Business School Press, 2012

[31] Williamson P.J et al.The competitive advantage of emerging market multinationals. Cambridge University Press, 2013
[32] 青木昌彦、安藤晴彦 ［2002］『モジュール化　新しい産業アーキテクチャの本質』東洋経済
[33] 石上悦郎 ［2009］「グローバル化とインド IT-BPO 産業の発展」赤羽新太郎、夏目啓二、日高克平編著『グローバリゼーションと経営学』ミネルヴァ書房
[34] 伊田昌弘 ［2011］「小島理論 VS レディング学派 ―80 年代論争の回顧と今日的意義―」世界経済研究協会『世界経済評論』55 巻 3 号（2011 年 5・6 月号）45-51 頁
[35] 伊田昌弘・齊藤豊 ［2013］「インドのソフトウェア産業における人事戦略と国際的頭脳循環」阪南大学『阪南論集』社会科学編　第 49 巻第 1 号　参照日：2014/8/25　URL：http://www.hannan-u.ac.jp/gakujutsu/mrrf4300000037ab-att/mrrf43000000zs6w.pdf
[36] 大石芳裕、安田賢憲 ［2008］「印系ソフトウェア企業の多国籍企業化に関する一考察」多国籍企業学会『多国籍企業研究』第 1 号、49-69 頁
[37] 小川紘一 ［2014］『オープン＆クローズ戦略　日本企業再興の条件』翔泳社
[38] 小島清 ［1990］『多国籍企業の内部化理論』文眞堂
[39] 亀井正義 ［2001］『企業国際化の理論』中央経済社
[40] 川上義明 ［2003］「現代企業のグローバル化に関する検討（Ｉ）：多国籍企業論的アプローチとその限界」福岡大学『福岡大学商学論叢』48 巻 2 号、117-39 頁
[41] 小島清 ［1990］「多国籍企業の内部化理論」池間　誠（編集）、池本　清（編集）『国際貿易・生産論の新展開』文眞堂、203-46 頁　参照日：2014/8/25　URL：http://hdl.handle.net/10086/16645
[42] 齊藤豊 ［2013］「ソフトウェアにおける技術移転と技術伝播の関係」国学院大学経済学会『国学院経済学』62 巻 1 号、1-38 頁
[43] 櫻井公人 ［2006］「アメリカ経済―移民による建国からカジノ・グローバリズムまで」本山美彦編著『世界経済論―グローバル化を超えて』ミネルヴァ書房、245-50 頁
[44] 柴田友厚 ［2012］『日本企業のすり合わせ能力　モジュールを超えて』NTT 出版
[45] 關智一 ［2002］「「多国籍企業論」と「国際経営論」の境界線―ライセンシングの理論的位置付けの観点から―」小樽商科大学『商学討究』53 巻 1 号、443-61 頁、参照日：2014/8/25　URL：http://hdl.handle.net/10252/472
[46] 多国籍企業学会、大石芳裕、田端、昌平、桑名義晴著、安室 憲一監修 ［2012］『多国籍企業と新興国市場』文眞堂
[47] 夏目啓二 ［2014］『21 世紀の ICT 多国籍企業』同文館出版
[48] 藤澤武史 ［2012］「新興国系多国籍企業の市場参入戦略モデル」多国籍企業学会、大石芳裕、田端、昌平、桑名義晴著、安室 憲一監修 ［2012］『多国籍企業と新興国市場』文眞堂、57-71 頁
[49] 藤本隆宏 ［2004］『日本のもの造り哲学』日本経済新聞社
[50] 藤本隆宏・武石彰・青島矢一 ［2001］『ビジネス・アーキテクチャ―製品・組織・プロセスの戦略的設計』有斐閣

<注>

[51] 本山美彦編著［2006］『世界経済論―グローバル化をこえて―』ミネルヴァ書房
[52] 安室憲一［2012］『多国籍企業と地域経済―「埋め込み」の力』御茶の水書房
[53] http://www.stat.go.jp/data/roudou/sokuhou/nen/ft/pdf/index1.pdf

<注>
1　厚生労働省「平成25年賃金構造基本統計調査（全国）結果の概況」　参照日：2014年9月20日　参照URL：http://www.mhlw.go.jp/toukei/itiran/roudou/chingin/kouzou/z2013/index.html
2　リクルートワークス研究所「第29回ワークス大卒求人倍率調査（2013年卒）」を参照。参照日：2014/9/30　参照URL：http://www.works-i.com/pdf/s_000205.pdf
3　ホワイトハウスWebサイト：http://www.whitehouse.gov/sites/default/files/rss_viewer/fact_sheet_indian_investment_us.pdf を2014年8月25日に参照した
4　USTR Webサイト：http://www.ustr.gov/countries-regions/south-central-asia/india を2014年8月25日に参照した
5　外務省Webサイトを参照。参照日：2013年3月5日　参照URL：http://www.mofa.go.jp/mofaj/gaiko/wto/service/gats_1.html
6　世界貿易センター　Trade Statisticsを参照。URL：http://www.intracen.org/trade-support/trade-statistics/http://www.intracen.org/trade-support/trade-statistics/　参照日：2013/3/6
7　Field, Tom (1999) 'Outsourcing 10 Years that Shook IT', CIO Magazine, Oct.1,1999,International Data Group http://www.cio.com/archive/100199/outsourcing.html pp.73-9 を参照。参照日：2006/3/13（現在はGoogleブックスにて参照可能）
8　2012年9月に阪南大学経営情報学部伊田教授のインド視察に連携研究者として同行した際に調査を行った。平成24年度科学研究費補助金による研究。研究課題名：ICTが国際経営に与える影響の研究であり、伊田昌弘・齊藤豊［2013］に調査結果がまとめられている
9　前掲、インド現地調査にて従業員モティベーション向上に関してヒアリングを行った
10　FY2007に関してはInformationweek［2008］、FY2008に関してはAILA Info Net Doc.［2009］、FY2009に関してはUSCIS［2010b］p.1を参照
11　インド・ソフトウェア産業売上高推移についてはNASSCOM Indian IT-BPO Industry Webサイトを参照。参照日：2012/12/10 URL：http://www.nasscom.in/indian-itbpo-industry
12　インドの高等教育については2006年3月時点のデータを世界銀行のレポートであるMark A. Dutz編［2008］177頁から参照。
13　上掲書177-8頁を参照
14　平成24年度科学研究費補助金による研究。研究課題名：ICTが国際経営に与える影響の研究

第 5 章・多国籍企業における人事施策と企業行動

15　Infosys 社日本語 Web サイトより引用。参照日：2012/12/11　URL：http://www.infosys.com/japanese/about/Pages/index.aspx
16　HCL Technologies 社日本語 Web サイトから引用。参照日：2012/12/11　URL：http://www.hcljapan.co.jp/company/index.html
17　献本された著作は、ヴィニート・ナイヤー著、穂坂かおり訳［2012］『社員を大切にする会社』英治出版
18　厚生労働省「平成 23 年雇用動向調査の概況：結果の概要」Web サイトを参照。参照日：2012/12/9　URL：http://www.mhlw.go.jp/toukei/itiran/roudou/koyou/doukou/12-2/kekka.html＃link02

# あとがき

　本書は、女子大のキャリア関連授業用の教科書として書かれている。ここでは、まず職業が個人の個性を発揮し、生きがいをもたらす場でもあるとの視点から、職業選択に際して、自分の興味、適性、価値観を知ることの大切さについて学んだ。次に、職業を知るという観点から、世の中には、どのような職業が存在し、そして職業が社会、経済の発展とともにどのように変化し、その結果どのような問題が起きているのかを学んだ。さらには、職業や職務の背景にある企業組織の構造や産業の特徴についても理解した。また筆者2人は、外資系企業や銀行という実業界で仕事をした後に、教育研究の道を歩みはじめたので、ところどころに、筆者等の企業社会でのさまざまな経験談が盛り込まれている。

　一方こうした背景から、2人は経済、経営、実社会についての知識はあるが、その他の側面については専門外である。にもかかわらず、本書のなかで、専門外の内容についても触れる試みをしたのは、キャリア関連の授業は、オムニバス（乗合自動車）的な要素があり、その点を理解しないと、キャリア教育の目的が何なのか、教師にも学生にもわからなくなってしまうからである。また著者2人は別々のキャリア関連科目を担当しているので、一部内容が重複する点もあるが、視点が異なるので調整はしなかった。

　キャリア教育は、大学における一般教養教育、専門教育、課外活動のすべてを含むものだと考えることもできるが、大学入学後、早い段階で学生がキャリア教育の基礎を学び、そこから、関連する教養科目、専門科目へとさらに興味を深めていくことを期待している。

　今後益々の女性の活躍が期待されるなか、本書が女子大生のキャリアデザインに少しでも役に立てればと願っている。

　本書の出版にあたっては、株式会社日本教育センターの久保田勝信氏に多大のご尽力をいただいた。深く感謝申し上げる。

2015年3月著者

# 索引

## アルファベット

Balance Sheet ……………… 140
BE …………………………… 196
CDE 理論 …………………… 176
CSR ………………………… 149
Dunning …………………… 174
EFCS ……………………… 187
EPRG モデル ……………… 176
EU ………………………… 135
GDP ………………………… 77
IE …………………………… 130
IR …………………………… 97
KAIZEN ……………………… 18
Kindleberger ……………… 174
M&A ………………………… 108
Macdougall ………………… 174
NAFTA ……………………… 135
Nayak ……………………… 189
PR 企業 …………………… 145
Rugman …………………… 175
TQC 運動 ……………………… 69
Vernon ……………………… 174
Williamson ………………… 177
X 理論 ……………………… 103
Y 理論 ……………………… 103

## 《あ》

アウトプット ………………… 9
あえて非正規 ……………… 116
アダム・スミス ……………… 74
アベグレン …………………… 66

## 《い》

育児・介護休業法 ………… 121
育児休業 …………………… 121
伊田昌弘 …………………… 175
一般職 ……………………… 24
イノベーション …………… 101, 102
飲食・生活関連サービス業 … 159
インダストリアル・エンジニアリング … 130
インテグラル型 …………… 185
インド4大ソフトウェア企業 … 196
インフォーマル・ライン …… 132, 138
インプット …………………… 9

## 《う》

売上 ………………………… 125

## 《え》

エリア総合職 ………………… 24
エントリーシート …………… 34

## 《お》

お祈りメール ………………… 38
小野次郎 …………………… 113
卸売業 ……………………… 158
卸す ………………………… 158

## 《か》

課 …………………………… 128
介護休業 …………………… 121
外資系企業 ………………… 133
会社 ………………………… 127
会社説明会 ………………… 33
会社法 ……………………… 127
学習理論からのアプローチ … 50
家計 ………………………… 73
掛け売り …………………… 142
掛け買い …………………… 142

# 索　引

貸方 ················································ 139
家族従業者 ···································· 168
学校法人 ······································· 126
株式会社 ································ 95, 148
株式会社の組織 ····························· 98
借方 ················································ 139
環境会計 ······································· 150
環境経営 ······································· 150
環境保全効果 ······························· 151
環境保全対策に伴う経済効果 ··· 151
勘定科目 ······································· 139
間接金融 ······································· 128
間接投資 ······································· 174
間接部門 ········································· 19
完全失業者 ···································· 77
完全失業率 ···································· 77
管理的な機能 ······························· 102

## ＜き＞

企業 ······························ 73, 102, 125
企業が求める人材 ···················· 61, 62
企業研究 ········································· 32
企業内頭脳循環 ··························· 194
企業の目的 ·································· 101
企業文化 ······································· 107
企業文化論 ····································· 97
期初 ················································ 141
基礎力 ············································· 17
北アメリカ自由貿易協定 ··········· 135
期末 ················································ 141
客観的自己 ····································· 44
キャリア ································ 6, 42, 43
キャリア・アンカー ················ 13, 53
キャリア教育 ······························ 41, 44
キャリア行動に関する発達心理学 ··· 52
キャリアデザイン ······················ 9, 10
キャリアの客観的側面 ················· 42
業界研究 ········································· 32
供給 ················································ 125
供給曲線 ········································· 95

競争意欲の大衆性と長期性 ········ 70
業務 ················································ 128
業務（仕事）の３要素 ·················· 9
銀行 ················································ 160
金融業 ············································ 160
金融政策 ······································· 128

## ＜く＞

クレジットカード ······················· 160
黒いダイヤ ·································· 154
クローズ・モジュラー型 ··········· 185
グローバリゼーション ··············· 103
グローバル人材 ··························· 106
黒字倒産 ······································· 143

## ＜け＞

経営資源 ······································· 137
経営能力の競争力 ························ 18
景気が良い ···································· 77
経済 ················································ 125
経済活動 ······································· 125
経済主体 ········································· 73
経済循環 ········································· 73
経済成長率 ····································· 78
ケインズ経済学 ····························· 86
結論 ·················································· 18
顕在能力 ································ 66, 111
限定正社員 ·································· 118

## ＜こ＞

コア・コンピタンス ··················· 186
効果 ················································ 151
降格 ················································ 132
公企業 ············································ 127
工業革命 ······································· 153
合計特殊出生率 ······················ 64, 72
広告代理店 ·································· 146
構造的失業 ····································· 90
購買・物流情報 ··························· 144
幸福の４条件 ································· 48

○ 211 ○

# 索　引

公平性 …………………………… 17
広報 ……………………………… 144
小売業 …………………………… 158
ゴーイング・コンサーン ……… 148
コーズ・リレーテッド・マーケティング … 151
国内総生産 ……………………… 77
国富論 …………………………… 74
国民総幸福 ……………………… 79
小島清 …………………………… 175
個人面接 ………………………… 36
コスト …………………………… 151
固定資産 ………………………… 139
固定費 …………………………… 8
コミュニケーション …………… 9
雇用者 …………………………… 168
コンシューマ・ビジネス ……… 163

## ≪さ≫

サーチの理論 ……………… 89, 90
サービス ………………………… 125
サービス貿易 …………………… 183
財 ………………………………… 125
財務情報 ………………………… 144
採用 ……………………………… 120
採用選考に関する指針 ………… 29
作業効率の競争力 ……………… 18
36協定 …………………………… 119
産業 ……………………………… 152
産業革命 …………………… 79, 153
産後休暇 ………………………… 121
産前休暇 ………………………… 121

## ≪し≫

自営業主 ………………………… 168
資格制度 ………………………… 132
時間外労働 ……………………… 119
時間外労働時間 ………………… 119
私企業 …………………………… 127
事業 ……………………………… 101
事業主 …………………………… 26

事業のマネージメント ………… 103
事業部制組織 …………………… 98
資金繰り表 ……………………… 141
思考力 …………………………… 18
自己概念 ………………………… 44
自己分析 ………………………… 31
市場 ………………………… 94, 125
市場価格 ………………………… 94
市場経済 ………………………… 95
市場のメカニズム ……………… 94
失業者 ……………………… 75, 91
失業率 …………………………… 76
執行役員 ………………………… 130
実質GDP ………………………… 78
実力主義 ………………………… 66
ジニー係数 ………………… 88, 122
支払サイト ……………………… 143
資本主義 …………………… 84, 126
資本論 ……………………… 84, 126
シャイン …………………… 13, 53
社会起業 ………………………… 163
社会起業家 ……………………… 163
社会貢献 ………………………… 151
社会貢献活動 …………………… 151
社会主義 ………………………… 84
社会主義市場経済 ……………… 86
収益 ……………………………… 137
就活サイト ………………… 32, 33
習慣化 …………………………… 9
従業員第一主義 ………………… 187
就業者 …………………………… 75
就職活動 ………………………… 29
終身雇用制度 …………………… 20
主観的自己 ……………………… 44
出生率 …………………………… 72
出世に必要な3つの要素 ……… 9
需要 ……………………………… 125
需要曲線 ………………………… 95
純資産 …………………………… 140
準正規雇用 ……………………… 116

# 索　引

上意下達……………………… 128
昇格…………………………… 132
昇給…………………………… 132
証券…………………………… 160
情報…………………………… 144
情報革命……………………… 80
職業……………………… 43, 82
職業の定義…………………… 83
職業の分類…………………… 83
職能・資格給制度…………… 67
職能別構造…………………… 98
職務遂行力…………………… 17
所得分配……………………… 83
処理力………………………… 17
序論…………………………… 18
仕訳…………………………… 139
新古典派……………………… 86
人材のモジュール化………… 187
人事考課……………………… 110
人事情報……………………… 144
人事制度……………………… 111
人事の階層…………………… 98
人事部の仕事………………… 110
人類の三大革命……………… 79

《す》

スーパー……………………… 50
スキル………………………… 9

《せ》

生活保護制度………………… 28
正規雇用………………… 25, 115
生産性………………………… 102
生産年齢人口………………… 75
精神力学からのアプローチ… 49
製造業………………………… 156
製品…………………………… 125
製品別事業部制……………… 98
政府…………………………… 73
生命保険……………………… 160

整理解雇の4条件…………… 120
絶対優位……………………… 181
潜在能力………………… 66, 111
宣伝…………………………… 146
戦略…………………………… 103

《そ》

総合職………………………… 24
ソーシャル・アントレプレナー……… 163
組織……………………… 93, 128
組織行動論…………………… 54
組織の構造…………………… 98
組織のモジュール化………… 184
組織論………………………… 97
ソフトウェアリッチ………… 184
損益計算書…………………… 140
損害保険……………………… 160

《た》

第1次産業……………… 152, 155
対外直接投資………………… 174
大企業………………………… 126
第3次産業…………………… 152
第三の波……………………… 79
貸借対照表……………… 138, 140
大卒新規一括採用…………… 70
対内直接投資………………… 174
第2次産業…………………… 152
代表権………………………… 131
代表者………………………… 131
多国籍企業…………………… 173
単式簿記……………………… 139
男女雇用機会均等法………… 120

《ち》

地域別事業部制……………… 98
チャンドラー………………… 97
中央化傾向…………………… 112
中堅企業……………………… 126
中小企業………………… 92, 126

213

# 索　引

直接金融………………………… 128
直接投資………………………… 173
直接投資理論…………………… 174
賃金……………………………… 170

## 《て》
出口保証…………………………… 41
デジタル関連ビジネス………… 161
テスト……………………………… 35

## 《と》
同一職種同一賃金の原則……… 169
特性因子論的アプローチ………… 52
特性論からのアプローチ………… 49
年の功……………………………… 65
トップダウン…………………… 128
飛梭……………………………… 153
トフラー………………………… 79
共働き世帯数……………………… 2
ドラッカー………………………… 99
トリクルダウン仮説……………… 87
取締役…………………………… 130

## 《な》
内定…………………………… 37, 120
内々定……………………………… 37
内部化理論……………………… 175
中島義道…………………………… 57
ナレッジ…………………………… 9

## 《に》
日本型能力主義…………………… 69
日本標準産業分類……………… 152
ニュースリリース……………… 145

## 《ね》
年功………………………………… 65
年功序列賃金制度………… 5, 20, 172
年次有給休暇…………………… 120
年度……………………………… 141

## 《の》
農業革命…………………… 79, 153
能力……………………………… 17
能力開発………………………… 171
能力主義管理の第一期…………… 66
能力主義管理の第三期…………… 67
能力主義管理の第二期…………… 67
農林水産鉱業…………………… 155
飲みにゅけーしょん……………… 9

## 《は》
パーセント………………………… 78
バーナードの理論………………… 97
配当……………………………… 127
ハウスワイフ 2.0………………… 11
派遣労働事業…………………… 117
働き方の多様化………………… 115
働く………………………………… 75
働く理由…………………………… 58
発行市場…………………………… 96
発達論からのアプローチ………… 50
花形産業………………………… 154
バリューポータル……………… 188
ハロー効果……………………… 112

## 《ひ》
比較優位………………………… 181
比較優位説……………………… 181
ピケティ…………………………… 84
ビジネススキルを伸ばす 4 つの要素…… 9
非正規雇用……………………… 115
非正規雇用者……………………… 26
非正規の職員・従業員………… 168
ヒト……………………………… 138
1 人当たりの GDP……………… 78
130 万円の壁……………………… 21
103 万円の壁……………………… 21
費用………………………… 125, 137
評価体系………………………… 111

214

# 索　引

### 《ひ》
ひらとり……………………………… 131
非労働力……………………………… 75
非労働力人口………………………… 75

### 《ふ》
フィランソロピー…………………… 151
フォーマル・ライン………… 132, 138
付加価値………………………… 77, 78
複式簿記……………………………… 139
福祉社会……………………………… 86
負債…………………………………… 140
不本意非正規………………………… 116
フリーアドレス……………………… 133
フリーター………………… 26, 112, 114
プロセス……………………………… 9
プロダクトサイクル論………… 174, 182
不渡り………………………………… 26
分業…………………………………… 129

### 《へ》
ベースアップ………………………… 132
ヘクシャー・オリーンモデル……… 181
ペティー・クラークの法則………… 81
変形労働時間制度…………………… 119
変動費………………………………… 8

### 《ほ》
貿易…………………………………… 180
俸給表………………………………… 132
法人…………………………………… 126
法定休日……………………………… 120
法定労働時間………………………… 119
ホーランド…………………………… 53
ホールセール・ビジネス…………… 163
簿記…………………………………… 139
ポジショニング……………………… 9
ボランティア………………………… 151
本論…………………………………… 18

### 《ま》
マーケティング………………… 101, 102
マーケティング情報………………… 144
マインド・スタンス………………… 9
マグレガー…………………………… 103
摩擦的失業…………………………… 90
マッドジャム………………………… 188
マネージャー…………………… 101, 102
マルクス………………………… 84, 126

### 《み》
ミクロ経済学………………………… 95
未収金………………………………… 143
ミスマッチ失業……………………… 90
未払い金……………………………… 143

### 《め》
メセナ………………………………… 151
面接…………………………………… 36

### 《も》
もしドラ……………………………… 99
モジュラー企業……………………… 186
モノ…………………………………… 138

### 《や》
役職…………………………………… 130

### 《ゆ》
有価証券報告書………………… 33, 164
優先順位……………………………… 9

### 《よ》
予算配賦……………………………… 141

### 《ら》
ライフデザイン……………………… 6

215

# 索　引

## ≪り≫

- リース……………………………… 160
- リーダーシップ…………………… 15
- 利益………………………………… 125
- リカードモデル…………………… 181
- 利潤………………………………… 137
- 理念………………………………… 17
- リバース・イノベーション……… 179
- 流通市場…………………………… 96
- 流動資産…………………………… 139
- 留保賃金…………………………… 90

## ≪る≫

- 累進課税…………………………… 84

## ≪れ≫

- 零細企業…………………………… 126

## ≪ろ≫

- 労働価値説………………………… 85
- 労働形態…………………………… 25
- 労働契約…………………………… 119
- 労働時間…………………………… 119
- 労働市場…………………………… 170
- 労働法……………………………… 118
- 労働力人口………………… 75, 76, 168
- 労働力率…………………………… 2
- ローレンツ曲線………………… 88, 122
- ローン・消費者金融……………… 160

## ≪わ≫

- ワークライフ・バランス………… 10, 24

●著者略歴●

齊藤　豊(さいとう　ゆたか)（第1章、第4章、第5章）

　大学卒業後、日本テキサス・インスツルメンツ、日本オラクルなど約20年の外資系ICT企業勤務を経て、立教大学大学院経済学研究科博士課程後期課程単位取得退学。LEC大学専任講師、立教大学助教、大妻女子大学人間関係学部准教授を経て、2014年4月より同大学同学部教授。

　『コンピュータ基礎と応用―学生に必要なICT知識と操作』改訂新版、日本教育訓練センター（2013）、『大転換期を読み解く　情報世界地図』小学館（52-53頁）、『第2世代クライアント/サーバ開発環境とは何か―ORACLEのRDBMS戦略』ソフトバンククリエイティブ（1996）（共著）等を執筆。

内野　好郎(うちの　よしお)（第2章、第3章）

　1972年3月立教大学経済学部経済学科卒業後、三井銀行入行。ニューヨーク支店、人事部等を経て1997年5月インドネシアさくら銀行社長、2000年5月さくら銀行ロンドン支店長、2001年4月三井住友銀行欧州本部副本部長を歴任。2003年3月三井住友銀行退職、同年4月より国立音楽大学理事、現在に至る。

　2011年4月より大妻女子大学非常勤講師。2014年3月立教大学大学院経済学研究科博士後期課程修了、博士（経済学）。2015年4月より大妻女子大学キャリア教育センター特任教授。

＜著書・論文＞

「アジア通貨危機と資本移動」佐久間孝正他編著『移動するアジア』明石書店（2008年）

「インドネシア通貨・金融危機の再考（上、下）」『立教大学経済学研究』（2008年）、「アメリカ金融安定化法とマレーシア通貨・金融危機からの教訓」『立教経済学論叢』〈2010年〉他。

---

女子大生のためのキャリアデザイン

2015年4月10日　第1版第1刷発行
2016年5月20日　第1版第2刷発行

著　者　齊藤　豊・内野　好郎
発行者　田中　久米四郎
編集人　久保田　勝信
発行所　株式会社 日本教育訓練センター
　　　　〒101-0051　東京都千代田区神田神保町1丁目3番地　ミヤタビル2F
　　　　TEL　03-5283-7665
　　　　FAX　03-5283-7667
　　　　URL　http://www.jetc.co.jp/
印刷製本　株式会社シナノ パブリッシング プレス

ISBN 978-4-86418-052-8　＜Printed in Japan＞
乱丁・落丁の際はお取り替えいたします.